ज़माने के नायक

नामवर सिंह

संकलन-सम्पादन

विजय प्रकाश सिंह

अंकित नरवाल

वाणी प्रकाशन

प्रकाशन के उत्कृष्टतम 62 वर्ष

सजिल्द पहला संस्करण : 2025

vaniprakashan.com

वाणी प्रकाशन

4695, 21-ए, दरियागंज, नयी दिल्ली-110 002

फ़ोन : + 91 11 23273167, 23275710

शाखाएँ

अशोक राजपथ, पटना-800 004, बिहार

कॉफ़ी हाउस कैम्पस, महात्मा गांधी मार्ग, प्रयागराज-211 001, उत्तर प्रदेश

महात्मा गांधी अन्तरराष्ट्रीय हिन्दी विश्वविद्यालय, वर्धा-442 001, महाराष्ट्र

sales@vaniprakashan.in
vaniprakashan@gmail.com

Zamane Ke Nayak
by Namvar Singh
Compiled & Edited by Vijay Prakash Singh

ISBN : 978-93-6944-027-6
Criticism

मूल्य : ₹ 595

आर. टेक ऑफ़सेट, दिल्ली-110 093 में मुद्रित

वाणी प्रकाशन का लोगो मक़बूल फ़िदा हुसैन की कूची से

अपनी बात

मेरे पिताजी को लम्बी उम्र मिली थी। उन्होंने साहित्य की दुनिया की भी लम्बी यात्रा की। बचपन से ही उन्हें किताबें पढ़ने का शौक था। उन्होंने अपने जीवनकाल में साहित्य और समाज के प्रमुख साहित्यकारों, चिन्तकों, महापुरुषों के साहित्य का बड़ी गहराई से अध्ययन किया था। कई महानायक और साहित्यकार उनके प्रेरणा-स्रोत रहे, जिनके व्यक्तित्व और कृतित्व के साथ वे आजीवन सफ़र करते रहे। 1950 से 1960 के दशक में अपने अध्ययन कक्ष में कार्ल मार्क्स, मेक्सिम गोर्की, चेखव, तोल्सतॉय, रवीन्द्रनाथ टैगोर के फ़ोटो भी वे दीवारों पर लगाकर रखते थे। इस संकलन की विभूतियों में निकोलाइ अस्त्रोव्सकी का यह उदाहरण उनको इतना पसंद था कि इसे 'जीवन की सार्थकता का मूल-मन्त्र' समझकर अपनी डायरी में नोट कर लिया था–"मनुष्य की सबसे प्यारी सम्पत्ति ज़िन्दगी है और वह जीने के लिए उसे सिर्फ़ एक बार ही मिलती है। इसलिए वह जिये तो ऐसे जिये कि अपने टुच्चे और कायरतापूर्ण अतीत के लिए शर्म की आग में झुलसना ना पड़े। ऐसे जिये कि वर्षों निरुद्देश्यता की आत्म पीड़ा न हो; ऐसे जिये कि मरते समय कह सके : मेरी सारी ज़िन्दगी और मेरी सारी शक्ति संसार के सबसे बड़े उद्देश्य–मानव जाति की मुक्ति के लिए समर्पित थी।"

इस संकलन में साहित्य और समाज के कुछ प्रसिद्ध साहित्यकारों, महानायकों के बारे में उनके कुछ लेख, व्याख्यान, कोलाज, स्मृति-शेष, पुस्तक लोकार्पण व्याख्यान, भूमिकाएँ आदि शामिल हैं। यह सब विभिन्न पत्रिकाओं में प्रकाशन हेतु तथा समय-समय पर कई संगोष्ठियों में बोलने के लिए लिखे गये थे। इनमें कुछ उनके अतीत के साहित्यकारों पर हैं और कुछ उनके समकालीन लेखकों और सहपाठियों के बारे में। इनमें विश्वनाथ त्रिपाठी, अशोक वाजपेयी और बोधिसत्व तो अभी भी सृजनरत हैं।

इस संकलन की तमाम विभूतियों के बारे में पढ़ने के बाद मुझे मुस्हफ़ी का यह शेर मौजू लगता है–

यादगारे ज़माना हैं हम लोग
याद रखना फ़साना हैं हम लोग

ये लोग मरणधर्मा मनुष्य होने के बावजूद अपने-अपने अतीत और वर्तमान को निचोड़कर अमृत रस तैयार किये थे। कुछ खुद पिये, कुछ अपने समय के लोगों को पिलाये और कुछ भविष्य की पीढ़ियों के लिए भी छोड़ गये थे। ये अपने अवदान से साहित्य और समाज को आबाद कर गये। ऐसी हस्तियों पर ही जिगर मुरादाबादी का यह शेर फ़बता है–

हमको मिटा सके, ये ज़माने में दम नहीं
हमसे ज़माना ख़ुद है, हम ज़माने से नहीं

इस संकलन के लेख 'माधवराव सप्रे और हिन्दी नवजागरण' तथा 'दामन को दो टुक हिलाओ कि बुझी है दिलों की आग' के लिप्यन्तरण और इसकी भूमिका के लिए अंकित नरवाल जी का आभारी हूँ। इनके साथ कुछ सामग्री उपलब्ध कराने के लिए श्याम सुशील जी और मोहम्मद राशीद खान जी का भी आभारी हूँ।

अन्त में वाणी प्रकाशन के अरुण माहेश्वरी जी और उनके सहकर्मियों का आभारी हूँ, जिन्होंने इस संकलन को प्रकाशित करके पाठकों तक पहुँचाने का प्रयास किया है। इन शब्दों के साथ यह संकलन सहृदय पाठकों के हवाले कर रहा हूँ।

–विजय प्रकाश सिंह

एक उम्र से वाक़िफ़

"श्रेष्ठ साहित्य मन का लड्डू नहीं है कि जब जी चाहा बना लिया। श्रेष्ठ तो श्रेष्ठ, साहित्य-मात्र किसी की स्वेच्छा पर निर्भर नहीं है। जब जैसा जी हुआ वैसा साहित्य कोई नहीं रच सकता। वह एक निश्चित परिस्थिति में और एक निश्चित परिस्थिति से पैदा होता है और यह परिस्थिति उसकी स्वेच्छा को मर्यादित करती है–यहाँ तक कि उसके विद्रोह को भी। परिस्थिति के विरुद्ध लेखक का विद्रोह भी उस परिस्थिति के द्वारा निर्धारित होता है। यह लेखक की ऐतिहासिक सीमा है। मन के लड्डू खाने की अपेक्षा ऐतिहासिक सीमा को समझने और समझकर बदलने की कोशिश करने में ही कहीं अधिक स्वाद है।"

'आलोचना' पत्रिका के जुलाई 1953 के अंक में 'सामाजिक संकट और साहित्य' विषय के अन्तर्गत नामवर सिंह ने यह उक्त टिप्पणी लिखी थी। आज उनका यह वक्तव्य हिन्दी आलोचना के इतिहास की दृष्टि से इसलिए भी महत्त्वपूर्ण हो जाता है, क्योंकि आलोचना का तात्कालिक दबाव आज के आलोचकों पर भी साफ़ देखा जा सकता है। नामवर सिंह जिस परिवेश में आलोचक के रूप में विकसित हुए, वह इलाहाबाद और बनारस की साहित्यिक भूमिका से आक्रान्त था। इलाहाबाद में 'परिमल' की गोष्ठियाँ हों या फिर बनारस में उनका समाजवादी संघ से मेल-मिलाप; इन दोनों ही तरह की परिस्थितियों ने उन्हें अपने ही तरह से विकसित होने का पूरा अवसर दिया। वे आचार्य रामचन्द्र शुक्ल और अपने गुरु आचार्य हजारी प्रसाद द्विवेदी की तरह विकसित नहीं हुए। उन्होंने 'शास्त्र' और 'लोक' के समानान्तर चलने वाली इन दोनों परम्पराओं के बीच अपनी एक तीसरी परम्परा बनायी-साहित्य में 'सेंस ऑफ़ क्राइसिस' को देख और दिखा सकने वाली परम्परा।

नामवर सिंह मानते रहे कि आलोचना की शुरुआत ही मुठभेड़ से होती है। पहले के आलोचकों से शुरू करके फिर रचना के निहितार्थ की अपनी यात्रा में ज़रूरी

नहीं है कि आपके पास औज़ारों के बक्से भरे हों, कायदे से एक पेंचकश ही काफ़ी है। यह जो रचना को पहचानने का एक टूल है, वह इस 'सभ्यता के संकट' को पहचानने से जुड़ा होना अत्यावश्यक है।

वे ज़ोर देकर कहते रहे हैं–

"आलोचना व्यक्तिगत होती है या फिर नहीं होती। अगर आलोचक अपनी समूची सत्ता के साथ, समूचे व्यक्तित्व के साथ प्रकट नहीं होता, तो एक निर्वैयक्तिक ढंग की शास्त्रीय सिद्ध, सम्पादित आलोचना को मैं आलोचना नहीं मानता। रचना से उसकी यही समानता है कि वह भी उतनी ही पर्सनल होती है। वह अपने विवेचन में, अपने विश्लेषण में, अपनी पहचान में और अपने मूल्य निर्णय में पर्सनल होती है।"

यदि वह इस विश्लेषण में वक़्त के भीतर पसरे ख़तरे को पहचानने से चुक जाती है, तो वह बोझिल और दुरूह होने से नहीं बच सकती। अब आलोचना के लिए यह एक सार्वजनिक ख़तरा पैदा हो गया है कि वह 'पब्लिक डिस्कोर्स' या 'पब्लिक स्फेयर' की चीज़ नहीं रह गयी है, जिसे सार्वजनिक पाठक मिल सकें। आप स्वयं ही देखें कि क्या किसी सर्वे में आलोचना के पाठकों की पहचान हुई है? अव्वल तो उसकी उपयोगिता ही सन्देहास्पद बनायी जा रही हैं। गाहे-बगाहे ऐसी बहसें सामने आ जाती हैं कि पाठ को पढ़ने के लिए किसी बिचौलिये की आवश्यकता ही क्या है? जो आलोचक को महज़ मध्यस्थ स्वीकारते हैं, उन्हें ध्यान रखना चाहिए कि आलोचना 'संकट-बोध' की शिनाख़्त का पहला और पक्का क़दम है। आज आलोचना की सार्थकता का सवाल महत्त्वपूर्ण हो गया है। यह सार्थकता उसके इस मूल्य से जुड़ी है कि वह अपने परिवेश के संकटों को किस हद तक पहचान पाती है और उनके प्रतिरोध का कोई प्रारूप दे सकती है या नहीं।

नामवर सिंह मानते हैं–

"मैं सार्थक आलोचना की पहचान मानता हूँ, जो शुरू होती है–'सेंस ऑफ़ क्राइसिस' से। संकट-बोध से।"

नामवर सिंह किसी भी तरह के 'पाठ' तक आते हुए अपनी मार्क्सवाद की समझ को बेहद नुक्त-ए-निगाह से देखते रहे हैं। वे आलोचना के 'जातीय परिवेश' और 'आपसी समझदारी' पर ज़ोर देने वाले आलोचक रहे हैं। उन्होंने माना है कि, "इस दुनिया को हम नफ़रत भी करते हैं, लेकिन इस दुनिया में रहना भी चाहते हैं। लड़ते-झगड़ते हुए रहना चाहते हैं। बाहर नहीं जाना चाहते। इसलिए यह जो द्वन्द्ववाद है, जो रचनाओं में भी मौजूद है, आलोचना यदि इस द्वन्द्व की प्रवृत्ति को व्यवहार में

ले आती हो, लेकिन अपनी सैद्धान्तिकी और वैचारिकी में न लाती हो, तो मैं समझता हूँ कि आलोचना स्वयं अपने धर्म या अपने कर्म के प्रति आत्म-सजग नहीं है।"

यह आत्म-सजगता परिवेश की समझ से भी जुड़ी हुई है। नामवर सिंह स्वयं जिस शीत युद्ध के दौर में आलोचक के रूप में विकसित हुए, वहाँ फ़ासीवाद और पूँजीवाद दो सबसे बड़े शत्रु के रूप में पहचाने गये। साम्प्रदायिक ताक़तें जब पूँजी का सहारा लेती हैं, तो वे सबसे पहले जातीय स्मृति के लिए एक बड़ा ख़तरा बन जाया करती हैं। शताब्दियों से चली आयी सभ्यता में 'दूसरे की पहचान' उनका सबसे पहला और प्रिय कार्य होता है। वह तय करती हैं कि यह दूसरा कौन है; फिर उसके इतिहास और संस्कृति की भ्रामक धारणाएँ इस तरह सार्वजनिक ज्ञान का हिस्सा बनायी जाती हैं कि सामान्य जन में उनके प्रति विद्वेष पैदा हो सके। ऐसे में राजनीतिक सत्ताएँ अपने फलने-फूलने का भरपूर अवसर पा जाती हैं।

नामवर सिंह जिन दशकों में आलोचना में विकसित हुए वह इन दोनों तरह के ख़तरों के फलने-फूलने का आदिकाल कहा जा सकता है। यह वह दौर था, जब साहित्य में साहित्यिकता और ईमानदारी के प्रश्न खूब उठाये जा रहे थे। व्यक्तिवाद बनाम समाजवाद और क्षण बनाम आत्मबोध लेखकों की सर्वाधिक रुचि के विषय थे। तब भी नामवर सिंह स्वयं रचना के बीच मौजूद उस शब्द को पहचानने की हिमायत कर रहे थे, जो पूरे व्यतिक्रम में अलग से पुकारे जाने के लिए विवश कर रहा हो। उनका समाजवादी रुझान तो जग ज़ाहिर है, किन्तु भाषा के प्रति उनकी जवाबदेह ईमानदारी थोड़ी कम चर्चित हुई है। बावजूद इसके कि वे विशेष रूप से भाषा विज्ञान के विद्यार्थी थे। उनकी पहली नौकरी में यह भाषा विज्ञान ही निर्णायक बना था।

नामवर सिंह अपने उस हालिया समय के बारे में भी बेहद चिन्तित रहे हैं। वह जानते थे कि आज हम एक ऐसे दौर में हैं, जब सारी विचारधाराएँ पिट चुकी हैं। सबका अन्त हो चुका है, चाहे वह मार्क्सवाद हो, समाजवाद हो, सेकुलरिज़्म हो, पोस्ट-मॉडर्निज़्म हो या पोस्ट-सेकुलरिज़्म हो, सारी की सारी थ्योरी फेल हो चुकी हैं। ऐसे समय में यह सम्भव है कि हमारे इतिहास के कुछ ऐसे व्यक्तियों पर ध्यान केन्द्रित किया जाये, जो जीने की नयी प्रेरणा दे सकते हों। इनमें उन्हें लोहिया जी अग्रणी लगते हैं।

उनकी नज़र में दूसरे व्यक्ति महात्मा गांधी और जवाहरलाल नेहरू हो सकते हैं। गांधी जी की भाषा उनके लिए सबसे बड़ा आकर्षण रही है। दूसरा आकर्षण है–चीजों को उनके सही नाम से पुकारने की प्रबल इच्छा-शक्ति।

नामवर सिंह लिखते हैं–

"भारत की खोज करते समय उनकी नज़र अतीत के स्वर्ण युगों में ही नहीं उलझी, बल्कि छुआ-छूत, जात-पात की कट्टरता, धार्मिक विद्वेष, असह्य ग़रीबी तथा घोर अज्ञान पर भी गयी। गांधी जी आधुनिक युग के पहले राजनेता हैं, जिन्होंने भारतीय में अपने आप को सीधे और साफ़ देखने की दृष्टि दी।"

नामवर सिंह के लिए किसी भी सदी को देखने की दृष्टि केवल भौतिक परिवर्तनों को सामने रखने भर से पूरी नहीं होती। उनकी दृष्टि में आम आदमी के लिए आये परिवर्तनकारी बदलावों को सामने लाने वाली क्रान्तियाँ ज़्यादा उपयोगी और युगान्तकारी घटनाएँ हैं। वे लिखते हैं, "सवाल यह है कि आप बीसवीं सदी को कहाँ से देख रहे हैं। ख़ुद अपने देश को भी। दिल्ली से जब देखें तो हिन्दुस्तान वही नहीं रहता, जो चेन्नई से देखें, तिरुअनन्तपुरम से देखें, अगरतला से देखें, शिलांग से देखें या श्रीनगर से देखें, तब जो दिखता है, बड़ा फ़र्क़ पड़ता है कि आप कहाँ से देख रहे हैं। मालाबार हिल से देख रहे हैं या झोपड़पट्टी से देख रहे हैं।...पर्सपेक्टिव बहुत महत्त्वपूर्ण होता है।"

नामवर सिंह की आलोचना का केन्द्रीय 'पर्सपेक्टिव' है–साधारण और भूखा आदमी। उसके पक्ष में उठा हुआ हाथ, उनका अपना हाथ है। उनके लिए समसामयिकता की पहली शर्त है–सबको बराबरी। उन्होंने इस बात के प्रोपगेंडे को बेहतर समझा है कि 'हमारा समय सभी के विकास के लिए प्रयासरत है।' वह विकास की इस एकरूपता को प्रश्नचिह्न की तरह देखते हैं। एक तरह से उस दौर में विजयदेव नारायण साही ने भी पूँजीवाद के भीतर से पोषित हो रहे नये ढंग के साम्राज्यवाद की पहचान के लिए इसी तरह की शब्दावली का प्रयोग किया था। उन्होंने माना था कि देर-सवेर बस्तर की अनिवार्यता किसी न्यूयॉर्क की निर्मिति की अनिवार्य शर्त बन जाती है।

यदि साफ़ शब्दों में कहा जाये, तो किसी भी दौर की आलोचना केवल कृतियों के अध्ययन का एक रास्ता भर नहीं होती है। या फिर कक्षाओं में छात्रों के लिए कुंजी की तरह प्रस्तुत हो जाने भर से ही उसके दायित्व की इतिश्री नहीं हो जाती है। एक आलोचक का दायित्व अपने परिवेश के भीतरी संकटों, परिवर्तनों और बदलावों की द्वन्द्वात्मक प्रणाली को पहचान कर उसके पीछे के उपक्रम से लोहा लेना भी है। नामवर सिंह जहाँ एक ओर शिक्षक हैं, तो दूसरी ओर देश-दुनिया की गहरी समझ भी उनके यहाँ मिलती है।

वे जानते हैं कि–

"भारत आज जिस दौर से गुजर रहा है, पोस्ट-कलोनियल भारत, उत्तर-उपनिवेश युग का भारत, जिस दौर में आन्तरिक तनाव और बाहरी हस्तक्षेप, हज़ारों साल की पुरानी सभ्यता के उत्तराधिकार से एक दौर में बहुत कुछ से वंचित कर दिया जाने वाला, फिर उसको नये सिरे से खोजने वाला–धर्म में, मिथकों में और साथ ही पश्चिमी दुनिया से आने वाले अनेक आधुनिक चुनौती देने वाले विचारों से तालमेल बैठाने की चिन्ता के साथ। इस गहरे संकट-बोध का मुक़ाबला करने की इच्छा और इस चिन्ता से कितनी आलोचना उद्भूत हुई है, यह हम आप सभी पड़ताल करें-देखें। हम यह भी देखें कि किस आलोचक की आलोचना इस चिन्ता से प्रस्थान कर रही है। कौन इससे एकदम बेख़बर होकर लिखे जा रहे हैं। मेरी यही चिन्ता है।"

नामवर सिंह की चिन्ता सभ्यता के संकट को प्रकट करने वाली आलोचना तक ही सीमित नहीं है, बल्कि यह कविता के बीच मौजूद अर्थ, उसकी सामाजिक परिणिति, स्वायता व साक्षेप स्वतन्त्रता की भी पक्षधर रही है। उन्होंने 'कविता के नये प्रतिमान' पुस्तक में ज़ोर देकर कहा था कि–

"जो आलोचक कविता में अर्थवान शब्द की समस्त सम्भावनाओं की खोज किये बिना ही एक सामान्य वक्तव्य या सन्देश के आधार पर किसी कविता का मूल्य-निर्णय देने का दावा करता है, वह कविता का आलोचक नहीं है, न होगा। इस मान्यता के मूल में कविता का अपना अन्तर्ग्रथन-सम्बन्धी एक निश्चित मूल्य निहित है, जिसका सम्बन्ध कविता की सापेक्ष स्वतन्त्रता से है। शताब्दियों पूर्व ध्वन्यालोकलोचनकार अभिनवगुप्त ने 'अपूर्वयदवस्तु प्रथयति विना कारणकलाम्' और काव्यप्रकाशकार मम्मट ने 'नियति-कृत-नियम-रहिताम् अनन्यपरतन्त्राम्' कहकर कविता की जिस स्वकीयता, स्वायत्तता और सापेक्ष स्वतन्त्रता की स्थापना की थी और आधुनिक अंग्रेज़ी कवि इलियट ने 'द सेक्रेड वुड' के द्वारा कविता की निजी इंटिग्रिटी की रक्षा का प्रयास किया, नयी कविता ने हिन्दी में आज कविता के उसी स्वधर्म की पुनः प्रतिष्ठा का संकेत दिया है।"

नामवर सिंह की दृष्टि में रचना लेखक की निजता से जुड़ी होते हुए भी, अपने व्यापक सन्दर्भ में एक सामाजिक वस्तु है।

2

नामवर सिंह की चिन्ताएँ कभी भी केवल साहित्यिक नहीं रहीं। इस पुस्तक में आप देखेंगे कि जहाँ महात्मा गांधी, नेहरू, लोहिया, चन्द्रशेखर आदि पर उन्होंने लिखा,

वहीं लेनिन, गोर्की, माधवराव सप्रे, हरिशंकर परसाई, निर्मल वर्मा आदि पर भी उनकी व्यापक दृष्टि गयी है। यह परिवेश की शिनाख़्त के लिए चुने गये व्यक्ति हैं, जिन्होंने अपने ढंग से साहित्य या काल की दिशा को मोड़ने में महती भूमिका निभाई है।

यह ध्यान रखने की ज़रूरत है कि नामवर सिंह यहाँ जिन व्यक्तियों को चुनते अपने परिवेश में मौजूद जिस व्यक्ति पीड़ा को पहचानने की ओर उन्मुख हुए हैं, वह अब दोहरे ख़तरे के रूप में हमारे सामने है। हम जिस दौर में जीने के लिए विवश हैं, वहाँ संकट केवल सत्य पर नहीं है, बल्कि सत्य को अपने तरीक़े से ईजाद करने वाली तकनीकें भी अब ख़ासी विकसित हो गयी हैं। 'पोस्ट-ट्रुथ' के इस दौर में सत्य क्या है, सबसे पहले यही तय करना मुश्किल होता जा रहा है। शायद आचार्य रामचन्द्र शुक्ल के शब्दों में हमारे युग की 'प्रच्छन्नता' यही हो, जो कवि-कर्म या आलोचना-कर्म को मुश्किल बनाती जा रही है। नामवर यहाँ जिन लेखकों के विषय में लिख रहे हैं, वह केवल साहित्यिक आलोचना भर नहीं है, बल्कि उनके द्वारा सभ्यता-बोध के संकट की चीरफाड़ भी है।

इस पुस्तक में कुल 28 लेख संकलित किये गये हैं। ये सभी लेख नामवर सिंह के चिन्तन की व्यापकता तो दर्शाते ही हैं, साथ ही उनकी चिन्ताओं को भी समझने का अवसर देते हैं। निःसन्देह जब आलोचना संकट के दौर से गुज़र रही है, तो ये लेख आलोचकों के लिए 'मूल्य निर्णय' का एक सच्चा रास्ता अपना सकने का ढाढस बँधाने वाले हो सकते हैं। ये सभी लेख व्यक्ति विशेष पर केन्द्रित हैं, बावजूद इसके यहाँ फ़ासीवादी ताक़तों के अन्तर्निहित स्वार्थों पर कुठाराघात हुआ है।

–अंकित नरवाल

अनुक्रम

खण्ड-4

खण्ड-5

खण्ड-1

मानस : नये-पुराने सन्दर्भ

"कल की गोष्ठी में युवापीढ़ी का विराग सामने आया था। युवापीढ़ी के एक पक्ष ने कहा कि हमारे लिए 'मानस' अप्रासंगिक है और दूसरे पक्ष ने कहा कि 'मानस' हमारे लिए एक कार्यक्रम हो सकता है। इन परस्पर विरोधी वक्तव्यों से स्पष्ट है कि 'मानस' के सम्बन्ध में यह पीढ़ी विभाजित है।

स्वतन्त्रता के पहले वाली पीढ़ी ने 'मानस' के प्रति अपना गहरा लगाव दिखाया था। कवि निराला, आचार्य रामचन्द्र शुक्ल और महात्मा गांधी ने 'मानस' के क्रम को आगे बढ़ाते हुए उसे अलौकिक घरातल से लौकिक धरातल पर उतारा। आज की पीढ़ी इस कार्य को आगे बढ़ा रही है, या पीछे ले जा रही है, इसका कोई प्रमाण हमारे पास नहीं है, किन्तु नयी पीढ़ी से जोड़कर 'मानस' पर विचार करते समय, 'मानस' के क्रम को बढ़ाने वाली उस पीढ़ी के कार्य को भी देखना होगा। यहाँ 'मानस चतुश्शती' की पिछले दिनों की गोष्ठियों की गति अलौकिकता की ओर रही हैं। यह नयी पीढ़ी के लिए सबसे बड़ी चुनौती है। युवापीढ़ी को फिर से 'मानस' की लौकिक व्याख्या करनी होगी। आज तुलसी की चर्चा में लोक धर्म को पुन: सामने रखना होगा।

स्वतन्त्रता के बाद समारोहों का एक सिलसिला चलता है। व्यवस्थ या सत्ता इन समारोहों का आयोजन अपने इस्तेमाल के लिए करती रही है और इन समारोहों में युवापीढ़ी कहीं नहीं है। इन समारोहों को युवापीढ़ी द्वारा सन्देह से देखा जाना तो स्वाभाविक है ही, पर उनमें युवा पीढ़ी की एकदम अनुपस्थिति इस पीढ़ी के लिए एक ज़बरदस्त चुनौती भी है। जो पीढ़ी सत्ता और व्यवस्था को ललकारते हुए, परिवर्तन की माँग करती है, उसने व्यवस्था के समारोहों के समानान्तर अपने ढंग से किसी बड़े 'मानस चतुश्शती समारोह' का आयोजन क्यों नहीं किया? क्या इस पीढ़ी ने इस महत्त्वपूर्ण कार्य से मुकर कर अपनी उपेक्षा नहीं की? क्या उसने अपनी ग़लत व्याख्या नहीं की? जब व्यवस्था की ओर से आयोजन होगा, तो ज़रूरी है कि उसमें

व्यवस्था के लोग होंगे और व्यवस्था की भाषा वोलेंगे। अतः अपनी सही व्याख्या करने के लिए नयी पीढ़ी को समानान्तर आयोजन करना होगा तथा तुलसी और राम को अपने अनुसार नया अर्थ देना होगा।"

हमारी साहित्यिक परम्परा के सर्वश्रेष्ठ रचनाकार की सर्वश्रेष्ठ कृति के प्रति दो दृष्टियाँ हैं। एक तो उच्छेदवादी दृष्टि है जो मानस को आज के सामाजिक सन्दर्भों में अप्रासंगिक और नयी पीढ़ी के लिए 'मानस' को व्यर्थ मानती है। दूसरी रक्षात्मक दृष्टि है जो 'मानस' को बचाये रखना चाहती है। प्रश्न है कि आप क्या बचाना चाहते हैं? कैसे बचाना चाहते हैं और किसके लिए बचाना चाहते हैं? इन प्रश्नों को ध्यान में रखकर ही आज 'मानस' को प्रासंगिकता को परखा जा सकता है। एक बात स्पष्ट है कि परिवर्तनवादी रचनाकार 'मानस' का उपयोग किये बिना नहीं रह सकता। किन्तु मानस को आज की दृष्टि से देखने वाले राजनीतिकों को दोष देना बुद्धिविलासवादी दृष्टि है और मानस को एक छोटे और ग़लत दायरे में देखने-दिखाने वाली दृष्टि यही है। तुलसी का कथन है कि कोई सद्ग्रन्थ विवाद से नष्ट नहीं होता। विवाद से पाखण्ड नष्ट होता है। सवाल 'मानस' के बारे में पाखण्ड को लेकर ही उठता है। तुलसी का काल भी ऐसे पाखण्डों का ही काल था। उस काल के पहले क्रान्तिकारी कवि कबीर केवल पाखण्डों को तोड़ने वाले कवि थे, उन्होंने एक ज़रूरत पूरी की। अराजकता को तोड़ने के पक्षधर लोगों को आज भी कबीर अधिक प्रिय हैं। यह माना जाता है कि तुलसीदास ने व्यवस्था उपस्थित करने का ही कार्य किया। लेकिन उन्होंने तोड़ने का भी कार्य किया है। वे अग्निमार्गी कवि थे और इस बात को जानते थे कि तोड़ने के कारण कलिकाल उन्हें पचा नहीं सकता। यदि कलिकाल ने उन्हें निगल भी लिया तो अन्ततः उगल देना होगा।

तुलसी ने जन जीवन की ऐतिहासिक-सामाजिक धारा के रामचरित और वेदान्त के ब्रह्मणवाद को एक किया और बताया कि सम्पूर्ण सामाजिक भ्रष्टता का कारण माया है जो सबको ग्रसे हुई है, इससे निस्तार उस राम के प्रति भक्ति से मानव-प्रेम की रसात्मक अनुभूति से ही हो सकता है।"

"मुझे वह प्रसंग याद आता है जब गंगा में नाव डूब जाने की स्थितियों में भट्टिनी पानी में कूद जाती है। बाणभट्ट अपनी भट्टिनी को बचाने के लिए कूदता है। वह भट्टिनी को अपने ऊपर लिए हुए है। भार इतना अधिक है कि बाणभट्ट दोनों को नहीं बचा सकता। उसके सामने प्रश्न है कि वह भट्टिनी को बचाये या महावाराह को। इस द्विविधात्मक स्थिति में वह अपनी आत्मा को टटोलता है। उसका

विवेक जागता है–महावाराह सर्वशक्तिमान हैं। वे अपनी रक्षा स्वयं करने में समर्थ हैं। तुम भट्टिनी को बचाओ। इस प्रकार तुलसी के राम की रक्षा का कोई सवाल नहीं है। सवाल मानस की रक्षा का है। मानस को उसके सही और प्रगतिशील रूप में आगे बढ़ाने की चुनौती हमारे सामने है।"

(मानस चतुश्शती के अवसर पर, काशी हिन्दू विश्वविद्यालय में 7, 8, 9 और 10 जनवरी 1974 को आयोजित 'मानस : नये-पुराने सन्दर्भ' परिचर्चा गोष्ठी में 9 जनवरी 1974 को दिया गया अध्यक्षीय वक्तव्य है। तुलसी शोध संस्थान, काशी हिन्दू विश्वविद्यालय, वाराणसी द्वारा 1976 में डॉ. त्रिभुवन सिंह के सम्पादन में प्रकाशित पुस्तक 'तुलसी : सन्दर्भ समीक्षा' से साभार।)

लेनिन और भारतीय साहित्य

लेनिन में हिन्दी-जगत की दिलचस्पी 1917 की महान अक्तूबर क्रान्ति के बाद पैदा हुई। क्रान्ति में सामान्य भारतीय को आशा की एक नयी किरण दिखायी पड़ी; राष्ट्रीय स्वाधीनता के संघर्ष को बल मिला और समाजवाद की मंज़िल क़रीब मालूम हुई। क्रान्ति और क्रान्ति के नेता लेनिन के बारे में ज़्यादा-से-ज़्यादा जानकारी प्राप्त करने की उत्सुकता बढ़ी। अंग्रेज़ सरकार की कड़ी नाकेबन्दी और झूठे प्रचार के बावजूद हिन्दी ने इस दिशा में पहल करके ग़ौरवशाली भूमिका अदा की। अभी तक जो जानकारी प्राप्त है उसके आधार पर यह निस्संकोच कहा जा सकता है कि समस्त भारतीय भाषाओं में लेनिन के प्रथम उल्लेख का श्रेय हिन्दी को है।

1919 में 'प्रताप' कार्यालय, कानपुर से 'साम्यवाद' नामक एक हिन्दी पुस्तक प्रकाशित हुई जिसके तीन पृष्ठों में विशेष रूप से लेनिन की चर्चा है। पुस्तक में लेखक की जगह 'सामयिक विषयों का विद्यार्थी एक ग्रेजुएट' लिखा है और प्रकाशक का नाम है शिवनारायण मिश्र वैद्य। इस अज्ञात लेखक ने लेनिन के व्यक्तित्व के विषय में लिखा है : "उनके दुर्दमनीय साहस, दृढ़ निश्चय और उनकी पूर्ण निस्पृहता के कारण उनके साथी उन्हें अत्यन्त पूज्य भाव से देखते हैं।"

लेनिन के प्रथम उल्लेख के समान ही भारतीय भाषाओं में लेनिन की प्रथम जीवनी लिखने का श्रेय भी हिन्दी को ही प्राप्त है। 1921 में रमाशंकर अवस्थी ने कलकत्ता से 'बोल्शेविक जादूगर' नाम की पुस्तक प्रकाशित करवायी। रमाशंकर अवस्थी दैनिक पत्र 'वर्तमान' के सम्पादक और कानपुर के सुप्रसिद्ध पत्र 'प्रताप' में गणेशशंकर विद्यार्थी के सहक़ारी थे। 'बोल्शेविक जादूगर' से पहले 1920 में वह 'रूस की राज्य क्रान्ति' नामक एक और पुस्तक लिख चुके थे। 'बोल्शेविक जादूगर' में कुल 85 पृष्ठ हैं। कवर पर लेनिन का एक चित्र है जिसके नीचे दो पंक्तियों की यह कविता अंकित है :

यह है लेनिन विश्व विषमता हरने वाला।
साम्यवाद का सिंहनाद सा करने वाला॥

'बोल्शेविक जादूगर' उन दिनों की प्रचलित पत्रकारिता के अनुरूप काफ़ी अतिरंजित शैली में लिखी गयी है जिसमें ब्यौरे पूरी तरह प्रामाणिक नहीं हैं। रमाशंकर अवस्थी की इन दोनों पुस्तकों की विशेषता यह है कि उनमें भारतीय परिवेश के अनुरूप किसानों के हित को प्राथमिकता दी गयी है। 'रूस की राज्य क्रान्ति' में उन्होंने यह लिखा है : "लेनिन के हृदय में एक मात्र अभिलाषा यह थी कि रूसी किसानों का उद्धार किया जाये।...रूस पहुँचकर लेनिन ने किसान-समुदाय को बिल्कुल अपनी तरफ़ कर लिया।...इसका एक मुख्य कारण यह था कि लेनिन ज़मींदारों के हाथों से भूमि छीनकर किसानों के बीच में बाँट देने का सिद्धान्त रखते थे।" इसके बाद 'बोल्शेविक जादूगर' में उन्होंने लेनिन के 'विश्व क्रान्ति' के उद्देश्य पर प्रकाश डालते हुए लिखा है : "समस्त संसार में क्रान्ति उत्पन्न करके वह (लेनिन) सब देशों को स्वाधीन कर देना चाहता है।" आगे लेनिन के समाजवादी कार्यक्रम को स्पष्ट करते हुए यह लिखा : "वह केवल श्रम-जीवियों के हाथों में ही शासन की बागडोर रखने के पक्ष में है।... जो परिश्रम न करे, उसका शासन में कोई प्रतिनिधित्व न रहे। और ऐसा कोई मनुष्य न बचे, जो बिना परिश्रम की रोटी खा सके।"

रमाशंकर अवस्थी को हिन्दी में लेनिन के प्रथम जीवनी लेखक होने का ग़ौरव देते हुए भी लेनिन के विचारों को हिन्दी में अधिक प्रामाणिकता के साथ प्रस्तुत करने का श्रेय विनायक सीताराम सर्वटे को दिया जायेगा। 1921 में ही सर्वटे ने 'बोल्शेविज़्म' नामक पुस्तक लिखी। यह पुस्तक इन्दौर से प्रकाशित हुई। प्रकाशित किया 'हिन्दी साहित्य मन्दिर' के संचालक जीतमल लूणिया ने। उल्लेखनीय है कि इस पुस्तक की भूमिका लिखी प्रसिद्ध भारतीय दार्शनिक एवं राष्ट्रकर्मी डॉ. भगवानदास ने। सर्वटे की पुस्तक से ज्ञात होता है कि उन्होंने लेनिन की क्रान्तिकारी पुस्तक 'राज्य और क्रान्ति' पढ़ी थी। सर्वटे ने अपनी पुस्तक में इसका ज़िक्र करते हुए लिखा है : "पुस्तक लिखने के दौरान ही बोल्शेविक क्रान्ति का श्रीगणेश हो गया और पुस्तक लेखन की अपेक्षा अधिक महत्त्वपूर्ण कर्तव्य-शासन कार्य लेनिन पर आ पड़ा, जिससे यह पुस्तक अधूरी रह गयी।" 30 नवम्बर को लेनिन ने यह अन्तिम वाक्य लिखा है : "क्रान्ति पर पुस्तक लिखने की अपेक्षा क्रान्ति करना अधिक महत्त्वपूर्ण है।"

लेनिन के 'श्रमिकों की राज्य सत्ता' के सिद्धान्त पर लगाये जाने वाले आरोपों का खण्डन करते हुए सर्वटे ने लिखा है : "लेनिन के मत के अनुसार उसके इस व्यवहार में ज़रा भी असंगति नहीं है।...लेनिन कहता है कि सरकारी संस्था का जन्म तो इसीलिए होता है कि एक वर्ग की सत्ता दूसरे वर्ग पर चलती रहे और इसी के लिए उसकी स्थिति भी है। पूँजीशाही सरकार की सत्ता नष्ट करने के लिए श्रमजीवी सरकार की स्थापना करनी चाहिए। हाँ, यह सरकार उन्हीं श्रमजीवियों की संगठित हो सकती है जो अपने वर्ग के सच्चे अभिमानी होंगे। इस सरकार के संगठन में औरों को हक़ देना ऐसा ही है जैसा कि युद्ध के समय में अपनी छावनी में शत्रु के लोगों को टिकने के लिए स्थान देना। यह तो आत्मघात है।"

सर्वटे ने सोवियत देश के ख़िलाफ़ फैलाये जाने वाले अप-प्रचारों का खण्डन करते हुए लिखा : "रूस में और बातें चाहे जैसी हो रही हों, परन्तु यह बात उनके शत्रुओं को भी खेदपूर्वक स्वीकार करनी पड़ती है कि आज वहाँ शान्ति और सुव्यवस्था का राज्य है और शासन-तन्त्र नवीन उत्साह के साथ सुचारु रूप से काम कर रहा है। इससे यह स्पष्ट होता है कि बोल्शेविक सरकार को रूसी जनता की काफ़ी सहानुभूति और सहायता होनी चाहिए और जनता में उनके विचारों का प्रसार ख़ूब होना चाहिए।...बोल्शेविक सरकार का शासन-कार्य और उनके द्वारा घटित रूप की राजनैतिक, सामाजिक और साम्पत्तिक क्रान्ति अत्यन्त महत्त्वपूर्ण है। जग के भावी इतिहास का वह एक महत्त्वपूर्ण घटक अवयव है।"

भारत में बोल्शेविक क्रान्ति की सम्भावनाओं पर विचार करते हुए सर्वटे ने लिखा : "अच्छा, यदि आज भारत की परिस्थिति बोल्शेविज़्म के प्रसार योग्य नहीं है, तो क्या कुछ समय बाद पश्चिमी पूँजीशाही और उसके साथ ही वर्ग-कलह की वृद्धि होने पर, उसका फैलना अनिवार्य नहीं है? आजकल पहले से अधिक हड़तालें हो रही हैं। श्रमजीवियों के संघ स्थापित होते जा रहे हैं और श्रमजीवियों की कांग्रेस भी होने लगी है। इन चिह्नों से क्या यह प्रकट नहीं होता कि यहाँ भी बोल्शेविज़्म जल्द ही फलेगा!"

अगले वर्षों में लेनिन और रूसी क्रान्ति के विषय में दो और महत्त्वपूर्ण हिन्दी पुस्तकें प्रकाशित हुईं। 1922 में 'भारत मित्र' के सहक़ारी सम्पादक विश्वंभरनाथ जिज्जा की पुस्तक 'रूस में युगान्तर' तथा 1923 में प्राणनाथ विद्यालंकार की पुस्तक 'रूस का पंचायती राज'; दोनों कलकत्ता से प्रकाशित हुई थीं। जिज्जा की पुस्तक इसलिए उल्लेखनीय है कि उसमें पहली बार लेनिन का पूरा वास्तविक

नाम–'ब्लादिमीर-इलिच यू लिआनोव निकोलाय-लेनिन' दिया गया है। प्राणनाथ विद्यालंकार की पुस्तक लेनिन के विचारों की गहरी समझ के लिए महत्त्वपूर्ण है। लेनिन ने क्रान्तिकारी सफलता के लिए किसानों और मज़दूरों की एकता पर बल दिया था। लेनिन के विचारों की इस बुनियाद को प्राणनाथ विद्यालंकार ने पूरी तरह समझा था और उसकी व्याख्या करते हुए लिखा : "बोल्शेविक लोग ईमानदार थे। महात्मा लेनिन सचमुच महात्मा था। फ़रवरी तथा मार्च की राज्य क्रान्ति के समय में ही उसने अपने विचार प्रकट कर दिये थे। उसने किसानों को कह दिया था कि तुम बिना किसी प्रकार की देरी के अपना पंचायती राज्य स्थापित कर लो।... लेनिन का विचार था कि गाँवों में पंचायती राज्य तभी चल सकता है जब कि शहरों में भी पंचायती राज्य क़ायम हो जाये। क्योंकि शहरों में पहुँचकर पूँजीपति और ताल्लुकेदार लोग गाँव के विरुद्ध तैयारियाँ करेंगे और किसानों का गला घोंटने का इरादा करेंगे।...शहरों में मेहनती मज़दूर ही हैं जो कि किसानों का पूरे तौर पर साथ देंगे। यही सोच करके महात्मा लेनिन ने मेहनती मज़दूरों को कहा कि जिन-जिन स्थानों में तुम काम कर रहे हो, उन-उन स्थानों पर क़ब्ज़ा कर लो।...सारे रूस में शीघ्र ही पंचायती सभाओं का जाल बिछ गया। साम्यवाद की भूमिका बँध गयी।... परन्तु जब तक सारे संसार के मेहनती मज़दूरों तथा किसानों की सहायता न हो तब तक साम्यवाद का बरगद अपनी शाखाओं के नीचे पूँजीपतियों तथा ताल्लुकेदारों की अत्याचार से पूर्ण डायरशाही की कड़ी धूप से तपे हुए संसार के लोगों को पूरे तौर पर घनी छाया नहीं दे सकता है।...समय आयेगा जब कि संसार भर के मेहनती मज़दूर तथा किसान लोग ग़ुलामी से छुटकारा पाकर हमारी राज्य क्रान्ति को सफल करेंगे।"

इस प्रकार 1919 से 1923 तक लेनिन और रूसी राज्य क्रान्ति पर जो पुस्तकें हिन्दी में निकलीं उनका इतना व्यापक प्रभाव पड़ा कि 1924 में जब लेनिन की मृत्यु का समाचार मिला तो हिन्दी की सभी पत्र-पत्रिकाओं ने लेनिन पर ऐसे शोकोद्गार व्यक्त किये जैसे वह अपने ही प्रिय नेता हों। लेनिन की मृत्यु पर शोकोद्गार व्यक्त करने में अग्रणी रहा प्रयाग से प्रकाशित होनेवाला कृष्णकान्त मालवीय का पत्र 'अभ्युदय'। 26 जनवरी 1924 को 'अभ्युदय' ने लिखा : "संसार से इस समय का **संसार का सबसे बड़ा मनुष्य** उठ गया।...समता, समानता के कोरे सिद्धान्तों को इसने वास्तविक कार्य का रूप दे दिया। इसने श्रमजीवी समाज और ग़रीबों का आधिपत्य कितना सुखमय हो सकता है, यह संसार को दिखला दिया।" 'यूनाइटेड प्रॉविंस ऑफ़ आगरा एंड अवध' के 'नोट्स आन द प्रेस' की 5, 6, 8 और 16

संख्याओं के अनुसार बनारस के 'आज', कलकत्ता के 'वर्तमान', 'देशभक्त', 'उत्साह' तथा कानपुर के 'मज़दूर' ने लेनिन पर श्रद्धांजलियाँ अर्पित कीं। 'आज' ने यह कामना की : "ईश्वर उनके अनुयायियों को ताक़त दे कि वे विश्व की मुक्ति के उनके लक्ष्य को पूरा कर सकें।" 'वर्तमान' ने मद्रास के किसान और मज़दूर संघ के इस निश्चय की प्रशंसा की जिसके अन्तर्गत दिवंगत बोल्शेविक नेता के प्रति सम्मान व्यक्त करने के लिए 'लेनिन-सप्ताह' के आयोजन की बात कही गयी। 'मज़दूर' ने एक कविता छापी जिसमें यह प्रार्थना की गयी है : "लेनिन स्वर्ग से भारत में उतरकर ग़रीब किसानों की रक्षा करें तथा वर्तमान नौकरशाही शासन-प्रणाली को शान्तिपूर्ण ढंग से, बिना ख़ून बहाये अहिंसक क्रान्ति द्वारा समाप्त करें।"

इन दैनिक और साप्ताहिक पत्रों के अतिरिक्त हिन्दी की मासिक साहित्यिक पत्रिकाओं ने भी लेनिन के देहावसान पर टिप्पणी और लेखों के द्वारा श्रद्धांजलि अर्पित की। बालकृष्ण शर्मा 'नवीन' की 'प्रभा' ने 1 फ़रवरी 1924 को 'रूस के उस अवतार' को श्रद्धांजलि देते हुए लिखा : "वह चला गया किन्तु उसकी ध्वनि अनन्त काल तक पुण्य प्रमाण कालों के साथ आकर विश्व में उलट-फेर करती रहेगी।" 12 फ़रवरी 1924 की 'माधुरी' ने 'महापुरुष और युगावतार' लेनिन के सादा जीवन और निर्मल चरित्र की प्रशंसा करते हुए यह विश्वास व्यक्त किया। "सोवियत सरकार को लेनिन ने इतने मज़बूत पाए पर स्थापित कर दिया है कि उसकी जड़ हिल नहीं सकती।" फ़रवरी 1924 की 'सरस्वती' में भट्ट श्री ब्रजनाथ रमानाथ शास्त्री ने 'मोशिए लेनिन' की तुलना महात्मा गांधी के रहन-सहन से करके उनके मज़दूर संगठन-सम्बन्धी कार्यों की सराहना की।

इस प्रकार इस शताब्दी का तीसरा दशक हिन्दी की पत्र-पत्रिकाओं के द्वारा लेनिन की चर्चा से निरन्तर गूँजता रहा। इनमें 15 जून 1925 के 'प्रताप' में प्रकाशित गणेशशंकर विद्यार्थी के काव्यात्मक उद्गार की ये पंक्तियाँ उल्लेखनीय हैं : "वह सो गया है–ऐसा प्रतीत होता है। साथ ही यह भी अनुभव होता है कि यदि हम उसे जगा दें तो वह अपना अधूरा ग्रन्थ–विश्वव्यापी विप्लव के कठोर गायन की एक अधूरी कड़ी–फिर लिखने लगेगा। लेनिन के अधूरे ग्रन्थ के पन्ने रूस में ही नहीं, सर्वत्र लिखे जा रहे हैं।" इसी दौर में 1934 में निराला के 'मतवाला' काल के साथ मुंशी नवजादिकलाल श्रीवास्तव ने 'पराधीनों की विजय यात्रा' नामक पुस्तक लिखी जिसमें लेनिन की उपलब्धियों का आकलन इन शब्दों में किया गया है : "सन् 1918 से लेकर 1924 तक परिश्रमपूर्वक नवीन राष्ट्र का निर्माण कर, मित्रों को

आनन्द और शत्रुओं को आतंक प्रदान कर, मानव-महत्त्व का गगनचुम्बी विजय स्तम्भ इतिहास के वक्षस्थल पर स्थापित कर, रूस से दीनता और दरिद्रता का नामो-निशान मिटाकर, चिर-पददलित रूसी किसानों और मज़दूरों को मुक्ति प्रदान कर तथा सुयोग्य साथियों के हाथों में बागडोर देकर मानव मित्र लेनिन ने सन् 1924 में महाप्रस्थान किया।"

लेनिन सम्बन्धी इस व्यापक चर्चा ने स्वयं लेनिन की रचनाओं के हिन्दी अनुवाद की माँग बढ़ा दी और 1934 में ही बनारस से लेनिन की युगान्तकारी पुस्तक 'इम्पीरियलिज़्म' का हिन्दी अनुवाद 'साम्राज्यवाद : पूँजीवाद की सबसे ऊँची मंज़िल' नाम से प्रकाशित हुआ, जो भारतीय भाषाओं में सम्भवतः उस पुस्तक का पहला अनुवाद है। अनुवाद किया पं. जीवनराम शास्त्री ने और भूमिका लिखी आचार्य नरेन्द्र देव ने। भूमिका में आचार्य नरेन्द्र देव ने लेनिन की मुख्य स्थापनाओं का सारांश उपस्थित करते हुए अन्त में इस निष्कर्ष को रेखांकित किया : "साम्राज्यवाद के युग में संसारव्यापी एक आर्थिक पद्धति क़ायम हो गयी है, संसार के विभिन्न देश, एक लड़ी में पिरो दिये गये हैं, वह एक ज़ंजीर की विभिन्न कड़ियाँ हैं। ऐसी अवस्था में लेनिन का कहना है कि अब समग्र आर्थिक पद्धति की अवस्था को ध्यान में रखकर ही, केवल किसी देश-विशेष की अवस्था के आधार पर, यह निर्णय किया जा सकता है कि उक्त देश में सामाजिक क्रान्ति की सम्भावना है या नहीं। इस दृष्टि से क्रान्ति पहले उन देशों में नहीं होगी जहाँ उद्योग-व्यवसाय की विशेष उन्नति हुई है बल्कि उस देश में जहाँ साम्राज्यवाद की कड़ी सबसे ज़्यादा कमज़ोर है। जो देश उद्योग-व्यवसाय में पिछड़े हुए हैं, वह भी साम्राज्यवादी राष्ट्रों द्वारा पददलित होने पर एक नयी सामाजिक व्यवस्था के लिए अपने को तैयार कर सकते हैं।" कहने की आवश्यकता नहीं कि लेनिन के इस कथन को भारतीय स्वाधीनता संग्राम के लिए नितान्त प्रासंगिक समझकर ही आचार्य नरेन्द्र देव ने इसे रेखांकित किया था।

हिन्दी-जगत में लेनिन की जो इतनी चर्चा हुई वह कोरे शब्दों का हवामहल न था। इस चर्चा का ठोस आधार था और वह आधार था देश के अन्दर बढ़ती हुई राजनीतिक चेतना तथा व्यापक जन-आधार ग्रहण करता हुआ राष्ट्रीय आन्दोलन। इस दृष्टि से तीसरे दशक की कुछ राजनीतिक घटनाएँ उल्लेखनीय हैं। इसी बीच भारत में कम्युनिस्ट पार्टी की स्थापना हुई और 'मेरठ कम्युनिस्ट कांसपिरेसी केस' में गिरफ़्तार मज़दूर नेताओं ने अदालत में खुले आम लेनिनवाद की वकालत की,

जिसका प्रचार सारे देश में व्यापक रूप से हुआ। इसी बीच भगतसिंह ने फाँसी पर जाने से पहले देशवासियों के नाम जेल से पत्र भेजा था जिसमें लेनिन की नीतियों का अनुसरण करने की अपील की गयी थी। इस बीच जवाहरलाल नेहरू ने सोवियत रूस की यात्रा की और लौटकर लेनिन के सिद्धान्तों और कार्यों की व्यापक चर्चा की, जिसकी झलक 'सोवियत रशा' (1929) तथा 'ग्लिपसेज ऑफ़ वर्ल्ड हिस्ट्री' (1934) के पन्नों में आसानी से मिल सकती है। इसी बीच 26 जनवरी 1929 को 'इंडियन नेशनल कांग्रेस' ने पूर्ण स्वराज्य को प्राप्त करने का व्रत लिया ऐसा स्वराज्य जिसमें "उत्पादन के समस्त साधन मेहनतकश जनता के हाथ होंगे।" इस प्रकार भारतीय जीवन में विचार और कर्म दोनों ही स्तरों पर लेनिन का प्रभाव स्पष्ट था।

स्वभावत: साहित्य का इस वातावरण से सर्वथा अस्पृष्ट रहना असम्भव था। 1936 में 'प्रगतिशील लेखक संघ' की स्थापना आकस्मिक नहीं, बल्कि इन घटनाओं की सहज परिणति थी, जिसके संगठनकर्ता लेनिन के विचारों को मानने वाले नौजवान कम्युनिस्ट लेखक थे, किन्तु जिसमें निराला और पन्त जैसे हिन्दी के प्रतिष्ठित कवियों ने सहर्ष भाग लिया और अखिल भारतीय ख्याति के कथाकार प्रेमचन्द ने जिसके प्रथम अधिवेशन की अध्यक्षता की।

प्रेमचन्द की रचनाओं में लेनिन के नाम का स्पष्ट उल्लेख तो नहीं मिलता, किन्तु उनके पत्रों, लेखों और उपन्यासों में लेनिन के विचारों की छाया स्पष्ट देखी जा सकती है। 1916 के दिनों में जब सारा हिन्दी जगत लेनिन और बोल्शेविक क्रान्ति से उत्तेजित था, प्रेमचन्द भी मन-ही-मन अपनी आस्था निश्चित कर चुके थे। फ़रवरी 1919 के 'ज़माना' में उन्होंने 'दौरे क़दीम, दौरे ज़दीद' शीर्षक लेख लिखा जिसके यह वाक्य ध्यान देने योग्य हैं : "आनेवाला ज़माना अब किसानों और मज़दूरों का है। दुनिया की रफ़्तार इसका साफ़ सबूत दे रही है। हिन्दुस्तान इस हवा से बेअसर नहीं रह सकता। हिमालय की चोटियाँ उसे इस हमले से नहीं बचा सकतीं।...जनता की ठहरी हुई हालत से धोखे में न आइये। इंक़लाब से पहले कौन जानता था कि रूस की पीड़ित जनता में इतनी ताक़त छिपी हुई है।" 21 दिसम्बर 1919 को उन्होंने अपने दोस्त 'ज़माना' सम्पादक मुंशी दयानारायन निगम को पत्र में लिखा : "मैं अब क़रीब-क़रीब बोल्शेविस्ट उसूलों का कायल हो गया हूँ।" उसी साल उन्होंने 'प्रेमाश्रम' नामक उपन्यास लिखा, जिसमें एक जगह किसान बलराज कहता है कि उसके पास चिट्ठियों में रूस की ख़बर आती है जिससे मालूम होता है "रूस में काश्तकारों का ही राज है, वह जो चाहते हैं करते हैं।" ये चिट्ठियाँ बलराज

को इस हद तक उत्तेजित कर देती हैं कि वह अपनी ज़मीन के लिए ज़मींदार का ख़ून कर देता है। लेनिन का कहीं स्पष्ट उल्लेख किये बिना भी प्रेमचन्द ने भीतर-ही-भीतर लेनिन की यह सीख गाँठ बाँध ली थी कि किसानों के जागरण से ही भारत में क्रान्ति सम्भव है। 'सेवासदन' से 'प्रेमाश्रम' की ओर संक्रमण आकस्मिक और अकारण नहीं है। एक सच्चे रचनाकार के अनुरूप उन्होंने लेनिन का गुणगान करने के बजाय उनके विचारों को अपनी रचना में उतारना बेहतर समझा, और जीवन के अन्तिम दिनों में लेनिन का नाम लिया भी तो इक़बाल की कविता के ज़रिये, जैसे इसी का इन्तज़ार हो। फ़रवरी 1936 में पूर्णिया की एक सभा से लौटने के बाद प्रेमचन्द ने लिखा : "अब हमें ऐसे कवि चाहिये जो हज़रत इक़बाल की तरह हमारी मरी हुई हड्डियों में जान डालें।" देखिए, इस कवि ने लेनिन को ख़ुदा के सामने ले जाकर क्या फ़रियाद करायी है और उसका ख़ुदा पर इतना असर होता है कि वह अपने फ़रिश्तों को हुक्म देता है :

उट्ठो मेरी दुनिया के ग़रीबों को जगा दो
काखे उमारा के दरो-दीवार हिला दो।
सुल्तानिए जमहूर का आता है ज़माना
जो नक़्शे कोहन तुमको नज़र आये मिटा दो।
जिस खेत से बेहक़ों को मयस्सर न हो रोटी
उस खेत के हर खोशए गंदुम को जला दो।

और हिन्दी में ऐसे कवियों की कमी न थी। कम-से-कम एक कवि निराला ऐसे अवश्य थे। निराला ने भी प्रेमचन्द की तरह 'लेनिन' पर स्पष्टत: कहीं कुछ नहीं लिखा, पर उनकी विद्रोही प्रतिभा में कहीं न कहीं लेनिन का प्रभाव बीज रूप में सुरक्षित अवश्य था। निराला के जीवनी-लेखक डॉ. रामविलास शर्मा ने 'निराला की साहित्य साधना' में लिखा है कि 'मतवाला' साम्यवाद का भी प्रचार कर रहा था। उसने भारतीय कम्युनिस्ट पार्टी के संगठन, रूसी राज्य क्रान्ति, और नयी सोवियत व्यवस्था के पक्ष में अनेक लेख छापे। "कलकत्ते में रहते उनका (निराला का) परिचय कुछ प्रमुख साम्यवादी नेताओं से हुआ। इनमें भारतीय कम्युनिस्ट पार्टी के संस्थापक मुज़फ़्फ़र अहमद भी थे। मुज़फ़्फ़र अहमद से उनका परिचय कराया राधामोहन गोकुलजी ने।" यदि यह कथन सच है तो यह असम्भव है कि इस परिचय और 'मतवाला' मण्डल के बीच लेनिन का ज़िक्र न आया हो। उल्लेखनीय है कि हिन्दी की लेनिन-सम्बन्धी अधिकांश प्रारम्भिक पुस्तकें कलकत्ता से ही निकली थीं और निराला उन दिनों कलकत्ता-वासी ही थे। उन्हीं दिनों 1920 में निराला ने 'बादल राग' शीर्षक कविता-माला की वह कड़ी लिखी थी जिसकी प्रसिद्ध पंक्ति है :

तुझे बुलाता कृषक अधीर
ऐ विप्लव के वीर!

उस समय बोल्शेविक क्रान्ति के अलावा और कौन 'विप्लव' था तथा लेनिन के अतिरिक्त विप्लव का वीर और कौन था जिसकी छाया इस कविता में देखी जाये?

निराला के सहक्रर्मी सुमित्रानन्दन पन्त उस दौर के दूसरे रोमांटिक हिन्दी कवि हैं जिनकी कविता में अक्तूबर क्रान्ति की गूँज शुरू में तो नहीं किन्तु 1934 के आस-पास 'युगान्त' और 'युगवाणी' की कुछ कविताओं में सुनायी पड़ती है। पन्त ने भी उस समय लेनिन पर कोई कविता नहीं लिखी...कविता लिखी तो मार्क्स के प्रति और फिर 'साम्यवाद' तथा 'श्रमिक' पर हिन्दी कविता में श्रमिक के ग़ौरव को प्रतिष्ठित करनेवाले पन्त सम्भवत: पहले कवि हैं, जिसे चाहे मार्क्सवाद का प्रभाव कहें चाहे लेनिन का या फिर सोवियत व्यवस्था का, विशेष फ़र्क़ नहीं पड़ता। इस प्रसंग में हिन्दी रोमांटिक आन्दोलन के अन्यतम काव्य 'कामायनी' (1937) के 'संघर्ष' सर्ग का उल्लेख अप्रासंगिक न होगा जिसमें उस युग के इतिहास-विधायक समीक्षक रामचन्द्र शुक्ल को 'वर्गहीन समाज की साम्यवादी पुकार की भी दबी-सी गूँज' सुनायी पड़ी थी। इस प्रकार निराला और पन्त के साथ प्रसाद भी मिलकर त्रयी की पूर्ति करते हैं।

कविता के अन्तर्गत यथार्थ को छाया में बदलने के अभ्यस्त इन छायावादी कवियों की अपेक्षा लेनिन की स्पष्ट छाप स्वभावत: उस युग के उन कवियों में मिलती है जो युगचारण की भूमिका निभाने में कुशल हैं। दिनकर की 1931 में लिखित 'कस्मै देवाय' शीर्षक कविता में लेनिन का उल्लेख स्पष्ट है।

उठ भूषण की भावरंगिनी
लेनिन के दिल की चिनगारी
युगमर्दित यौवन की ज्वाला
जाग, जाग री, क्रान्ति कुमारी।

दिनकर उस दौर में असंदिग्ध रूप से क्रान्ति के सबसे मुखर गायक थे–भले ही भावावेश में वह क्रान्ति 'विपथगा' (1938) ही क्यों न हो जाये। यही नहीं उनके प्रसिद्ध काव्य 'कुरुक्षेत्र' (1942) में भी हिंसा बनाम अहिंसा की जो लम्बी बहस है उसमें स्वयं कवि के अनुसार लेनिन बनाम गांधी का ही अन्तर्द्वन्द है।

इसके बाद शिवमंगल सिंह 'सुमन', नागार्जुन, केदारनाथ अग्रवाल, शंकर शैलेन्द्र आदि नौजवान प्रगतिशील कवियों की विशाल परम्परा है जो प्रगतिशील

लेखक संघ के साथ साहित्य में आयी और इसी के साथ यशपाल, राहुल सांकृत्यायन, भगवतशरण उपाध्याय, अमृत राय जैसे समर्थ गद्य लेखकों की पौध भी उल्लेखनीय है, जो घोषित रूप से लेनिन के सन्देश की सार्थवाह रही है। साहित्य की यह धारा इतनी व्यापक और विशाल है कि संक्षेप में न तो इसका विवरण ही सम्भव है और न मूल्यांकन ही। प्रसंगवश इतना ही कहा जा सकता है कि इन प्रगतिशील लेखकों के आरम्भिक कृतित्व में बहुत कुछ ऐसा था जिसे गोर्की की भाषा में 'क्रान्तिकारी रोमांटिसिज़्म' या 'वीरत्व-व्यंजक रोमांटिसिज़्म' की संज्ञा दी जा सकती है। अधिकांश रचनाओं में लेनिन के उस पक्ष की अभिव्यक्ति हुई है जिसका सम्बन्ध स्वप्न देखने की क्षमता से है। लेनिन का दूसरा पक्ष जो सत्य को ठोस (कांक्रीट) मानता है, जो यथार्थ के प्रति निर्मम और आलोचनात्मक दृष्टि का आग्रही है और जो वास्तविकता को सदैव समग्रता में देखने पर बल देता है, इन रचनाओं में प्राय: उपेक्षित ही रहा। इसीलिए इन रचनाओं में अँधेरी रात से ज़्यादा लम्बी लाल सुबह होती थी और वह सुबह भी बहुत जल्दी आ जाती थी–गीत की टेक की तरह अन्त में अदबदाकर आती थी।

इस प्रकार इस विचार के साथ हम स्वभावत: आलोचना के उस ख़तरनाक क्षेत्र में प्रवेश करते हैं जहाँ लेनिन के नाम पर काफ़ी ख़ून-ख़राबा हुआ। आलोचना में लेनिन का प्रभाव रचना की अपेक्षा काफ़ी देर से चौथे दशक के अन्त और पाँचवें दशक के आरम्भ में परिलक्षित हुआ। वैसे हिन्दी-आलोचना काफ़ी पहले से समाजोन्मुख थी और रामचन्द्र शुक्ल जैसे आलोचक दूसरे दशक के आरम्भ से ही साहित्य में लोक-मंगल के आदर्श पर बल देते आ रहे थे; इसलिए लेनिन के प्रभाव में यदि हिन्दी आलोचना केवल अपनी समाजोन्मुख परम्परा को ही सही द्वन्द्वात्मक पद्धति पर विकसित करती तो भी कम न था। किन्तु खेद है कि आरम्भ में हिन्दी-आलोचकों को 'साहित्य और कला' पर लेनिन के जो कुछ भी विचार थे वे अपनी समग्रता में सुलभ न हो सके। अत्यधिक सुलभ था तो लेनिन का एक निबन्ध 'पार्टी-साहित्य और पार्टी संगठन' जिसमें पार्टी-लेखकों से पूरी पक्षधरता का आग्रह किया गया था। लेनिन के अनुयायी आलोचकों ने इस निबन्ध को दिशा-निर्देशक मानकर इसे केवल पार्टी-लेखकों के स्थान पर समस्त लेखकों जिनमें अधिकांशत: ग़ैर पार्टी प्रगतिशील लेखक थे–पर कड़ाई से लागू करना शुरू किया। परिणामत: अधिकांश लेखक प्रतिक्रियावादी प्रमाणित हुए। रचना विचार का पर्याय मान ली गयी और आलोचकों की इस माँग की पूर्ति में धीरे-धीरे पार्टी के राजनीतिक दस्तावेज़ों का पद्यानुवाद शुरू हुआ। विषय के रूप में सिर्फ़ किसान और मज़दूर रह गये और

विषय-वस्तु के रूप में आर्थिक शोषण। रूप उद्‌बोधन मात्र और भाषा के नाम पर केवल भाषण।

वैसे कुछ दिनों बाद लेनिन के ताल्स्ताय सम्बन्धी लेख भी हिन्दी-जगत में सुलभ हो गये, जिनमें लेनिन ने अपनी तीक्ष्ण द्वन्द्वात्मक दृष्टि से ताल्स्ताय के विचारों और कलात्मक प्रतिभा के बीच अन्तर्विरोध को लक्षित करते हुए उस महान कलाकार का महत्त्व आंका था, किन्तु लेनिन की इन व्यावहारिक समीक्षाओं से हिन्दी आलोचना ने विशेष लाभ नहीं उठाया। इन समीक्षात्मक निबन्धों के कारण एक हद तक तुलसीदास, भारतेन्दु तथा प्रेमचन्द जैसे प्राचीन महान लेखकों के मूल्यांकन में तो लचीलापन आया किन्तु समकालीन लेखकों का मूल्यांकन करते समय प्राय: वह दृष्टि बदल जाती थी। हिन्दी आलोचना में लेनिनवादी दृष्टि के ऐसे प्रभावों को आज कोई भी पाठक आसानी से देख सकता है। इस सन्दर्भ में रामविलास शर्मा, प्रकाशचन्द गुप्त और शिवदानसिंह चौहान जैसे यशस्वी प्रगतिशील समालोचकों का उल्लेख पर्याप्त है।

भारतीय साहित्य पर लेनिन के विचारों के प्रभाव का इतिहास अधूरा और एकांगी होगा, यदि यह न कहा गया कि एक दौर ऐसा भी रहा है जब यह प्रभाव अत्यन्त क्षीण बल्कि शून्य-सा रहा है। स्वतन्त्रता-प्राप्ति के बाद का पूरा छठा दशक कम-से-कम हिन्दी में लेनिन के प्रत्यक्ष या परोक्ष प्रभाव का कोई उल्लेखनीय संकेत नहीं देता। इसके लिए किस हद तक देश की राजनीतिक स्थिति ज़िम्मेदार है और किस हद तक लेनिन के अनुयायी राजनीतिक नेता और आलोचक, इसकी गहरी छानबीन ज़रूरी है। इतना निश्चित है कि 1948-49 में भारत की कम्युनिस्ट पार्टी तथा उसका अनुसरण करने वाले प्रगतिशील लेखक संघ के नेताओं ने जो कट्टरपन्थी क्रान्तिकारी नीति अपनायी थी उसका घातक प्रभाव कुछ दिनों बाद के भूल सुधार के बावजूद देर तक बना रहा। निस्सन्देह युद्धोत्तरकाल के शीत युद्ध की कम्युनिज़्म-विरोधी अमरीकी विचारधारा इस स्थिति का लाभ उठाकर भारतीय साहित्य को गुमराह करने में कामयाब हुई। ऐसी स्थिति में लेनिन का जो प्रभाव हिन्दी में ठीक अक्तूबर क्रान्ति के बाद दिखायी पड़ा था, वह आगे विकसित न हो सका तो कोई आश्चर्य नहीं। यह भी एक विडम्बना ही है कि हमारी स्वाधीनता की लड़ाई के आरम्भिक उत्थान में जिस लेनिन का नाम राष्ट्रीय मुक्ति और समाजवादी स्वप्न का पर्याय था वह स्वाधीनता-प्राप्ति के साथ ही विस्मृत हो गया। और व्यंग्य यह कि यह सब सोवियत देश के साथ भारत की बढ़ती हुई मैत्री के बावजूद हो रहा है।

भय है कि लेनिन का यह जन्मशती समारोह भी कहीं इस उदासीनता को और गहरा न कर दे, क्योंकि हर शती समारोह उस महापुरुष को सौ साल के लिए न सही, कुछ दशकों के लिए तो मार ही देता है। रवीन्द्रनाथ, ग़ालिब और गांधी की दुर्गति के बाद लेनिन के बारे में भी इस आशंका का उदय सर्वथा निराधार नहीं है। फ़िलहाल आशा का एक हल्का-सा आधार है तो आज के संसार के साथ भारत में भी उभरती हुई नयी क्रान्तिकारी चेतना, जो प्रेरणा के लिए फिर लेनिन की ओर मुड़ चली है। इस क्रान्तिकारी चेतना के प्रखर स्वर साहित्य में भी सुनायी पड़ने लगे हैं। कामना यही करनी चाहिए कि यह स्वर लेनिन से केवल क्रान्तिकारी जोश ही न लेगा, बल्कि वह परिपक्व वैज्ञानिक दृष्टि भी ग्रहण करेगा जो परिस्थितियों को उनकी ठोस द्वन्द्वात्मकता में देखकर रचनात्मक स्तर पर रूपान्तरण की क्षमता प्रदान करती है।

(साभार नेशनल बुक ट्रस्ट द्वारा प्रकाशित पुस्तक 'लेनिन और भारतीय साहित्य')

गोर्की और हिन्दी साहित्य

जन्म के समय की अपनी पहली चीख़ के बारे में गोर्की ने लिखा है : "मुझे पूरा यक़ीन है कि वह घृणा और विरोध की चीख़ रही होगी।" यह घटना 1868 की 18 मार्च के 2 बजे रात की है, लेकिन घृणा और विरोध की वह चीख़ जैसे आज सौ साल बाद भी सुनाई पड़ रही है, उन तमाम मानव-विरोधी शक्तियों के ख़िलाफ़ नये इन्सान की चीख़। आज का यह कड़वा सच है और गोर्की का अर्थ भी 'कड़वा' है। "क्या तुम फ्रेंच बोलते हो?" यह पूछे जाने पर बक़ौल गोर्की ने कहा था, "नहीं मादाम, मैं केवल सच बोलता हूँ।" सच बोलने के इस साहस के कारण ही 'गोर्की' कुछ लोगों की आँखों में काँटा बन गये तो दुनिया के बहुत बड़े हिस्से की आँखों के नूर भी हो गये। दुनिया के उस बड़े हिस्से में भारत की भी जनता है। भारत को गोर्की के जन्म की वह चीख़ तो बाद में सुनाई पड़ी, विडम्बना यह कि उनकी मृत्यु की सूचना पहले मिली और भारत में उसकी जितनी व्यापक प्रतिक्रिया हुई, उससे ज़ाहिर हो गया कि भारतीय जनता के हृदय में गोर्की के लिए कितना गहरा प्यार था। 'प्रेमचन्द घर में' नामक पुस्तक में शिवरानी देवी ने उस स्थिति का मार्मिक विवरण देते हुए लिखा है : "अगले दिन 'आज' कार्यालय में गोर्की के लिए शोक सभा थी। प्रेमचन्द स्वयं एक तरह से मृत्युशय्या पर थे। लेकिन रात के चार बजे तक जागकर वे गोर्की पर अपना भाषण लिखते रहे। बिस्तर से उठने की ताक़त न थी, फिर भी सभा में गये। भाषण पढ़ने खड़े हुए तो पाँव लड़खड़ा गये और लाचार बैठ गये। भाषण किसी और ने पढ़ा। घर लौटकर जो बिस्तर पर पड़े तो फिर लाश ही उठी। वही उनका अन्तिम भाषण था। बकौल शिवरानी देवी गोर्की के मरने की चर्चा वे कई दिनों तक करते रहे। गोर्की के प्रति उनके दिल में असीम श्रद्धा थी। गोर्की के समकक्ष कोई लेखक उनकी निगाह में नहीं आता था।" गोर्की के बारे में यह कहने पर कि वह कौन हिन्दुस्तानी थे, प्रेमचन्द ने छूटते ही जवाब दिया था कि गोर्की इतना बड़ा लेखक था कि उसके बारे में जातीयता का सवाल ही नहीं उठता। उन्होंने यहाँ

तक कहा था कि "जब घर-घर शिक्षा का प्रसार हो जायेगा तो गोर्की भी तुलसी-सूर की तरह चारों ओर पूजे जायेंगे।"

यह थी जनता के एक लेखक के प्रति जनता के एक-दूसरे लेखक की भावना। 1936 का साल इतिहास में इस बात के लिए बराबर याद रहेगा कि तीन बड़े देशों के तीन जन साहित्यकारों की मृत्यु उसी साल हुई। सोवियत रूस के गोर्की, भारत के प्रेमचन्द और चीन के लू शुन। ये तीनों साहित्यकार एक-दूसरे को शायद ही जानते रहे हों–देश भिन्न फिर भी काल में समकालीन, गोर्की निस्सन्देह इन तीनों में वरिष्ठ थे और इस अर्थ में सौभाग्यशाली भी उन्हें एक नयी दुनिया–समाजवादी दुनिया के निर्माण में योग देने का अवसर मिला और इस प्रकार वे एक नये साहित्य के जनक होने का ग़ौरव प्राप्त कर सके। कदाचित् इसीलिए प्रेमचन्द की निगाह में गोर्की के समकक्ष कोई लेखक नहीं आता था। कलाकार तो एक-से-एक बढ़कर थे लेकिन जैसा कि प्रेमचन्द का कहना था, गोर्की किसानों-मज़दूरों का अपना लेखक है। प्रेमचन्द ने शुरू से ही रूस की बोल्शेविक क्रान्ति का स्वागत किया था, इसलिए उस क्रान्ति के प्रतीक साहित्यकार गोर्की के लिए उनके हृदय में असीम श्रद्धा स्वाभाविक थी। संसार की जनता के सामने सोवियत रूस की समाजवादी क्रान्ति के रूप में नयी मानवता का उदय हुआ था और गोर्की जैसे उस क्रान्ति के मूर्तिमान थे। अपने साहित्य से अधिक वे अपने व्यक्तित्व से प्रेरणादायक थे।

गोर्की के मित्र कवि अलेक्जेंडर ब्लाक ने गोर्की के बारे में कहा था कि रूस के नाम के साथ यदि हम किसी प्रकार की महानता, विशालता, असीमता एवं मर्मस्पर्शी सम्भावनाशीलता का सच मानते हैं तो वह सब अपने सर्वोत्तम रूप में गोर्की में अभिव्यक्त हुआ है। प्रेमचन्द ने यदि गोर्की के साथ आत्मीयता महसूस की तो इसीलिए कि वे भी भारत की विशालता, महानता एवं भव्यता के दर्पण थे। यह आकस्मिक नहीं कि गंगा तट के इस भारतीय ने बोल्गा के मछेरे के पौत्र से इतना घनिष्ठ तादात्मय अनुभव किया, जिसके विषय में एक अन्य मित्र चालियापि ने कहा था कि गोर्की की भली या बुरी सभी अनुभूतियों, सभी विचारों और सभी क्रियाओं का एकमात्र और अद्वितीय प्रेरणा स्रोत बोल्गा है–वही बोल्गा जिसके किनारे दो साल बाद लेनिन का जन्म हुआ था।

बहरहाल, महत्त्वपूर्ण यह नहीं है कि प्रेमचन्द ने गोर्की से क्या सीखा और कितना सीखा, क्योंकि गोर्की के साहित्य से परिचित होने तक प्रेमचन्द सीखने की उम्र पार करके प्रौढ़ कथाकार हो चुके थे, महत्त्वपूर्ण यह है कि प्रेमचन्द ने हिन्दी

में गोर्की की परम्परा को आगे बढ़ाने के लिए क्या किया? और तथ्य है कि गोर्की की मृत्यु से तीन महीने पहले प्रेमचन्द भारतीय प्रगतिशील लेखक संघ की स्थापना में योग देकर भारत में प्रगतिशील साहित्य के आन्दोलन का सूत्रपात कर चुके थे। प्रगतिशील लेखक संघ के प्रथम अधिवेशन के अध्यक्ष-पद से उन्होंने जो भाषण दिया था, वह गोर्की के विचारों का भारतीय भाष्य मात्र नहीं बल्कि भारत को अपने ऐतिहासिक सन्दर्भ में निर्मित साहित्य का सर्जनात्मक दस्तावेज़ है। जिस प्रकार गोर्की ने 1934 में सोवियत लेखकों की प्रथम कांग्रेस में समाजवादी यथार्थवाद की स्थापना की, उसी प्रकार प्रेमचन्द ने दो साल बाद अपने कुछ नवयुवक लेखकों के उत्साह से प्रेरित होकर भारतीय साहित्य के सन्दर्भ में यथार्थवादी मान्यताओं की रूपरेखा प्रस्तुत की। प्रेमचन्द 'समाजवादी यथार्थवाद' के सिद्धान्त से परिचित थे या नहीं, इसका कोई प्रमाण उपलब्ध नहीं है, किन्तु इतना निश्चित है कि अपनी रचनाओं और विचारों के द्वारा उन्होंने हिन्दी में जिस यथार्थवादी परम्परा की नींव डाली, उसने आगे चलकर उस प्रगतिशील आन्दोलन को विकसित किया, जिसके चलते भारत में गोर्की की रचनाओं में शिक्षित और जागरूक जन समुदाय की रुचि बढ़ी।

हिन्दी में जहाँ तक गोर्की की रचनाओं के अनुवाद का प्रश्न है, यह कार्य 'प्रगतिशील लेखक संघ' की स्थापना से कुछ पहले ही शुरू हो गया था। राष्ट्रकवि मैथिलीशरण गुप्त के 'साहित्य सदन' से 'शेलकश' नाम से एक कहानी-संग्रह निकल चुका था। इसके अतिरिक्त 'वे तीनों' (1931), और 'टानिया' 1932 नाम से दो अनुवाद और प्रकाशित हो चुके थे। हिन्दी में 'माँ' का प्रकाशन 1940 में हुआ, किन्तु इसके बाद के अनेक प्रमाण उपलब्ध हैं कि अंग्रेज़ी अनुवाद में गोर्की का यह विश्वविख्यात उपन्यास भारत में व्यापक रूप से काफ़ी पहले से पढ़ा जा रहा था। ये स्वत:स्फूर्त अनुवाद तत्कालीन भारतीय रुचि के परिचायक हैं। इनमें कुछ तो मानवीय करुणा का आकर्षण है और कुछ रोमांचक ज़िन्दगी की रोमान रंगीनी। प्रगतिशील आन्दोलन के साथ गोर्की के साहित्य का क्रान्तिकारी तत्त्व उभरकर सामने आया और यह स्पष्ट हुआ कि गोर्की का साहित्य मुख्य रूप से पीड़ित-दलित-शोषित जन के युक्ति संघर्ष की अपराजेय वाणी है। देखते-देखते गोर्की अनेक प्रगतिशील लेखकों के आदर्श बन गये। हिन्दी तथा साहित्य में क्रान्तिकारी बुद्धिजीवियों के अतिरिक्त कारख़ाने के मज़दूरों की ज़िन्दगी के चित्र भी आने लगे। गोर्की द्वारा निरूपित 'क्रान्तिकारी रोमांटिसिज़्म' इस दौर के प्रगतिशील साहित्य का प्रमुख सिद्धान्त बन गया। यशपाल, नागार्जुन, रांगेय राघव, अमृत राय, भैरव प्रसाद

गुप्त आदि की तत्कालीन रचनाएँ इस 'क्रान्तिकारी रोमांटिसिज़्म' के सर्जनात्मक कथा-प्रयास हैं।

किन्तु इस प्रवृत्ति के समानान्तर, बल्कि इसके विरुद्ध हिन्दी में गोर्की के एक अन्य रूप का भी प्रचार चल रहा था, जो पश्चिमी देशों में प्रचलित व्याख्या के अनुसार गोर्की को केवल 'आवारागर्दी' की अलमस्त ज़िन्दगी का चितेरा मात्र मानता था और गोर्की के मानववाद को उन्नीसवीं सदी के मानव-करुणावाद तक सीमित रखता था। इस प्रवृत्ति का सूचक है श्री इलाचन्द्र जोशी कृत 'गोर्की के संस्मरण' (1943) नामक अनुवाद। जोशी जी हिन्दी में दोस्तोएव्सकी के अनुयायी के रूप में जाने जाते हैं और पश्चिमी देशों के सोवियत-विरोधी बुद्धिजीवी एक अरसे से गोर्की के विरुद्ध दोस्तोएव्सकी को उछालते आ रहे हैं। जाने-अनजाने जोशी जी ने भी पश्चिमी सुर में सुर मिलाकर लिख मारा कि "गोर्की को अन्तरराष्ट्रीय मार्क्सवादियों ने निर्विवाद रूप से प्रगतिशील कलाकार माना है।...पर उन चरित्रहीन चित्रण नायकों का चरित्र चित्रण उसने इसलिए नहीं किया है कि उनकी मानसिक विकृतियों और असामाजिक प्रवृत्तियों का पोल-प्रकाश करे बल्कि इसलिए कि वह भी सम्भवत: अपने अनजान में। उन्नीसवीं शताब्दी के बुर्जुआ कलाकारों की तरह तथाकथित मानववाद के मोह से मुक्त नहीं हो पाया था।" (विवेचना, पृ. 134)

किन्तु जो लोग गोर्की के दोस्तोएव्सकी-विरोधी सैद्धान्तिक अभियान से परिचित हैं उन्हें इस भ्रम के कुहासे में छिपे सत्य के प्रकाश को देखने में तनिक भी कठिनाई न होगी। दोस्तोएव्सकी जहाँ मानव-यातना को अपने आप में साध्य मानकर उसे एक धार्मिक सिद्धान्त का ग़ौरव देते हैं, गोर्की मानव-गरिमा के लिए संघर्ष में विश्वास करते हैं। उनके प्रसिद्ध नाटक 'निचली गहराइयों' का सतीन कहता है, "हमें मनुष्य का सम्मान करना चाहिए। दया नहीं, सहानुभूति के द्वारा उसका अपमान नहीं, बल्कि उसका सम्मान करना चाहिए।"

मानव-गरिमा की यह प्रतिष्ठा मानववाद को गोर्की की अपनी देन है और इसीलिए वे विश्व-साहित्य के इतिहास में एक नये मानववाद के संस्थापक के रूप में स्मरण किये जाते हैं। गोर्की का यह मानववाद समाजवादी क्रान्ति की भूमिका ही नहीं, बल्कि समाजवाद के परवर्ती विकास का भी पर्याय है। गोर्की साहित्य के इतिहास में अपने इस नये ऐतिहासिक दायित्व के प्रति बहुत पहले से जागरूक थे। 1900 में उन्होंने चेखोव की कहानियों को पढ़कर लिखा था कि आप यथार्थवाद की हत्या कर रहे हैं...जिसका स्पष्ट अर्थ था कि चेखोव ने यथार्थवाद को चरम सीमा

तक पहुँचा दिया था और गोर्की उसके अनुसरण का रास्ता छोड़कर परिस्थिति के अनुसार एक नये रास्ते की खोज में थे। चेखोव के उसी पत्र में उन्होंने आगे लिखा था कि "आज की स्थिति में जनता कुछ अधिक विचारोत्तेजक, वीरत्वव्यंजक और स्फूर्तिप्रद साहित्य चाहती है।" इतिहास की इसी समझ के आधार पर गोर्की ने रूसी साहित्य में एक नये यथार्थवाद की नींव डाली और तोल्सतोय तथा चेखोव जैसे दिग्गज कथाकरों के रहते हुए भी साहित्य में अपने लिए एक विशेष जगह बना ली। यह कोरा रोमांटिक उत्साह नहीं बल्कि इसके मूल में जनता के जीवन से गहरा लगाव तथा वास्तविकता की पैनी समझ है। इसीलिए गोर्की का साहित्य आज भी हिन्दी लेखकों और पाठकों के लिए प्रेरणा का अक्षय स्रोत है।

गांधी जी मेरी दृष्टि में

गांधी जी का सबसे बड़ा आकर्षण, एक लेखक के नाते, मेरे लिए उनकी भाषा है। भाषा शैली यदि मनुष्य स्वयं है तो मैंने इस भाषा के ज़रिये ही गांधी जी को जानने की कोशिश की है। उस भाषा की नक़ल करने की कोशिशें भी हुई हैं, लेकिन यह सिर्फ़ नक़ल होकर रह गयी, क्योंकि भाषा सिर्फ़ बोलने का लहजा या शब्दों का चयन अथवा वाक्यों का गठन नहीं है।

आमतौर से जिसे साहित्यिक भाषा कहते हैं, गांधी जी की भाषा उससे कोसों दूर थी। उनके लिखने या बोलने में किसी भी तरह के सजाव-सिंगार की कोशिश नहीं दिखाई पड़ती। अगर है तो एक तरह की बेबाक सादगी, जिसके सामने बड़े से बड़ा वाग्जाल छिन्न-भिन्न हो जाता है। इस सादगी का रहस्य यह है कि गांधी जी किसी चीज़ की चमक-दमक से अभिभूत नहीं होते थे। चाहे वह वैभवशाली अंग्रेज़ी साम्राज्य हो चाहे ग़ौरवशाली भारतीय अतीत। वे किसी वस्तु के चारों ओर निर्मित प्रभामण्डल को भेद कर असली वस्तु को देखने की क्षमता रखते थे। यह दूसरी बात है कि आज स्वयं गांधी जी के चारों ओर एक प्रभामण्डल बनाने की कोशिश की जा रही है। उनकी हर बात इसलिए सीधी होती थी कि वे हर चीज़ को सीधे देखते थे। यदि वे काशी गये तो विश्वनाथ जी की महिमा में नहीं खो गये। उनकी पैनी दृष्टि भिखारियों और गन्दी बदबूदार नालियों पर भी पड़ी। भारत की खोज करते समय उनकी नज़र अतीत के स्वर्ण युगों में ही नहीं उलझी, बल्कि छुआछूत, जात-पाँत की कट्टरता, धार्मिक विद्वेष, असह ग़रीबी तथा घोर अज्ञान पर भी गयी। गांधी जी आधुनिक युग के पहले राजनेता हैं, जिन्होंने भारतीयों में अपने आप को सीधे और साफ़ देखने की दृष्टि दी। यह यथार्थवादी दृष्टि है जो स्पष्टत: रोमांटिक दृष्टि के विरोध में जाती है। श्री रवीन्द्रनाथ ठाकुर और गांधी जी के मशहूर पत्र-व्यवहार से इन दोनों दृष्टियों का अन्तर स्पष्ट हो जाता है। इस दृष्टि का दूसरा उदाहरण है लन्दन की गोलमेज

कॉन्फ्रेंस जो जान-बूझकर युवराज के राज्याभिषेक के अवसर पर बुलाई गयी थी। सारा ताम-झाम और समारोह जैसे अंग्रेज़ी साम्राज्य के प्रताप का प्रदर्शन था। हो सकता है कि उसके पीछे भारतीय नेताओं को अभिभूत करने का भी भाव रहा हो। किन्तु उस माया-लोक में भी गांधी जी की निर्लिप्त दृष्टि मूल वस्तु से एक पल के लिए भी विचलित नहीं हुई। इसी प्रकार काशी हिन्दू विश्वविद्यालय की रजत जयन्ती के अवसर पर जब समस्त आगन्तुकों की दृष्टि समारोह के भीड़-भाड़ में खोयी हुई थी, गांधी जी की दृष्टि प्रवेश-द्वार पर अंग्रेज़ी में लिखे हुए बनारस हिन्दू यूनिवर्सिटी नाम पर गयी, जिसका ज़िक्र दीक्षान्त समारोह में करते हुए गांधी जी ने अंग्रेज़ी हटाने और हिन्दी लाने की बात कही थी। देखने में वैसे तो यह बहुत छोटी-सी बात है किन्तु गांधी जी का बड़प्पन यही है कि छोटी-से-छोटी चीज़ भी उनकी नज़र से ओझल नहीं होती थी। उनका 'विज़न' बड़ा था—'विज़न' स्वराज्य का, राम राज्य का, लेकिन नज़र स्वराज्य के छोटे-से-छोटे ब्योरे पर थी। इसलिए उनकी छोटी बात में भी बड़ा अर्थ होता था। बड़े 'विज़न' के साथ छोटी-से-छोटी चीज़ पर दृष्टि का होना साधरण बात नहीं है। यह एक महान क्रान्तद्रष्टा और क्रान्तिकारी की जीवन-दृष्टि है। यह जीवन-दृष्टि पहली समाजवादी क्रान्ति के जनक लेनिन में थी या फिर उपनिवेशवाद से भारत को राजनीतिक स्वाधीनता दिलाने वाले गांधी में।

गांधी जी यदि सीधी बात को सीधे ढंग से कहते थे तो इसका साफ़ मतलब है कि वे चीज़ों को उनके सही नाम से पुकारते थे और जैसा कि एक लेखक ने कहा है, अच्छा गद्य लिखने की कला चीज़ों को उनके सही नाम से पुकारने की कला है। यह खेद है कि अब वह कला लुप्त हो चली है। चीज़ों को उनके सही नाम से पुकारने के लिए हृदय में उन चीज़ों के प्रति कोई डर नहीं होना चाहिए जिनका हमें वर्णन करना है। साथ ही यह भी ज़रूरी है कि अपने और उनके बीच कोई दीवार न आने दें। गांधी जी को न किसी चीज़ से डर था और न उन्होंने अपने तथा किसी चीज़ के बीच कोई दीवार ही बनने दी। जब उन्होंने छुआछूत का विरोध किया तो वह छुआछूत केवल हरिजनों तक ही सीमित नहीं है। वे हर चीज़ के सीधे सम्पर्क में रहना चाहते थे : निस्संकोच और निर्भीक।

वे सच्चे अर्थों में सत्य के अन्वेषी और सत्य के शोधक थे। अपनी आत्मकथा में उन्होंने स्वयं लिखा है कि सत्य है और में इसका शोधक हूँ। इस सोच के लिए मैं अपनी प्रिय से प्रिय वस्तु का त्याग करने को तैयार हूँ और मुझे विश्वास है कि इस शोध रूपी यज्ञ में इस शरीर को भी होमने की मेरी तैयारी है और शक्ति है। गांधी जी

की यह सत्य-निष्ठा ही उनकी भाषा का प्राण है। आज जब सत्य पर तरह-तरह के चमकीले आवरण डाले जा रहे हैं, सत्य को खण्ड-खण्ड करके पेश किया जा रहा है, शब्द और अर्थ के बीच सम्बन्ध टूट रहा है, कथनी और करनी के बीच खाई बढ़ती जा रही है और अनेक मूल्यवान शब्द व्यवहार में खोखले शब्द मात्र बनकर रह गये हैं—चीज़ों को सही नाम से पुकारने वाले गद्य की ज़रूरत सबसे ज़्यादा है। ऐसे समय स्वभावतः एक लेखक के लिए गांधी जी का सत्याग्रह एक नये अर्थ का संवाहक़ बन जाता है और सत्याग्रही गांधी जी की भाषा में एक नया आकर्षण पैदा हो जाता है। गांधी जी की भाषा गांधी जी के जीवन की बुनावट का अंग है और इस प्रकार उनका जीवन ही नहीं बल्कि भाषा भी सत्य के प्रयोग हैं। इस प्रयोग में उनकी दृष्टि सदैव एक वैज्ञानिक की सी रही है, जो विश्लेषणप्रियता के कारण कुछ शुष्क सी प्रतीत होते हुए भी खादी के धागे के समान अन्ततः 'निरस विसद गुनमय फल जैसे' वाली है। गांधी जी उन्हीं सन्तों में हैं जिनके बारे में सन्तकवि तुलसीदास ने कहा है :

साधु चरित सुभ चरित कपासू। निरस बिसद गुनमय फल जासू।
जो सहि दुख पर छिद्र दुरावा। बन्दनीय जेहिं जग जस पावा।।

(यह आलेख 4 अगस्त 1969 को आकाशवाणी, नयी दिल्ली पर प्रसारण के लिए लिखा गया था।)

भारतीय अस्मिता की खोज और जवाहरलाल नेहरू

भारत के स्वाधीनता आन्दोलन के मूलभूत लक्ष्यों में एक बड़ा लक्ष्य यह था कि इस देश के नागरिकों को अंग्रेज़ी हुकूमत से मुक्ति तो मिले ही, वे अपनी राष्ट्रीय पहचान और समृद्ध संस्कृति के वारिस होने का आत्मिक ग़ौरव भी अनुभव कर सकें। वही सांस्कृतिक ग़ौरव, जो सिन्धु घाटी की सभ्यता, आर्य सभ्यता, वैदिक संस्कृति, बौद्ध-जैन संस्कृति, मध्यकालीन भक्ति आन्दोलन और वैचारिक समन्वय की सुदीर्घ परम्परा से निर्मित हुआ है।

आज इस राष्ट्रीय पहचान और आत्मग़ौरव की भावना का महत्त्व इसलिए भी बढ़ गया है कि हमारी जातीय स्मृति में एक प्रकार का भ्रंश दिखाई पड़ रहा है। भ्रंश इस अर्थ में कि हम सिर्फ़ आज में जीते हैं, दस वर्ष पहले की घटनाओं को भी याद रखने की सामर्थ्य हम खोते जा रहे हैं। राष्ट्र के उन तमाम नायकों को भूलते जा रहे हैं, जिनका हमारे अपने अतीत और वर्तमान से गहरा ताल्लुक रहा है, ऐसे वातावरण में यदि हम यह भी भूल जायें कि हम किस देश के हैं, किस देश के संस्कारों से बने हैं और जिस देश के संस्कारों से बने हैं, वह केवल एक छोटा-सा भौगोलिक क्षेत्र भर नहीं है, बल्कि एक महान सभ्यता का वारिस है, उसकी एक महान संस्कृति रही है, जिसमें भारतवासी होने के नाते ही नहीं, बल्कि मनुष्य होने के नाते किसी की भी दिलचस्पी हो सकती है।

इस देश के विकास में दिलचस्पी रखने वाले लोग यह भलीभाँति जानते हैं कि आज़ादी के बाद इस देश के आर्थिक निर्माण के लिए जो राष्ट्रीय नीति तय की गयी थी, उसे तैयार करने में पं. जवाहरलाल नेहरू की महत्त्वपूर्ण भूमिका रही है, हालाँकि इस दस्तावेज़ को तैयार करने में वे अकेले नहीं थे, और भी बहुत-से लोग थे, जिन्होंने इसे तैयार करने में अपना योग दिया, उस नीति में इसी बात पर सबसे

अधिक बल दिया गया था कि इस देश को किस तरह आत्म-निर्भर बनाया जाये। इस काम को अंजाम देने के लिए पंचवर्षीय योजनाओं के माध्यम से एक ऐसा आधारभूत आर्थिक ढाँचा तैयार करने का लक्ष्य सामने रखा गया, जिसके सामने बाकी सारे विकल्प गौण थे। इस राष्ट्रीय नीति में सार्वजनिक क्षेत्र की केन्द्रीय भूमिका मानी गयी और ग़ैर-सरकारी क्षेत्र को सहायक की भूमिका में रखा गया। विकास के इस ढाँचे में ज़मींदारी प्रथा को ख़त्म कर के भूमि सम्बन्धी नये नियम बनाने पर गम्भीरता से विचार किया गया, ऐसे नियम जिनमें गाँवों का विकास हो, औद्योगिकरण को बढ़ावा मिले और दुनिया के दूसरे विकसित देशों की तरह यहाँ भी आधुनिकीकरण की प्रक्रिया तेज़ी से विकसित हो, पण्डित जवाहरलाल नेहरू के नेतृत्व में बनी यह राष्ट्रीय नीति आज़ादी के बाद स्वतन्त्र भारत की आर्थिक प्रगति का मूल आधार थी।

विदेश नीति के मामले में भी इस नेतृत्व ने गुटों में बँटी दुनिया से अलग अपना एक निरापद रास्ता चुना। यह रास्ता था, गुटनिरपेक्षता की नीति का, जिसमें भारत जैसे और भी कई विकासशील देश थे, जो न सब्ज़बाग़ दिखाने वाले पूँजीवादी देशों के साथ जाना चाहते थे, न लड़ाकू समझे जाने वाले समाजवादी देशों के साथ। इस नीति के पीछे भी सबसे बड़ा दबाव उस राष्ट्रीय एकता और सामाजिक संस्कृति का ही रहा, जिसकी पुख्ता नींव धर्मनिरपेक्षता या सेकुलरिज़्म की भावना पर आधारित थी, जो सारे विभेदों और बहुलता के बावजूद राष्ट्र की अन्तर्निहित एकता को प्रोत्साहन देती थी।

अपनी राष्ट्रीय और अन्तरराष्ट्रीय सोच के चलते पण्डित नेहरू ने तीन महत्त्वपूर्ण पुस्तके लिखीं थीं–'विश्व इतिहास की झलक', 'मेरी कहानी' और 'हिन्दुस्तान की कहानी'। इन तीन पुस्तकों के अलावा अपनी पुत्री इन्दिरा गांधी के नाम जो उन्होंने पत्र लिखे थे, वे भी एक पुस्तक के आकार में सामने आ चुके हैं और इन पत्रों में भी पण्डित नेहरू ने इन पुस्तकों के अच्छे-ख़ासे हवाले दिये हैं। ये सभी पुस्तकें एक-दूसरे से जुड़ी हुई हैं, पण्डित नेहरू से कई सौ साल पहले यूरोप में यही काम महान चिन्तक **हॉब्स** ने भी करने का प्रयत्न किया था। **हॉब्स, लॉक** और **रूसो** दुनिया में लोकतन्त्र की विचारधारा पर गम्भीरता से विचार करने वाले महान चिन्तकों में गिने जाते हैं, जिन्होंने यूरोप में सामाजिक, राजनीतिक और सांस्कृतिक चिन्तन के एक नये युग का सूत्रपात किया।

हॉब्स ने भी यह प्रतिज्ञा की थी कि वे तीन ऐसी पुस्तकें लिखेंगे, जिनमें एक में विश्व के स्वरूप पर विचार होगा, दूसरी पुस्तक में वे राष्ट्रीय राज्य के स्वरूप पर विचार करेंगे और तीसरी पुस्तक स्वयं उनकी अपनी जीवन कहानी पर आधारित

होगी। हॉब्स केवल 'लिवायथन' के रूप में मुख्य रूप से राज्य के स्वरूप पर ही विचार कर सके, इस किताब की भूमिका के रूप में उन्होंने अपने जीवन की कहानी भी लिखी लेकिन विश्व की वह इसी पुस्तक में मात्र झलक ही प्रस्तुत कर सके। हॉब्स जो काम नहीं कर सके, पण्डित नेहरू ने वही कार्य अपनी कहानी, अपने देश की कहानी और सारे संसार की कहानी के रूप में ही कर दिखाया।

इन तीनों कहानियों को अगर हम ध्यान से देखें तो पायेंगे कि विराट विश्व के परिप्रेक्ष्य में भारत और भारत के परिप्रेक्ष्य में जवाहरलाल नेहरू नाम का वह व्यक्ति प्रकारान्तर से विश्व को और अपने देश को देखते हुए उसके भीतर अपनी ही खोज करता रहा है। हमारे यहाँ यह परम्परा भी रही है कि हर खोज अपने आप से शुरू होती है–'आत्मानाम् विधि:' अर्थात् अपने आप को जानो, जो अपने आपको नहीं जानेगा, वह अपने देश को भी नहीं जानेगा, वह सारे ब्रह्माण्ड और विश्व को भी नहीं जान पायेगा, इसलिए हर व्यक्ति की ये तीनों खोजें एक-दूसरे से जुड़ी हुई हैं। जवाहरलाल नेहरू ने इन तीनों ग्रन्थों के माध्यम से वस्तुत: एक ही खोज की थी, जिसे एक शब्द में भारतीय अस्मिता की खोज कहा जा सकता है, भारत की पहचान की खोज और पहचान किसी की अकेले की नहीं होती, परिचय पूर्ण होता है अपने समूचे सन्दर्भ के साथ, इसलिए जवाहरलाल की अपनी कहानी अपने देश की कहानी से जुड़ी हुई है और उस देश की कहानी उस संसार की कहानी से जुड़ी हुई है, जिसमें वह देश और वह व्यक्ति स्थित है। अंग्रेज़ी में जिसे कहते हैं 'सिचुएटेड'। इन तीनों कहानियों का ज़िक्र करना इसलिए आवश्यक है कि लगभग दो किताबें 'विश्व इतिहास की झलक' और 'मेरी कहानी' उन्होंने सन् 1933 और 1935 के बीच लिखीं, जबकि 'हिन्दुस्तान की कहानी' (डिस्कवरी ऑफ़ इंडिया) उन्होंने ग्यारह वर्ष बाद 1946 में पूरी की, जब वे स्वाधीनता प्राप्ति से एक वर्ष पूर्व अमरगढ़ जेल में बन्द थे।

इन दस-बारह सालों के अन्तराल को देखना दिलचस्प होगा। दो महत्त्वपूर्ण ग्रन्थ लिख देने के बाद पण्डित जवाहरलाल नेहरू को क्यों यह ज़रूरत महसूस हुई भारत को खोजने की? उनकी शिक्षा इंग्लैंड में हुई थी और वहाँ से शिक्षा प्राप्त करने के बाद देश, दुनिया और लोकतन्त्र के बारे में उनकी जो समझ बनी, सम्भवत: उसी के चलते उन्हें भारत की आज़ादी की लड़ाई में हिस्सा लेना आवश्यक लगा। आज़ादी की लड़ाई में हिस्सा लेने के ही क्रम में उन्होंने इस देश के गाँवों, शहरों और क़स्बों की यात्राएँ कीं। यहाँ की जनता को देखने, उनके दुख-दर्द जानने-सुनने और समझने का मौक़ा मिला। इस अनुभव से आज़ादी की लड़ाई के प्रति तो वे वचनबद्ध हुए

ही, लेकिन उससे भी ज़्यादा ज़रूरी उनके लिए यह हो गया कि इस देश की जनता को उसकी समृद्ध विरासत और असली ताक़त से परिचित कराया जाये और ऐसी वैज्ञानिक समझ से जोड़ा जाये जो भारत के नव-निर्माण का आधार हो सकती है।

भारतीय अस्मिता की खोज की आवश्यकता उस उपनिवेशी दौर में ख़ासतौर से महसूस की गयी, जब अंग्रेज़ी हुकूमत ने एक ऐसा विच्छेद उत्पन्न करने की कोशिश की, जहाँ भारत का समूचा इतिहास अपने मूल से काटकर अलग कर दिया गया और एक नया दौर, नया इतिहास रचने का उपक्रम किया गया। यही नहीं, अंग्रेज़ों ने अपने कुछ चुनिन्दा लोगों के ज़रिये यह समझाने का भी प्रयत्न किया कि यहीं से भारत के असली इतिहास की शुरुआत होती है। यह पहला अवसर था, जब हमारे यहाँ सात समन्दर पार से आयी। एक क़ौम ने अपने ढंग से भारत का इतिहास लिखना शुरू किया। हमारे इतिहास की विडम्बना यह थी कि जिन अंग्रेज़ों ने हमारे अतीत को तहस-नहस किया, बरबाद किया, जिन्होंने यहाँ की पुरानी जमी-जमाई ग्रामीण पंचायती व्यवस्था, जो सदियों से चली आ रही थी उसको नष्ट किया। उसकी जगह उन्होंने अपनी नयी भूमि व्यवस्था और ज़मींदारी प्रणाली लागू की। नये क़ानून बनाये, अपनी न्यायपालिका बनायी। और अपनी आवश्यकताओं के अनुरूप एक नयी प्रशासनिक व्यवस्था स्थापित की। उन्होंने समूचे सामुदायिक जीवन को नष्ट किया।

उन्होंने इस देश की धरती को खोदकर पुराने मन्दिरों को, पुरानी इमारतों को, पुराने अवशेषों को खोज-खोजकर निकालना शुरू किया और निकाल कर उन शिलालेखों को, सिक्कों को, मन्दिरों को, मूर्तियों को ढूँढ़कर एक ऐसा नया इतिहास लिखने का प्रयास किया, जिसका एकमात्र उद्देश्य था इस देश को मानसिक रूप से इस हद तक ग़ुलाम बना देना कि वह स्वयं आत्म विस्मृत होकर उनके पश्चिमी रंग में ही रंग जाये और उन्हीं के वर्चस्व को स्वीकार कर ले। इस वातावरण में हमारे देश के बुद्धिजीवियों ने नये सिरे से भारतीय अस्मिता की खोज आरम्भ की। यह खोज राजा राममोहन राय से शुरू होती है, **ईश्वरचन्द्र विद्यासागर, रामकृष्ण परमहंस, स्वामी विवेकानन्द, श्री अरविन्द, लोकमान्य तिलक** आदि ने हिन्दुओं में और **सर सैयद अहमद खाँ** और उनके दूसरे साथियों ने मुसलमानों में एक सुधार स्थापित करने की भरपूर कोशिश की। निश्चय ही इस अर्थ में भारतीय अस्मिता की खोज, खोज भर नहीं थी, वह अंग्रेज़ी इरादों के विरुद्ध एक लड़ाई जारी रखने और अपनी हिफ़ाज़त करने का मुख्य आधार थी।

स्वाधीनता आन्दोलन से जुड़े लोगों के बीच इस प्रक्रिया की अन्तिम कड़ी के रूप में पण्डित जवाहरलाल नेहरू की ये तीनों किताबें अत्यन्त महत्त्वपूर्ण थीं। इन तीनों किताबों को लेकर पुरातनतावादी या सनातनतावादी विद्वानों को उतनी चिन्ता नहीं थी जितनी अंग्रेज़ी शिक्षा प्राप्त उन मध्यवर्गीय लोगों को थी, जिनके लिए हमारा अतीत एक दूसरा संसार था, एक दूसरी दुनिया थी, जिस दुनिया से अंग्रेज़ों ने हमें काटकर अलग कर रखा था। कई बार होता यह है कि हम परायी जगह जाकर अपने देश की पहचान ज़्यादा बेहतर ढंग से कर पाते हैं, शायद इसीलिए इंग्लैंड में पढ़ने वाले जवाहरलाल में इस देश को पहचानने की तड़प का होना ज़्यादा स्वाभाविक था।

पण्डित नेहरू ने अपनी इस तड़प और खोज का महत्त्व बतलाते हुए कहा था : "अगर किताबों और पुराने स्मारकों और गुज़रे हुए ज़माने के सांस्कृतिक कारनामों ने हिन्दुस्तान की कुछ जानकारी मुझमें पैदा की, फिर भी उनसे मुझे सन्तोष न हुआ और जिस बात की मुझे तलाश थी उसका पता न चला और वो उससे मिल भी कैसे सकता था और मैं यह जानने की कोशिश में था कि उस गुज़रे हुए ज़माने का हाल के ज़माने से कुछ सच्चा ताल्लुक है भी या नहीं, मेरे लिए और मेरे जैसे बहुतों के लिए ज़माने का हाल में कुछ ऐसा था कि जिसमें मध्य युग की हद दर्जे की ग़रीबी, दुख और बीच के वर्गों की कुछ हद तक सतही आधुनिकता की एक अजीब खिचड़ी थी। मैं अपने जैसे या अपने वर्ग के लोगों को सराहने वाला नहीं था, लेकिन मुझे उम्मीद थी कि वही हिन्दुस्तान की हिफ़ाज़त में या लड़ाई में आगे आयेगा।"

इसी बात को आगे बढ़ाते हुए उन्होंने कहा था : "नयी शक्तियों ने सिर उठाया। उन्होंने हमें गाँवों की जनता की ओर धकेला और पहली बार हमारे नौजवान पढ़े-लिखों के सामने एक नये और दूसरे हिन्दुस्तान की तस्वीर आयी जिसकी मौजूदगी को वे ग़रीब क़रीब क़रीब भुला ही चुके थे या जिसे वो ज़्यादा अहमियत नहीं देते थे। इस तरह हमारे लिए असली हिन्दुस्तान की खोज शुरू हुई और इसने जहाँ एक तरफ़ हमें बहुत-सी जानकारी हासिल कराई, दूसरी तरफ़ हमारे अन्दर कशमकश भी पैदा कर दी। मेरे लिए सचमुच यह एक खोज की यात्रा साबित हुई और जब मैं अपने लोगों की कमियों और कमज़ोरियों को दुख के साथ समझता था, वहीं मुझे हिन्दुस्तान के ग़ाँवों में रहने वाली की कुछ ऐसी विशेषता मिली, जिसको लफ़्ज़ों में बताना बड़ा कठिन था और जिसने मुझे अपनी तरफ़ खींचा। यह विशेषता ऐसी थी जिसका मैंने अपने यहाँ के बीच के वर्ग में बिल्कुल अभाव पाया था। आम जनता की मैं आदर्शवादी कल्पना नहीं करता हूँ और जहाँ तक हो सकता है अमूर्त

रूप से उसका ख़याल करने से बचता हूँ। हिन्दुस्तान की जनता इतनी विविध और विशाल होते हुए भी मेरे लिए बड़ी वास्तविक है। ये हो सकता है कि चूँकि मैं उनसे कोई उम्मीदें नहीं रखता था इसलिए मुझे मायूसी नहीं हुई, जितनी मैंने आशा की जवाहरलाल नेहरू के भीतर भारत की खोज की आग एक बार तब उठी जब वे पाँच हज़ार साल पुरानी सभ्यता मोहनजोदड़ो के अवशेषों पर खड़े थे और उन अवशेषों को देखकर उन्हें गर्व हुआ था कि पाँच हज़ार साल पहले भारत में ऐसी विकसित नगर-सभ्यता थी, जैसी सभ्यता दुनिया के इतिहास में कहीं नहीं थी। उन खँडहरों पर खड़े होकर उन्होंने पहली बार यह महसूस किया कि भारत को खोजना है तो केवल खँडहरों में खोजने काम नहीं चलेगा, उसे खोजना है तो किताबों की खाक छाननी पड़ेगी और उसे कहीं और भी खोजना पड़ेगा। उस हिन्दुस्तान को देखना पड़ेगा जो खँडहर नहीं है, जो जीता-जागता और जीवन्त है और जिसे ख़ुद जनता ने बनाया है। उस जनता के सम्पर्क में आने के बाद ख़ुद जवाहरलाल नेहरू ने लिखा है कि 'कुछ लोगों के लिए जनता अमूर्त है, लेकिन मेरे लिए वह बड़ी वास्तविक और हाड़-मांस की ठोस जीती-जागती चीज़ है। बहुत से लोग कहते हैं कि जनता ये कर देगी, वो कर देगी, हम जानते हैं कि उसकी भी अपनी सीमाएँ हैं'। इन सीमाओं को जानने के बाद पण्डित नेहरू ही यह कह सकते थे कि "मैं चूँकि उससे बड़ी उम्मीदें नहीं रखता इसलिए मुझे कोई मायूसी नहीं हुई, जितनी मैंने आशा कर रखी थी, उससे मैंने उसे बढ़कर ही पाया है।" जिसका सबूत है कि हिन्दुस्तान को आज़ादी जनता ने दिलाई, कुछ चन्द पढ़े-लिखे लोगों ने या बाहर से आये हुए नेताओं ने नहीं। इस जनता की मदद के बिना भारत की अपनी पहचान नहीं की जा सकती थी। इसलिए मोहनजोदड़ो और आज की जनता ये दोनों जिस बिन्दु पर मिलते हैं, वहाँ उसकी खोज सबसे महत्त्वपूर्ण खोज है और जवाहरलाल ने फिर कहा है कि मोहनजोदड़ो से लेकर आज तक जनता जिस रूप में दिखाई पड़ती है, यह जो नैरन्तर्य है, ये जो अविच्छिन्नता है, क्या बात है कि हस्ती मिटती नहीं हमारी! तमाम उथल-पुथल और तूफ़ानी हमलों के बावजूद हड़प्पा और मोहनजोदड़ो से जो शुरुआत हुई या और पहले से हुई होगी, सबूत जिसका मिलता है। हड़प्पा-मोहनजोदड़ो ईसा से तीन-साढ़े तीन हज़ार साल पहले थी, तबसे लेकर आज तक जो नैरन्तर्य दिखाई पड़ता है, वो क्या है, इसकी तलाश ही भारतीय अस्मिता की तलाश है।

जवाहरलाल नेहरू ने 'हिन्दुस्तान की कहानी' में 'भारत : एक खोज' नाम का जो अध्याय लिखा है वह इस किताब का एक महत्त्वपूर्ण दस्तावेज़ है। उन्होंने

भारतीय अस्मिता या भारतीय संस्कृति की बहुत अच्छी उपमा दी है–अंग्रेज़ी का एक शब्द है 'पेरेंसिस्ट', जिसका यूरोप के सन्दर्भ में अर्थ बनता है चर्म-पत्र और हमारे सन्दर्भ में भोज-पत्र अर्थात् पेड़ की छाल, जिस पर कुछ लिखा जाता था और एक लिखावट को मिटाकर दूसरी इबारत लिखी जाती थी, फिर उसे मिटाकर तीसरी इबारत लिखी जाती थी। भारतीय अस्मिता की पहचान के लिए इस तरह पण्डित नेहरू ने भोज-पत्र के रूप में एक बहुत अच्छा शब्द काम में लिया था। कैसा है यह भोज-पत्र, क्या रूप है इसका, स्वयं पण्डित नेहरू के शब्दों में देखें : "मैं हिन्दुस्तान में और भी दूर-दूर के हिस्सों में, शहरों और क़स्बों और गाँवों में घूमा। हिन्दुस्तान की ज़मीन और उसके लोग मेरे सामने फैले हुए थे और मैं एक बड़ी खोज की यात्रा में था। हिन्दुस्तान, जिसमें इतनी विविधता और मोहिनी शक्ति है, मुझ पर धुन्ध की तरह स़वार था और ये धुन्ध बढ़ती ही गयी, जितना ही मैं उसे देखता था, उतना ही मुझे इस बात का अनुभव होता था कि मेरे लिए या किसी के लिए भी जिन विचारों का वह प्रतीक था, उसे समझ पाना कितना कठिन था। उसके विस्तार से या उसकी विविधता से मैं घबराता नहीं था, लेकिन उसकी आत्मा की गहराई ऐसी थी जिसकी थाह मैं नहीं पा सकता था, अगरचे कभी कभी उसकी झलक मुझे मिल जाती, ये किसी क़दीम भोज-पत्र जैसा था, जिस पर विचार और चिन्तन की तहें एक पर एक जमी हुई थीं और फिर भी बाद की तह ने पहले से आँके हुए लेख को पूरी तरह मिटाया नहीं था। उस वक़्त हमें भान चाहे हो न हो, ये सब एक साथ हमारे चेतन और अवचेतन में मौजूद है और ये सब मिलकर हिन्दुस्तान के पेचीदा और भेद भरे व्यक्तित्व का निर्माण करते हैं।"

इसी क्रम में अपनी खोज के मकसद का खुलासा करते हुए उन्होंने लिखा : "जैसा चेहरा अपनी भेदभरी और कभी-कभी व्यंग्य भरी मुस्कुराहट के साथ सारे हिन्दुस्तान में दिखाई देता था, अगरचे ऊपरी ढंग से हमारे देश के लोगों में विविधता, विभिन्नता दिखाई देती थी, लेकिन सभी जगह वो समानता और वो एकता मिलती थी, जिसने हमारे दिन चाहे जैसे बीते हों, हमें साथ रखा। हिन्दुस्तान की एकता अब मेरे लिए एक ख़याली बात न रह गयी थी, एक अन्दरूनी अहसास था और मैं इसके बस में आ गया। यह एकता ऐसी मज़बूत थी कि किसी राजनैतिक विलगाव में, किसी संकट में या किसी ऑफ़त में उसने फ़र्क़ न आने दिया। हिन्दुस्तान की इस आत्मा की खोज में मैं लगा रहा। कुतुहलवश नहीं, अगरचे कुतूहल यक़ीनी तौर पर मौजूद था, बल्कि इसलिए कि मैं समझता था कि इसके ज़रिये मुझे अपने मुल्क

और अपने मुल्क के लोगों को समझने की कुंजी मिल जायेगी और विचार तथा काम के लिए कोई सूत्र हाथ लग जायेगा।"

राजनीति और चुनाव की रोज़मर्रा की बातें ऐसी होती हैं, जिनमें हम ज़रा से मामलों में उत्तेजित हो जाते हैं लेकिन अगर हिन्दुस्तान के भविष्य की इमारत तैयार करना चाहते हैं, जो मज़बूत और ख़ूबसूरत हो तो हमें गहरी नींव खोदनी पड़ेगी। भारत का हर गाँव, हर क़स्बा, हर शहर और इस तरह समूचा भारत एक भोज-पत्र है, जिस पर हज़ारों बार लिखा गया है और हर लिखावट थोड़ी मिट गयी है, लेकिन फिर भी बची हुई है और सारी लिखावटें एक-साथ बची हुई हैं। ये एक जादू है, एक करिश्मा है और इन सब लिखावटों को पढ़ना, पढ़कर उनमें एकसूत्रता स्थापित करना और उसके नैरन्तर्य को देखना, इस विविधता और एकता की पहचान करना, यह एक चीज़ थी जो जवाहरलाल ने हिन्दुस्तान को एक भोज-पत्रनुमा देखकर पहचान करने की कोशिश की।

दरअसल हिन्दुस्तान की कहानी के पीछे जो गहरा अहसास है, और वह अहसास संक्रामक है, जो बिजली के तार की तरह पढ़ने वाले को छूता है, तो वह अहसास बड़ी चीज़ है, जो यह किताब कराती है। नेहरूजी ने इसके साथ यह भी कहा था कि यह हमने कुतूहलवश नहीं किया है, बल्कि जाने हुए को महसूस करना था, छूना था और उस महसूस करने की वजह क्या थी। उन्होंने कहा कि "मैं अपने लोगों को समझने की कुंजी नहीं जानता। हिन्दुस्तान की आत्मा खोजने का मतलब था, लोगों को समझना, पहचानना, क्योंकि उन्हीं लोगों से आज़ादी की लड़ाई लड़नी है और उन्हीं लोगों से आज़ाद हिन्दुस्तान का निर्माण भी करना है।"

और जिन लोगों को निर्माण के काम में लगाना है, उन्हें जानना बहुत ज़रूरी है। उन्होंने यह भी लिखा था कि 'विचार और काम के लिए कोई सूत्र हाथ लग जाये और अगर हम हिन्दुस्तान की भविष्य की इमारत तैयार करना चाहते हैं, जो 'मज़बूत और ख़ूबसूरत हो', दोनों शब्दों पर ध्यान दें। कुछ लोग हिन्दुस्तान को मज़बूत इमारत बनाना चाहते हैं और मज़बूत इमारतें लोगों ने बनाई हैं, लेकिन मज़बूत भी हों और ख़ूबसूरत भी हो, ऐसी इमारत के लिए नेहरूजी ने कहा कि हमें गहरी नींव खोदनी पड़ेगी। उस गहरी नींव को खोदने के लिए ज़रूरी है कि आप हिन्दुस्तान की आत्मा को गहराई से जानें, नींव जहाँ आप खोदने जा रहे हैं, उस ज़मीन की गहराई से जब तक आप वाक़िफ़ नहीं होंगे, तब तक आप जो भी ख़ुदाई करेंगे, वो सतह की होगी और इमारत यही नहीं कि मज़बूत नहीं होगी, ख़ूबसूरत भी नहीं होगी।

इसलिए जवाहरलाल नेहरू के लिए हिन्दुस्तान की खोज दिमाग़ी अय्याशी नहीं थी, वह उनके लिए सतही दिलचस्पी या कुतुहल की चीज नहीं थी, बल्कि उस कुंजी की खोज करनी थी, जिस पर हिन्दुस्तान की मज़बूत और ख़ूबसूरत इमारत बनानी थी। इसलिए 'डिस्कवरी ऑफ़ इण्डिया' या 'भारत की खोज' एक मामूली किताब नहीं है, बल्कि वह घोषणापत्र है, जिस पर आज़ाद हिन्दुस्तान के आर्थिक, सामाजिक, राजनीतिक और सांस्कृतिक विकास की नींव खड़ी की गई है।

जवाहरलाल नेहरू ने इसी किताब के अन्त में, जहाँ भूमिका भाग में हिन्दुस्तान की खोज है, वहाँ उपसंहार करते हुए उन्होंने बहुत महत्त्वपूर्ण सवाल उठाते हुए, स्वयं अपने लिखे हुए का सारांश बताया है–

"मैं क्या खोज कर पाया, क्या खोजा है मैंने, ये कल्पना कर पाना कि मैं उसे पर्दे के बाहर ला सकूँगा और उसके वर्तमान और अति प्राचीन युग के स्वरूप को देख पाऊँगा, एक अनधिकार चेष्टा थी।"

नेहरूजी की यह विनम्रता देखने योग्य है। उन्होंने लिखा था, आज चालीस करोड़ अलग-अलग स्त्री-पुरुष हैं, सब एक-दूसरे से भिन्न हैं और हर एक व्यक्ति विचार और भावना की दुनिया में रहता है। अब मौजूदा ज़माने की ही यह बात है तो गुज़रे ज़माने की बात तो और भी मुश्किल रही होगी, जिसमें अनगिनत इन्सानों और अनगिनत पीढ़ियों की कहानी है। फिर भी किसी चीज़ ने उन सब को एक साथ बाँध रखा है और वह उन्हें अब भी बांधे हुए है। हिन्दुस्तान की भौगोलिक और आर्थिक सत्ता है, उसमें विभिन्नता में एक सांस्कृतिक एक्य है और बहुत-सी परस्पर विरोधी बातें सुदृढ़ हैं, लेकिन अदृश्य धागे से एक साथ गुँथी हुई हैं। बार-बार आक्रमण होने पर भी उसकी आत्मा कभी जीती नहीं जा सकी और आज भी जब वो एक अहंकारी विजेता का क्रीड़ा स्थल मालूम होता है। उसकी आत्मा अपरास्त और अविजित है। एक पुरानी किंवदन्ती की तरह उसमें पकड़ में न आने का गुण है, ऐसा मालूम होता है कि कोई जादू उसके दिमाग़ पर छाया हुआ है। वो तो असल में एक विचार है और एक गाथा है। एक कल्पना है, चित्र है और स्वप्न हैं। किन्तु है सच्चा। सजीव और व्यापक कुछ अँधियारे पहलुओं की डरावनी झलक भी दिखाई देती है और हमको आरम्भिक युग की याद आती है, लेकिन साथ ही सम्पन्न और उजले पहलू भी, उसका एक गुज़रा ज़माना है और कहीं-कहीं उससे शर्म महसूस होती है या नफ़रत होती है, उसमें ज़िद है और ग़लती भी है और कभी कभी उसमें एक भावुक उद्विग्नता भी दिखाई देती है फिर भी वो बहुत प्रिय है और उसके बच्चे चाहे वे कहीं

के भी हों, वे कैसी भी परिस्थिति में हों, उसको भुला नहीं सकते। वजह यह है कि वो उन सबसे सम्बन्धित है और उसकी महानता और खामियों का उनसे ताल्लुक है। वे सब जिन्होंने बेहद बड़े परिमाण में ज़िन्दगी की कामना, ख़ुशी और ग़लती को देखा है और जिन्होंने ज्ञानकूप की थाह ली है, और उसकी उन आँखों में प्रतिबिम्बित होते हैं, उनमें से हरेक उसकी ओर आकर्षित है, लेकिन हरेक आकर्षण का सबब शायद जुदा जुदा है और कभी-कभी तो उसके पास उसका कोई ख़ास सबब भी नहीं है, हरेक को उसके बहुरंगी व्यक्तित्व का एक अलग पहलू दिखाई पड़ता है।"

तो इस तरह जवाहरलाल ने अपनी इस खोज के दौरान यह देखा कि जो बुराई के साथ अच्छाई है, विविधता में एकता है और यह जो जादू है, एक स्वप्न है, कल्पना चित्र है, कुछ वैसा ही कल्पना-चित्र या स्वप्न हिन्दी में निराला, पन्त, प्रसाद ने भी अपनी कविता के आकाश में इन्द्रधनुष के रूप में देखा था, उसी दौर में जो रवीन्द्रनाथ की रंगीन मधुर कविताएँ थीं, जवाहरलाल नेहरू का ताल्लुक भी उसी दौर से था, इसलिए यदि उन्हें हिन्दुस्तान एक स्वप्न की तरह मालूम होता है, एक कल्पना-चित्र लगता है, एक ख़्वाब मालूम होता है, तो इसमें आश्चर्य की कोई बात नहीं है, लेकिन उन कवियों की तरह हिन्दुस्तान की उन ग़लतियों और कमज़ोरियों की तरफ़ भी उनकी नज़र गयी, जिनको देखकर हमें शर्म महसूस होती थी, यथार्थ के उस पहलू को भी उन्होंने कभी अनदेखा नहीं किया। जवाहरलाल नेहरू ने अपनी चेतना में मोहनजोदड़ो से लेकर आज तक के इस यथार्थ को ज़िन्दगी के ठोस अनुभवों की रोशनी में देखा, सवाल यह है कि जो पहचान नेहरू ने की वह क्या थी? क्या पहचाना? गहराई में पैठकर और अस्मिता की उस खोज में आख़िर क्या नयापन पाया?

भारत मुख्यत: किसानों और मज़दूरों का देश माना गया है, वह भारत माता नहीं है, उतना ख़ूबसूरत भी नहीं है जितना पेश किया जाता है, वह हज़ारों वर्षों से संघर्षरत रहा है, कभी जीता है कभी हारा है, लेकिन इधर पश्चिम से जो एक सर्वशक्तिमान पूँजीवाद की सत्ता आयी हैं, उसके सामने इसे परास्त होना पड़ा है। ग़ौर करने की बात यह भी है कि पश्चिम से केवल पूँजीवाद ही नहीं आया है, कुछ और भी आया है और वह है साम्यवाद। इसी साम्यवाद के लिबास को अपनाने पर ही वह पूँजीवाद से मुक़ाबला कर पाएगा।

पश्चिम से साम्यवाद की जो चेतना आयी है उस चेतना को अपनी ज़रूरत के मुताबिक़ थोड़ा बदलना भी पड़ सकता है, उसमें थोड़ी काट-छाँट करनी पड़ेगी।

हिन्दुस्तान का जो जनमानस है, उसमें किसानों, मज़दूरों के अलावा भी कई तरह के लोग हैं, इसका कोई स्पष्ट वर्गीकरण भी नहीं है, विद्वानों ने अपने ढंग से समय के साथ आ; बदलावों को रेखांकित भी किया है और इसका गहरा असर पड़ा है. पण्डित नेहरू ने अपनी भूमिका में स्वयं लिखा भी है, "इन 12 सालों में मैं बहुत बदल गया हूँ, मैं ज़्यादा विचारशील हो गया हूँ, शायद मुझमें ज़्यादा सन्तुलन और अलहदगी की भावना और मिज़ाज की शान्ति आ गयी है।"

यानी 12 सालों के बीच साम्यवाद के प्रति वो झुकाव, समाजवाद के प्रति आदर्शपूर्ण निष्ठा, वर्ग संघर्ष के माध्यम से इतिहास को समझने की दृष्टि, किसानों और मज़दूरों का विशेष रूप से हितसाधन, इन सारी बातों के स्थान पर, जैसा उन्होंने कहा कि मैं विचारशील हो गया हूँ, सन्तुलन आ गया है या अलहदगी की भावना, एक डिटैचमेंट, एक निस्पृहता, नि:संगता की भावना आ गयी है और ये सारी बातें सूचित करती हैं।

ख़ास बात तो यह है कि जवाहरलाल की यह पारदर्शी ईमानदारी ध्यान देने लायक है। वे कह सकते थे कि मैं नहीं बदला हूँ, आज भी उन्हीं बातों पर क़ायम हूँ, तो कोई दबाव नहीं था उन पर, लेकिन उनकी इस ईमानदारी पर प्यार आता है और उनसे हर भारतीय लगाव महसूस करता है कि एक आदमी अपने भीतर घटित होने वाले परिवर्तनों को साफ़-साफ़ स्वीकार करता है और ये बातें जो सामने आयी हैं, उनसे यह साफ़ तौर पर ज़ाहिर होता है कि हिन्दुस्तान की जो तस्वीर 1935 में 'मेरी कहानी' में उपस्थित की गयी थी, वह 1946 तक इन बारह वर्षों में काफ़ी बदल गई है. इन बारह वर्षों में उनके सोच और व्यवहार में जो निस्संगता, सन्तुलन और विचारशीलता आयी है, या 35 से 46 तक भारतीय राजनीति में जो परिवर्तन घटित हुए हैं, 1940 और 45 के बीच जो तनाव के वर्ष रहे, दूसरा महायुद्ध हुआ, साम्प्रदायिक दंगों का सिलसिला चल निकला, दिन पर दिन लगने लगा कि समाजवाद तो बहुत दूर की चीज़ है, हमारी तो आज़ादी ही ख़तरे में है एक बुर्जुआ लोकतन्त्र ही गनीमत है, आप समाजवाद की बात कर रहे हैं! इन 12 वर्षों के दौर में, जिसे नेहरू ने सन्तुलन कहा है, निस्संगता कहा है, ये सारी बातें उस मोहनजोदड़ों से लेकर ऋग्वेद और ऋग्वेद के बाद प्राचीन भारत के इतिहास से गुज़रते हुए जैसे मार्क्सवाद के प्रति वैसी निष्ठा नहीं रह गयी थी, हालाँकि उससे एकदम सम्बन्ध टूटा भी नहीं था यह जानना वाकई दिलचस्प है कि सन् 1945 से पहले नेहरू ने यह कभी नहीं कहा कि वे भारत की आत्मा की खोज करना चाहते हैं। सन् 1946 में

'हिन्दुस्तान की कहानी' लिखते हुए वे भारत की आत्मा की खोज करने लगे और जो आदमी आत्मा की खोज करने लगेगा, वह शरीर और आत्मा के द्वैत से बच नहीं सकता, यह भी ज़रूरी नहीं है कि वह भौतिकवादी रह ही जाये, फिर तो वह मानववादी होने के लिए ही अभिशप्त है।

'हिन्दुस्तान की कहानी' लिखते हुए पण्डित नेहरू ने जिस अस्मिता की पहचान की, उसमें उन्होंने दो चीज़ें खोजीं–ये दो चीज़ें थीं, 'कॉण्टीन्यूटी' और 'स्टैबिलिटी', अर्थात् निरन्तरता और स्थिरता।

भारत की सबसे बड़ी विशेषता है उसकी बहुत पुरानी सभ्यता, जिसमें पाँच हज़ार सालों की निरन्तरता दिखाई देती है। यह सुनने में बड़ा अच्छा लगता है कि हड़प्पा और मोहनजोदड़ो से लेकर आज तक एक निरन्तरता बनी हुई है, लेकिन यह निरन्तरता तो चीन में थी, पुराने यूनान में बनी हुई थी, इसलिए निरन्तरता को ही अगर भारत की विशेषता कहा जाये तो यह अकेली भारत की विशेषता नहीं थी. यह विशेषता तो संसार के अन्य प्राचीन देशों की भी रही है, इसलिए विचारणीय बात यह हो गयी कि कहीं ऐसा तो नहीं है कि हम निरन्तरता को अधिक रूमानी रंग दे रहे हैं?

जवाहरलाल नेहरू ने इस देश की जातीय स्मृति (रेशियल मेमोरी) की भी बात कही है। जातीय स्मृति इस रूप में अवश्य है कि लोगों को वेद याद है, जातीय स्मृति का यह आलम है कि यदि मार्शल ने हड़प्पा-मोहनजोदड़ो को खोदा न होता तो उनके लिखित दस्तावेज़ों से तो यह पता ही नहीं चलता। जातीय स्मृति का ही एक हाल यह था कि 19वीं सदी में एक अंग्रेज़ को ख़ुदाई में अशोक के काल का एक शिलालेख मिला, वह उस शिलालेख को लेकर बनारस के तमाम पण्डितों के पास गया और कहा कि इसको पढ़ो क्या लिखा हुआ है, तो कोई पण्डित नहीं पढ़ सका। अगर जातीय स्मृति पर ही हम भरोसा रखते तो हिन्दुस्तान के जो उपलब्ध दस्तावेज़ थे, उनसे महान गुप्तों और महान मौर्यों में से किसी का पता भी नहीं लगता, इसलिए जिस कॉण्टीन्यूटी की हम बात करते हैं या जवाहरलाल ने जिस निरन्तरता पर बल दिया है, यदि वह निरन्तरता उसी तरह बनी रहती तो क़ायदे से हमारे यहाँ पाँच हज़ार साल पहले की समाज-व्यवस्था को आज भी चलता रहना चाहिए था और आगे भी वह चलती रहे तो बहुत अच्छा है। लेकिन वैज्ञानिक सोच में विश्वास रखने वाले सभी जानते हैं कि निरन्तरता कोई बड़ा गुण या विशेषता नहीं होती।

इसी देश में एक सनातनता का भी आदर्श रहा है। इसी तरह दूसरा आदर्श अगर बुद्ध को ही माना जाये तो विच्छिन्न प्रवाह का रहा है। इसलिए इतिहास केवल

धारा नहीं है, इतिहास क्रान्तियों का भी रहा है, परिवर्तनों का भी अपना इतिहास होता है। नेहरूजी सन्तुलन की बात करते हुए ऐसा लगता है कि परिवर्तन के बड़े आदर्श को छोड़कर नैरन्तर्य पर चले गये। इसी तरह पण्डित नेहरू ने जिस दूसरी विशेषता पर बल दिया, वह थी 'स्टेबिलिटी' या पायदारी। इस पायदारी को हिन्दुस्तान की सबसे बड़ी पहचान बताया जाता है। इतने आँधी-तूफ़ान आये, हमले हुए, लेकिन हिन्दुस्तान क़ायम रहा, वह उखड़ा नहीं यानी सभ्यता के रूप में हिन्दुस्तान में जिजीविषा है। लेकिन जीने से ज़्यादा ज़रूरी होता है, सार्थक जीना।

महाभारत में कहा गया है कि सौ साल तक धुआँ देते हुए जलने की अपेक्षा क्षण भर में जल जाना श्रेयस्कर है। 'हिन्दुस्तान की कहानी' पढ़ते हुए हमें गंगा की धारा का सा नैरन्तर्य दिखाई पड़ता है, उसमें एक सुखद स्थिरता भी दिखाई पड़ती है। लेकिन समूची कहानी में वह स्थिरता उस विचारधारा पर क़ायम दिखाई देती है, जिसकी तह में छिपा हुआ दमन है, असन्तोष है, कहीं जातिवाद के ख़िलाफ़ असन्तोष तो व्यक्त किया गया है, लेकिन उस दूसरी परम्परा की कहानी नहीं कही गयी है जो इस देश के आदिवासियों में, जनजातियों में अछूत समझी जाने वाली जातियों के बीच असन्तोष के रूप में फूटती रही है।

तीसरी बात जो पण्डित नेहरू ने कही और जिस पर आज भी बहुत बल दिया जाता है कि भारत की पहचान उसकी सामासिकता में है, जिसको भिन्नता में एकता या विविधता में एकता या 'यूनिटी इन डाइवरसिटी' भी कहा जाता है। ऊपर से देखने पर ऐसा लगता है कि यहाँ प्रदेश, धर्म, क्षेत्र आदि को लेकर बहुत से भेदभाव काम करते हैं। जबकि वास्तविकता यह है कि संसार की अन्य सभ्यताएँ भी इसी तरह की बातों के साथ विकसित हुई हैं, जहाँ इस तरह के भेदभाव एक सामान्य बात है। क्षेत्रीय भेद तो अन्यत्र भी हैं, धर्म भेद भी मिलते हैं। इस सामासिकता को किसी गुण के रूप में कहा जाये कि वह सबको जज़्ब कर लेती है।

भारतीय सभ्यता के बारे में तो यही कहा जाता है कि जितने बाहर के लोग आये, उनको जज़्ब कर लिया है, या हम लोगों ने अपना बना लिया है, उन्हें अपनी सभ्यता में समाहित कर लिया है, स्थिति यह होती है कि इस जज़्ब करने की प्रकिया में जो 'हारमोनियस' सभ्यता बनती है उस सभ्यता के बारे में हम सब जज़्ब करना तो जानते हैं, लेकिन जिस बात पर बल नहीं दिया गया वह यह कि हर सभ्यता, हर संस्कृति इस मिलने की प्रक्रिया में संग्रह भी करती है और त्याग भी करती है। जब तक आप त्याग के बिना संग्रह करते रहेंगे, जहाँ भी होगा, वहाँ अपच होगा और

बराबर एक संघर्ष की स्थिति बनी रहेगी। इसलिए कला में, संस्कृति में जब भी सामासिकता पैदा होती है और हर समास में कई बार दोनों पद प्रधान नहीं रहा करते।

यह बात तो संस्कृत व्याकरण के लोग भी जानते हैं कि कहीं-कहीं एक पद का प्रायः लोप भी हो जाया करता है। इसलिए पण्डित नेहरू ने जिस सामासिक संस्कृति की बात कही, उसमें ज़्यादा महत्त्वपूर्ण बात यह है कि स्वयं पण्डित नेहरू का व्यक्तित्व अनेक प्रकार की संस्कृतियों, सभ्यताओं और संस्कारों का कुंज था, जब वे भारत की संस्कृति की सामासिकता का ज़िक्र करते थे तो लगभग अपने व्यक्तित्व की सामासिकता और भारतीय संस्कृति की सामासिकता दोनों को एक-साथ आमने-सामने रखकर देखते थे।

जब भी भारतीय संस्कृति की सामासिकता पर विचार करें, तो मानदण्ड के रूप में पण्डित नेहरू के व्यक्तित्व को हमेशा सामने रखें, बल्कि आप गांधीजी के व्यक्तित्व से तुलना करके भी देख सकते हैं कि गांधीजी का व्यक्तित्व अधिक 'इंटीग्रेटेड' था या नेहरूजी का एक ऐसा अन्तरग्रथित, इंटीग्रेटेड या सामासिक व्यक्तित्व, जिसमें अनेक प्रकार के गुणों का मेल हो। एक तीसरा व्यक्तित्व वह भी होता है, जिसमें अनेक तत्त्वों के बीच संघर्ष या तनाव हुआ करता है। जहाँ पश्चिम और पूर्व का तनाव हो, नेहरूजी ने लिखा है : "मेरे भीतर पश्चिम और पूर्व का तनाव है, मेरे भीतर प्राचीन और आधुनिकता का तनाव है",

पण्डित नेहरू का व्यक्तित्व भारतीय समाज के इन्हीं तनावों के दौर से गुजर रहा था, इसलिए सामासिकता हमारे यहाँ वस्तुतः अन्तर्द्वन्द्ध, अन्तरसंघर्ष, अन्तर्विरोध और तनाव की स्थिति में रही है और यह विशेषता सामासिकता से ज़्यादा महत्त्वपूर्ण है। इसी में उसकी जीवन्तता है। इसके निराकरण के लिए समुचित प्रयास तथ्य के रूप में जब तक हम स्वीकार नहीं करेंगे, तब तक हम एक सेमेटिक या काल्पनिक दुनिया में रहेंगे, अर्थात् 'हिन्दुस्तान की कहानी' में जवाहरलाल नेहरू ने नैरन्तर्य और स्थिरता के साथ जिस सामासिकता पर सबसे अधिक बल दिया था, वह आज भी विचारणीय है।

अन्तिम बात जो कहना चाहता हूँ, वह यह कि 'हिन्दुस्तान की कहानी' के रूप में पण्डित नेहरू की यह कृति स्वाधीन भारत का एक ऐसा दस्तावेज़ था, जो एक प्राचीन देश को आधुनिक बनाने का महत्त्वपूर्ण प्रयत्न साबित हुआ, वे मानते थे कि आधुनिक बनाने के लिए विज्ञान उसकी बुनियाद है, जहाँ उन्होंने कहा कि ये नया है कि नहीं, अर्थात् वे प्राचीन भारतीय संस्कृति की आध्यात्मिकता और पश्चिम की

वैज्ञानिकता, इन दोनों के संयोग से नये भारत का विकास देखना चाहते थे। एक तरह से देखें तो बंकिमचन्द्र ने भी यही कहा था, यही रवीन्द्रनाथ कहते थे और विवेकानन्द भी यही कहते थे कि भारत की अपनी आध्यात्मिकता और पश्चिम का विज्ञान दोनों के योग से भारत आधुनिक राष्ट्र बन सकता है।

जवाहरलाल नेहरू ने अपने एक लेख में बड़े स्पष्ट शब्दों में कहा है कि हम लोगों को प्राचीन को खोजने के लिए और सुदूर को खोजने के लिए कहीं बाहर जाने की ज़रूरत नहीं है। अपने देश के बाहर हमें वर्तमान की खोज के लिए जाना है और वह वाक्य उनका बहुत ही दिलचस्प और महत्त्वपूर्ण है–"हम हिन्दुस्तानियों को सुदूर और प्राचीन की तलाश में देश के बाहर नहीं जाना है, उसकी हमारे पास बहुतायत है। अगर हमें विदेशों में जाना है तो वह सिर्फ़ वर्तमान की तलाश में, यह तलाश ज़रूरी है, क्योंकि उससे अलहिदा रहने के मायने हैं कि पिछड़ापन और क्षय।"

कुछ लोगों का कहना है कि बुनियादी रूप से यह एक तरह की औपनिवेशिक जहनियत थी, अर्थात् पश्चिम वर्तमान है, भविष्य पश्चिम के साथ है क्योंकि पश्चिम में विज्ञान है, इसलिए हमें उन तमाम चीज़ों को लेकर अपना निर्माण और विकास करना पड़ेगा। इस पूरी प्रक्रिया को बारीकी से देखने पर हम पायेंगे कि यह एक ऐसी विषम दौड़ की तरह है, जिसमें पश्चिम निरन्तर वर्तमान और भविष्य बनता चला जाएगा और हम इस दौड़ में निरन्तर कम-से-कम 50 साल पीछे रहेंगे।

इस पूरी तेज़ी में निरन्तरता, स्थिरता, सामासिकता और परिवर्तनशीलता की ऐतिहासिक प्रक्रिया के साथ हम एक ऐसे नियम के अनुसार चलने की कोशिश कर रहे हैं, जिसमें बुनियादी चीज़ ग़ायब है। ये हिन्दुस्तान की निरन्तरता, स्थिरता और सामासिकता से अलग हटकर एक अमूर्त भाववादी ढंग से सोचने की प्रक्रिया है, जहाँ यह समझा जाता है कि परिवर्तन मशीन करती है, जबकि बुनियादी उसूल, जिसे पण्डित नेहरू किसी समय बड़ी दृढ़ता से विश्वास किया करते थे कि मनुष्य अपना इतिहास स्वयं बनाता है। जागता हुआ इन्सान इतिहास बनाने वाली कोई मशीन नहीं हुआ करता, यह एक मानवीय समझ थी। हिन्दुस्तान की अपनी पहचान इसी मानवीय समझ में आस्था, मनुष्य जाति की क्षमता में यही बुनियादी समझ पण्डित नेहरू की मेरी कहानी से निकलती है, जो 'हिन्दुस्तान की कहानी' तक आते-आते मद्धिम पड़ गयी थी, मगर एकदम लुप्त नहीं हुई थी। नतीजा यह हुआ कि आगे चलकर आज़ाद हिन्दुस्तान जिस दिशा में विकसित हुआ, वह 'हिन्दुस्तान की कहानी' की सीमाओं से ग्रस्त है, 'मेरी कहानी' से उतना आलोकित और ऊर्जस्वित नहीं। इसके

बावजूद पण्डित नेहरू की वह व्यापक ऐतिहासिक परिप्रेक्ष्यवादी अन्तर्दृष्टि इस अर्थ में आज भी प्रासंगिक है कि हमारा प्रस्थान-बिन्दु वहीं है और किसी भी नये चिन्तन का आधार प्रस्तुत करने के लिए वही विचारधारा इस देश के लिए अधिक महत्त्वपूर्ण और ज्वलन्त साबित होगी।

(राजस्थान के ऐतिहासिक नगर बीकानेर में आकाशवाणी पर पण्डित जवाहरलाल नेहरू की ऐतिहासिक कृति 'डिस्कवरी ऑफ़ इंडिया' पर 1989 में दिया गया कथित व्याख्यान है।)

भारत एक खोज : एक परिचय

दूरदर्शन द्वारा प्रस्तुत 'भारत एक खोज' एक तरह से भारतीय संस्कृति का एक विराट बहुरंगी 'कोलाज' या 'मोज़ैक' है जिसके एक-एक रंग की अपनी पहचान है–'भिन्नता में एकता' की भावना की मनोहर प्रतिच्छाया।

1936-37 के देशव्यापी चुनावों के दौरान जब नेहरू जी पूरे भारत के तूफ़ानी दौरे पर निकले तो वे दूर-दराज़ के छोटे से छोटे क़स्बे और गाँव तक पहुँचे। इस तरह उन्होंने असली भारत को आँख भर देखा। अपने भारत को गहराई से खोजने की चाह नेहरू जी में यहीं से जागी, लेकिन वह चाह पूरी हुई सितम्बर 1944 में अहमदनगर क़िले की कैम्प जेल में। चार महीने तक क़लम घिसने के बाद नेहरू जी ने महसूस किया कि 'जिस तरह मेरा दिमाग़ लिखित इतिहास से प्राप्त चित्रों और कमोबेश सुनिश्चित तथ्यों से भरा हुआ था, उसी तरह एक बिना पढ़े-लिखे किसान के मन में भी एक चित्रदीर्घा होती है। हालाँकि ये चित्र अधिकांशत: मिथकों, परम्पराओं, महाकाव्यों के नायकों-नायिकाओं की देन होते हैं और इनमें इतिहास का योगदान बहुत कम होता है, फिर भी यह चित्र दीर्घा काफ़ी सजीव होती है।'

इस प्रक्रिया में नेहरू जी को भारत 'एक ऐसे प्राचीन भोजपत्र की तरह प्रतीत हुआ जिस पर विचारों और दिवास्वप्नों की परतें एक-दूसरे पर कुछ इस तरह अंकित होती रही हैं कि कोई भी नयी परत पहले से अंकित इबारत को पूरी तरह मिटा नहीं सकी।'

जेल की एकान्त कोठरी में धीरे-धीरे इस प्राचीन भोजपत्र के पन्ने एक के बाद एक खुलते चले जाते हैं और भारत के पाँच हज़ार वर्षों का इतिहास आँखों के सामने सजीव चित्रों के रूप में उभरने लगता है और सबसे पहले सुनाई पड़ती है वेद वाणी–ऋग्वेद का नासदीय सूक्त, जिसके आरम्भिक शब्द हैं : 'नासदासीन्नो सदासीत् तदानीं...' सृष्टि से पहले सत् नहीं था, असत् भी नहीं...

विशेष रूप से उल्लेखनीय बात यह है कि इस इतिहास-धारा के बीच साहित्य, संगीत, कला तथा चिन्तन के क्षेत्र की महान प्रतिभाओं को भी सम्मान के साथ यथास्थान प्रस्तुत किया गया है।

वस्तुत: 53 प्रसंगों में विभक्त इस धारावाहिक का सबसे बड़ा आकर्षण है इसकी कलात्मक प्रस्तुति में कविता, गान, नृत्य-नाट्य आदि सभी ललित कलाओं का समुचित समायोजन। इस रचना-विन्यास में लोक और शास्त्र दोनों का यथास्थान सन्निवेश है।

प्रसंगवश, 'महाभारत' को दो खण्डों में प्रस्तुत करते हुए इसमें जिन दो प्रसिद्ध नाटकों का उपयोग किया गया है उनमें एक है भास का संस्कृत 'उरुभंगम्' और दूसरा धर्मवीर भारती का 'अन्धायुग'। यहाँ शास्त्रीय और देशी का सुखद समन्वय दृष्टिगोचर होता है।

'रामायण' की प्रस्तुति में शूर्पनखा नाक कटैया और सीताहरण के प्रसंग को केरलीय कथकली नृत्यशैली के अतिरिक्त सराईकेला छाऊ नृत्य के साथ प्रस्तुत किया गया है। छाऊ और ओडिसी का प्रयोग आगे चलकर बुद्ध के निर्वाण के प्रसंग में भी किया गया है। इसी प्रसंग में चार्वाकों के सिद्धान्तों का मज़ाक़ उड़ाने के लिए कृष्णचन्द्र लिखित 'प्रबोध चन्द्रोदय' नामक प्रहसन का उपयोग भी काफ़ी दिलचस्प है।

कालिदास को लेकर इस धारावाहिक में दो प्रसंग हैं। एक है कालिदास का जीवन चरित जो मोहन राकेश के प्रसिद्ध नाटक 'आषाढ़ का एक दिन' के अनुसार प्रस्तुत किया गया है। इसके अतिरिक्त कालिदास के विश्वप्रसिद्ध नाटक 'अभिज्ञान-शाकुन्तलम्' के मराठी अनुवाद को इस प्रसंग में अपनाया गया है।

वस्तुत: भारत की विविध भाषाओं, साहित्यिक कृतियों, नृत्य कलाओं और गायन शैलियों का सम्मिश्रण करके भिन्नता में एकता की भावना को सुदृढ़ करने की कोशिश की गयी है। धारावाहिक का 53 वाँ और अन्तिम प्रसंग एक प्रकार से 'भारत एक खोज' का उपसंहार और निष्कर्ष जैसा है। अन्ततः यह सवाल स्वाभाविक है कि भारत को खोजने की इस कोशिश में मिला क्या?

कहना न होगा कि पाँच हज़ार वर्षों के जीवन्त इतिहास से गुज़रते हुए हमें निश्चय ही जीवन के कुछ महत्त्वपूर्ण मूल्य मिलते हैं; जैसे तर्क की स्थापना, त्याग का महत्त्व, अनुष्ठानों-पाखण्डों का विरोध, सत्य की स्थापना, सद्भाव, भाईचारा, सामाजिक जड़ता का प्रतिरोध दृढ़, निश्चय आदि।

द डिस्कवरी ऑफ़ इंडिया यानी हिन्दी में 'हिन्दुस्तान की कहानी' के प्रकाशन के दो वर्ष बाद भारत को आज़ादी मिल गयी। आज़ादी मिलने के तुरन्त बाद नेहरू जी ने आधी रात को देश के नाम जो पहला उद्घोष किया, उसमें नियति के साथ मिलने के वादे का ज़िक्र है। वे कहते हैं कि 'आप ख़ुद क्या हैं और हिन्दुस्तान को आगे चलकर क्या बनायेंगे, हमारे देश का भविष्य इसी पर निर्भर करता है। हम किसी मामूली देश के नागरिक नहीं हैं। अपनी धरती, अपने देश, अपनी संस्कृति और अपनी परम्पराओं पर हमें गर्व है। लेकिन इस गर्व का यह अर्थ नहीं है कि हम अपने अतीत के प्रति पूजा भाव से भर उठें और अन्य देशों से दूरी बनाते हुए उनके तौर तरीक़ों का सम्मान न करें।'

भाषण का अन्त रवीन्द्रनाथ ठाकुर की प्रसिद्ध कविता से होता है।

'भारत एक खोज' का आरम्भ ऋग्वेद और अन्त रवीन्द्रनाथ ठाकुर के गीत से! आरम्भ जैसा दिव्य, अन्त वैसा ही भव्य!

(दूरदर्शन आर्काइव की 'भारत एक खोज' की डीवीडी के साथ विवरण पुस्तिका से साभार।)

माधवराव सप्रे और हिन्दी नवजागरण

भाई अच्युतानन्द मिश्र जी, सम्माननीय प्रेमप्रकाश पाण्डेय जी, आदरणीय सच्चिदानन्द जोशी जी, बन्धुवर नैयर साहब, सभागार में उपस्थित सभी सुधी विद्वत्‌जन, देवियो और सज्जनो क़ायदे से आज यह व्याख्यान जवाहरलाल नेहरू विश्वविद्यालय के मेरे कनिष्ठ सहयोगी प्रो. मैनेजर पाण्डेय को देना था, लेकिन कुछ दुखद कारणों की वजह से वे न आ सके। जैसा आप जानते हैं कि पण्डितों ने हर समस्या का समाधान ढूँढ़ निकाला है। हवन के समय, जब गाँव-देहात में फूल नहीं रहता है, तो चावल से काम चलाया जाता है और कहते हैं–'अभावेन् शालिनरोमनवाद्'। तो अभाव में मैं शालिचूर्ण के समान हूँ। इसका सारा दायित्व भाई अच्युतानन्द मिश्र जी को है, जिनकी बात मैं टाल नहीं सकता। इसलिए आपके सामने मैं इस अवसर पर प्रस्तुत हूँ।

यह अवसर मेरे लिए महत्त्वपूर्ण इसलिए है कि मैं पहली बार माधवराव सप्रे जी के बारे में कुछ कहने का प्रयास कर रहा हूँ। मैंने उनका जीवन-चरित देखते हुए पाया कि अप्रैल 1926 में उनका निधन हुआ और जुलाई 1926 में मेरा जन्म हुआ। और तब मैंने महसूस किया कि कहीं-न-कहीं ऐसा तो नहीं है कि उनके माध्यम से मैं पुनर्जन्म ले रहा हूँ। उस आत्मा के बारे में तो हमें अवश्य ही उसका अध्ययन करना चाहिए, जानना चाहिए और ढूँढ़-ढूँढ़ कर पढ़ना चाहिए। मैंने कोशिश कि तो पाया कि इसमें पहल करने वाले लोगों में हमारे अत्यन्त प्रिय देवीप्रसाद वर्मा पहले आते हैं। उन्होंने जब कोई उनका नाम नहीं लेता था, उस समय उनकी कहानियाँ प्रकाशित कीं, उनके निबन्ध प्रकाशित किये और विविध रचनाएँ प्रकाशित कीं। उनके जीवन का पूरा का पूरा साहित्य सामने लाये। जबकि जबलपुर वाले भूल गये थे और भोपाल वालों का तो भुलक्कड़ स्वभाव है ही; बहुत देर से याद करते हैं। उनका संग्रहालय वग़ैरह बनवा दिया; देखिए किसी आदमी को दफ़न करना हो तो उसका संग्रहालय बनवा दो। जीते-जागते आदमी को और वो संग्रहालय की वस्तु बनकर रह जायेगा। जबकि क़ायदे से उसको 'जंगे आज़ादी' में मैदान का हिस्सा

होना चाहिए। मुझे ख़ुशी है। मैं इसका श्रेय देता हूँ भाई अच्युतानन्द जी को कि संग्रहालय में बन्द माधवराव सप्रे को मैदान में एक जीवित चेतना के रूप में ले आने की पहल कर रहे हैं इसलिए मैं इनको बधाई देता हूँ। संग्रहालय वग़ैरह दुकानदारी की चीज़ हैं। इसीलिए आज मैं आपके सामने हूँ।

माधवराव सप्रे पत्रकार-साहित्यकार दोनों थे। भाई अच्युतानन्द कह रहे थे कि एक परम्परा थी, जब पत्रकार और साहित्याकार का विभाजन नहीं हुआ था। हर साहित्यकार पत्रकार होता था, अवश्य होता था। उसकी ख़्वाहिश होती थी, दैनिक निकाले, दैनिक नहीं निकाल सके तो साप्ताहिक निकाले, साप्ताहिक नहीं तो मासिक निकाले। यहाँ तक कि आचार्य रामचन्द्र शुक्ल ने 'मानदण्ड' निकालने का फ़ैसला किया था, कि जब तक एक पत्रिका नहीं निकालेंगे तब तक हमारे साहित्यकार होने का धर्म पूरा नहीं होता। वो किताब लिखने के लिए नहीं थे, पत्र-पत्रिका निकालना कर्तव्य होता था।

एक जैसा कि हुआ करता है कि ताक़तवर चीज़ों को तोड़ने वाली शक्तियाँ भी होती हैं और आज ऐसी विडम्बना है कि पत्रकार अलग, साहित्यकार अलग। एक शरीर था, जिसके दो हिस्से होते थे; एक पत्रकार का और दूसरा साहित्यकार का, वह अब अलग हो गये हैं। पत्रकार अपने को एकदम अलग समझते हैं और उनमें बड़ी ताक़त है। साहित्यकार बिल्कुल अलग एक अछूत बिरादरी है। माना जाने लगा है कि साहित्य, विशुद्ध साहित्य मनोरंजन या विश्राम के क्षणों में पढ़ने के लिए है; यह एक दुर्घटना घटी है। इस दुर्घटना का सही वर्णन करने के लिए मुझे प्लेटो के डायलॉग की वो घटना याद आती है, जहाँ अफलातून ने सुकरात के संवादों का ज़िक्र करते हुए एक घटना का उल्लेख किया है। उनसे किसी ने पूछा कि प्रेम क्या होता है? सुकरात से कोई पूछे की प्रेम क्या होता है। तो उसने यह कहा कि यह बताने के लिए मैं एक पौराणिक कथा सुनाता हूँ। सृष्टि के आरम्भ में एक अद्‌भुत जीव हुआ करता था, जिसका आधा शरीर स्त्री का होता था; आधा पुरुष का होता था। जिसे हम लोग भारत में 'अर्द्धनारीश्वर' के रूप में जानते हैं। आरम्भ में शिव और शक्ति दो ही होते थे। 'अर्द्धनारीश्वर' जैसा एक जीव था। वह जीव इतना ताक़तवर था कि वो जब स्वर्ग को जीतने के लिए आगे बढ़ा, जिसे हम लोग इन्द्रासन कहते हैं, उस इन्द्रासन (इन्द्रासन को ग्रीक मायथोलोजी में जियोस कहते हैं।) को जीतने के लिए बढ़ा, तब इन्द्र ने वज्र का प्रहार किया और उसके दो टुकड़े हो गये—स्त्री अलग, पुरुष अलग। तब से दोनों अलग-अलग टुकड़े मिलने की कोशिश कर

रहे हैं, परन्तु अभी तक मिल नहीं पाये हैं इसीलिए इन्द्रासन सुरक्षित है। ये कहानी प्लेटो के संवादों में है। आज इस कहानी को पढ़ते हुए मुझे याद आ रहा है कि माधवराव सप्रे के माध्यम से पत्रकार और साहित्यकार इस अवसर पर एकजुट होने की कोशिश कर रहे हैं। आज सभागार में साहित्यकार भी मौजूद हैं और पत्रकार भी मौजूद हैं। एक ओर विनोद कुमार शुक्ल बैठे हुए हैं। इनका बिल्कुल दूर-दूर तक जायज़-नाजायज़ कोई भी सम्बन्ध पत्रकारिता से नहीं है। कवि हैं, कथाकार हैं। फिर भी यहाँ पर उपस्थित हैं। ऐसे कई लोग हैं। कुछ मेरे जैसे भी लोग हैं, जिन्होंने कभी इधर भी कार्य किया और कभी उधर भी।

माधवराव सप्रे उस दौर की विभूति हैं, जब भारतेन्दु हरिश्चन्द्र ज़िन्दा थे। वे 1871 में पैदा हुए और 1926 में उनका निधन हुआ। भारतेन्दु से लेकर महावीर प्रसाद द्विवेदी तक, दो युगों तक को यह आदमी समेटे हुए है। उस दौर में उन्होंने दोनों की भूमिका निभाई। 'छत्तीसगढ़ मित्र' तो निकाला ही सबसे बड़ा काम किया, जो ख़तरनाक काम था; लोकमान्य तिलक का 'केसरी' मराठी में निकलता था, उन्होंने 'हिन्दी केसरी' निकालने की कोशिश की। उसी 'हिन्दी केसरी' में लेख लिखने के कारण उन पर राजद्रोह का मुक़दमा चलाया गया। उन्होंने जोखिम उठाया था, 'हिन्दी केसरी' निकालने का। और ज़ाहिर-सी बात है, लोकमान्य तिलक भी गिरफ़्तार हुए थे, तो उस दौर में केसरी निकालने का मतलब जोखिम उठाना था। जेल जाने के लिए तैयार होना पड़ता था। जोखिम उठाया उन्होंने। फिर वही हैं, जिन्होंने जिस माखनलाल चतुर्वेदी वि.वि. के कुलपति भाई अच्युतानन्द मिश्र हैं, वह स्वयं 'कर्मवीर' उन्होंने निकाला था। और जब उनसे पूछा गया कि इसका सम्पादक कौन होगा, तो माखनलाल चतुर्वेदी को इसका सम्पादक बनाया। इसलिए उन्हें 'केसरी', 'कर्मवीर' जैसे तेजस्वी अख़बारों को निकालने का श्रेय जाता है।

मैं कहना चाहता हूँ कि हम लोग हिन्दी के जिस नवजागरण की बात करते हैं; भाई राजेन्द्र मिश्र जी हिन्दी के नवजागरण के विषय में पूछ रहे थे, वह हिन्दी नवजागरण अजीब क़िस्म का नवजागरण है। बंगाल में भी नवजागरण हुआ था, जो राजाराममोहन राय, ईश्वरचन्द्र विद्यासागर आदि के नाम से जुड़ा हुआ है। दूसरी ओर, महाराष्ट्र में भी नवजागरण हुआ, वो नवजागरण जिसमें महात्मा फुले आदि की एक लम्बी परम्परा है। रेनाडे और लोकमान्य तिलक आदि उसी परम्परा के थे। हम लोग जिसे नवजागरण कहते हैं, मराठी में उसे 'प्रबोधन काल' कहते हैं। नवजागरण बहुत लोगों ने बांग्ला के 'रेनेसां' से, जो फ्रेंच शब्द था, उस 'रेनेसां' को बंगाल में

कहना शुरू किया और हिन्दी में हमने नवजागरण ले लिया। लेकिन मैं कहना चाहता हूँ कि हिन्दी नवजागरण में पूर्वा भी बहती है और पच्छवा भी बहती है। एक ओर बंगाल की हवा आ रही है; और बंगाल की हवा में जैसा होना चाहिए कि ज़्यादा 'भावोच्छ्वास' है। महाराष्ट्र की ओर से चलने वाली हवा, जो मुम्बई की तरफ़ से आने वाली थी, उस अरब सागर की तरफ़ से, वो बौद्धिक थी, इंटलेक्चुअल थी। यह नवजागरण की परम्परा है। बंगाल वालों के यहाँ तो जल-जल बहुत दिखाई देता है। महाराष्ट्र के यहाँ बहुत कठोर, चट्टानी व पहाड़ी दृढ़ता है। विचित्र संयोग है कि हमारे यहाँ नवजागरण पर दोनों का प्रभाव पड़ा। लेकिन सच्चे अर्थों में सबसे ज़्यादा जो प्रभाव पड़ा, जिसकी ओर हमारा ध्यान जाना चाहिए, अब तक हम नवजागरण पर विचार करते समय आमतौर पर बंगाल नवजागरण को ही मॉडल मानते हैं, ये भूल जाते हैं कि हमारे यहाँ जो नवजागरण चला, उसमें पहल करने वाले और नियामक भूमिका निभाने वाले कई लोग थे।

इधर 1900 में 'सरस्वती' और 'छत्तीसगढ़ मित्र' दोनों पत्रिकाएँ साथ निकली थीं। दोनों जनवरी में निकली थीं। और महावीर प्रसाद द्विवेदी झाँसी के रहने वाले थे, वे मुम्बई में भी रहे और बांग्ला से ज़्यादा मराठी जानते थे; संस्कृत तो जानते ही थे। उन पर संस्कृत और मराठी का गहरा प्रभाव था। यह प्रभाव उनके गद्य पर भी था। एक विद्वान ने लिखा है कि महावीर प्रसाद द्विवेदी को याद करते हुए तुलसीदास की यह चौपाई याद आती है :

साधु चरित सुभ चरित कपासू।
निरस विसद गुनमय फल जासू।।

वे उस कपास की खेती करने वाले की तरह थे, जो निरस, बिसद है, किन्तु बिल्कुल स्वच्छ और गुणमय है। ऊन में धागा भी होता है और ऊन में कई गुण होते हैं। तो द्विवेदी जी की जो शुष्कता है, कठोरता है, ऊपर से थी; नारिकेत फल के समान। वे अन्दर से बड़े सरस थे। उन्होंने अपनी पत्नी की मृत्यु के बाद शृंगार रस की घनघोर कविताएँ लिखी थीं। द्विवेदी जी के भीतर एक गहरा प्रेमी बैठा हुआ है। इसलिए मैं कहना चाहता हूँ कि उस समय महावीर प्रसाद द्विवेदी जी ने 'सरस्वती' के माध्यम से और दूसरी ओर माधवराव सप्रे ने 'छत्तीसगढ़ मित्र' के द्वारा अपना योगदान दिया। हमारे यहाँ जो महान परम्परा थी, अतीत की जो महान परम्परा संस्कृत से चली आ रही थी, उस संस्कृत की परम्परा को पूरा का पूरा सामने रखा।

ध्यान रखें कि महाराष्ट्र पर शोध करने वालों द्वारा कम लिखा गया है। हिन्दी

प्रदेश का 'प्रबोधन काल' या नवजागरण महाराष्ट्र की चेतना से ज़्यादा प्रभावित रहा है। और उसका प्रतीक यह है कि उस समय दो ग्रन्थ बड़े ही नियामक रहे हैं। उनमें से एक रामदास का लिखा हुआ 'दासबोध' है, जिसका जेल से छूटने के बाद अज्ञातवास के दौरान माधवराव सप्रे ने अनुवाद किया। लोग समझते हैं कि 'दासबोध' का अनुवाद करके वो अध्यात्म-चिन्तन करने लगे थे; जीवन-संघर्ष से दूर हट गये थे। उनको रामदास की जानकारी नहीं है। ये वही रामदास का 'दासबोध' है, जिन्होंने शिवाजी पर लिखा था। इसलिए 'दासबोध' का अनुवाद करना संघर्ष का एक रूप था। दूसरा अनुवाद उन्होंने लोकमान्य तिलक के 'गीता रहस्य' का किया, जो मुख्य रूप से ज्ञानमार्ग नहीं, बल्कि 'कर्मवीर', कर्म करने पर जोर देता है। इसलिए गीता के अन्दर कर्म महत्त्वपूर्ण है। सारा अध्यात्म और विशाल रूप दिखाने के बाद अर्जुन को मुख्य सन्देश यही है कि, 'कर्मण्य दोष मानव स्वभाव', कि युद्ध करो, लड़ो।

मुझे अच्छी तरह से याद है कि इसकी कई लोगों ने व्याख्या की है कि माधवराव सप्रे अज्ञातवास में रहते हुए अध्यात्म-चिन्तन करने लग गये थे; आत्मा की खोज करने लग गये थे। देशभूमि, देश को, देश की स्वाधीनता को भूल गये थे; भ्रम में आए हुये लोग हैं। एक पुस्तक है, कभी आप लोगों को मिले तो पढ़िएगा, उसका हिन्दी में अनुवाद हो गया है। काशीनाथ राजवाड़े, जो संस्कृत के पण्डित थे, उन्होंने विवाह प्रथा पर डांगे की लिखी हुई एक पूरी पुस्तक का अनुवाद किया है। काशीनाथ राजवाड़े जैसे इतिहासकार रूढ़ियों को तोड़ने वाले थे। इस पुस्तक में उनका रामदास पर लिखा हुआ एक लेख है। आप रामदास पर राजवाड़े की दृष्टि से पढ़ें, तब लगेगा कि 'दासबोध' रामदास का लिखा हुआ क्रान्तिकारी ग्रन्थ है। वो गुफा में जा करके अध्यात्म-चिन्तन करने वाला ग्रन्थ नहीं है। ये राजवाड़े ने लिखा है। मैंने बहुत पहले उस लेख का हिन्दी अनुवाद 'आलोचना' पत्रिका में पढ़ा था।

इसलिए यह जो चिन्तनधारा थी, जिसको उस अतीत से माधवराव सप्रे ने लिया था। माधवराव सप्रे ने उस अतीत को आलोचनात्मक मूल्यों से देखा। उनकी एक पुस्तक–समीक्षाओं की भी पुस्तक है, लोग भूल जाते हैं। वे बहुत अच्छी अंग्रेज़ी भी जानते थे। आजकल लोग समझते हैं कि अतीत का नाम लेना भर आवश्यक है। एक पुस्तक का नाम है–'भारत ग़ौरवादर्श'। यह उर्दू की पुस्तक का अनुवाद है। इस पुस्तक की एक समीक्षा उन्होंने 'छत्तीसगढ़ मित्र' में लिखी थी। तो समीक्षा करते हुए, नाम से ही जैसा प्रतीत हो रहा है, 'भारत का ग़ौरवादर्श', अतीत का ग़ौरवशाली

रूप। उस पुस्तक की समीक्षा में उन्होंने लिखा कि इस पुस्तक का सबसे बड़ा दोष है कि यह अपने पूर्वजों के बारे में मिथ्याभिमान उत्पन्न करती है। हमारे बाप ने घी खाया था, हमारा हाथ सूँघ लीजिए। पूर्वजों को ले करके अभिमान कि हमारे बाप ने यह किया, वह किया, लेकिन तुमने क्या किया यह बताओ। तुम्हारे बाप ने तो घी खाया होगा, पर तुम क्या करते हो? अतीत के बारे में मिथ्याभिमान कि हमारा अतीत बड़ा महान था, यह एक आत्मप्रवंचना है। माधवराव सप्रे यह अतीत पर लिख रहे हैं। आज अतीत का ग़ौरवगान करने वालों की कमी नहीं है। इसलिए माधवराव सप्रे अतीत के बारे में आलोचनात्मक दृष्टि से सोचते थे। वे अतीत का ग़ौरवगान गाने वाले आदमी नहीं थे। अतीत को आलोचनात्मक दृष्टि से देखते थे।

उनकी एक कहानी है–'एक टोकरी भर मिट्‌टी', जिसको लोग यही कहक़र मुक्ति पा लेते हैं कि हिन्दी की पहली कहानी है और क्या भाषा है। आप उस कहानी को यदि ध्यान से देखें, तो वह कहानी नहीं है, रूपक है। वह ज़मींदार जो ग़रीब की झोंपड़ी खरीद लेता है, अंग्रेज़ी हुकूमत है। उसने ग़रीब की झोंपड़ी के रूप में भारत को उपनिवेश बना लिया है। रूपक है। अन्त में वही बुढ़िया जो आती है और अन्दर जाकर मिट्‌टी की टोकरी भरना चाहती है। वह टोकरी भर मिट्‌टी ले करके बाहर आ जाती है और कहती है कि इस मिट्‌टी की टोकरी को उठा करके हमारे सिर पर रख दीजिए। उसको समझ आनी चाहिए थी कि इस टोकरी को अन्दर से तो ख़ुद उठाकर लायी है और अब कह रही है कि मुझसे उठ नहीं रही है। कोई बात होगी। वे ज़मींदार साहब उठाने की कोशिश करते हैं, और जैसे लगभग शिव धनुष हो गया हो, उठ ही नहीं रही है। थक गये हैं। तब उस बुढ़िया ने कहा कि आप से तो यह टोकरी नहीं उठ रही है, पीछे तो हमारी हज़ारों टोकरियाँ पड़ी हुई हैं। यह देशप्रेम का लगाव अद्‌भुत है। माधवराव सप्रे चुनौती देने वाले थे। यह उपनिवेशवाद के विरुद्ध लिखी हुई कहानी है। रूपक है-सेबल है। कुछ लोग दलित-विमर्श की ओर देखेंगे, लेकिन वो बुढ़िया भारतमाता है। अंग्रेज़ इस देश को उठा करके इंग्लैंड नहीं ले जा सकते, तो पूरी मिट्‌टी को उठाकर कहाँ ले जा सकते हैं। हज़ारों टोकरियाँ हमारी इसमें पड़ी हुई हैं। ये छोटी-सी कहानी केवल बुढ़िया की कहानी नहीं है, जैसाकि मैंने कहा यह रूपक है। एक ओर बुढ़िया के रूप में भारतमाता है, तो दूसरी ओर ज़मींदार के रूप में ब्रिटिश हुकूमत। मुझे लगता है कि उन्हें नये सिरे से, ध्यान से पढ़ना पड़ेगा, जिसको Beatwin the lines कहते हैं। माधवराव सप्रे को आप लोग केवल हिन्दी भाषा, पत्रकारिता और इन्हीं वजहों से न देखें, बल्कि आप

उनकी पुस्तक समीक्षाओं को भी ध्यान से देखें। श्रीधर पाठक की उन्होंने खुलकर प्रशंसा की है। 'एकान्तवासी' पर लिखी उनकी समीक्षा, जो 'हरमिट' का अनुवाद है, उसकी तारीफ़ की है। जो श्रीधर पाठक ने गोल्डस्मिथ के 'डैजर्ट विलेज' का अनुवाद किया है, उसमें उन्होंने अपनी ओर से मौलिक कविताएँ भरी हैं। वह ठेठ अनुवाद नहीं है, रचनात्मक अनुवाद है। वहीं दूसरी ओर उन्होंने उस ज़माने में डिप्टी कलेक्टर रहे मिश्र बन्धुओं में से एक की आई किताब की धज्जियाँ उड़ा दी थीं। आजकल लोग जैसे ही देखते हैं कि अफ़सर की लिखी हुई किताब है तो यूँ ही उच्छ्वास में लिखते हैं। आइएएस है, मन्त्री है, तो शतमुख प्रशंसा करते हैं। इसलिए मिश्र बन्धु रहा करें तो, लेकिन मिश्र बन्धु की किताब की उन्होंने आलोचना की और दूसरी ओर श्रीधर पाठक की किताब की समीक्षा पढ़िएगा। उस समय तो मिश्र बन्धु लोग राय बहादुर राजा हुआ करते थे। कान्यकुब्ज कुल गुणाकार नहीं थे, बल्कि कान्यकुब्ज से उल्ट थे।

मैं आज रायपुर में उनकी स्मृति को ही नहीं, बल्कि वे साक्षात् हमारे बीच मौजूद हैं। मैं उस आत्मा को जो दिखाई तो नहीं पड़ती, लेकिन कहीं-न-कहीं हमारे आसपास मँडरा रही है, के चरणों में शीश झुकाता हूँ। मैं कृतज्ञता व्यक्त करता हूँ कि मुझे इस अवसर पर दो शब्द कहने का मौक़ा दिया। सम्भव है, जो परम्परा और भी थी, उसके बारे में देखने की कोशिश करूँगा।

(यह व्याख्यान 19 जून 2008 को रायपुर में माधवराव सप्रे और हिन्दी नवजागरण विषय पर आयोजित एक संगोष्ठी में दिया गया था इसका लिप्यन्तरण अंकित नरवाल के किया है।)

लोहिया को लोहियावादियों पर नहीं छोड़ा जा सकता

मैं लोहियावादी नहीं हूँ, लेकिन लोहिया को केवल लोहियावादियों के ऊपर नहीं छोड़ा जा सकता। लोहिया सारे देश की अनूठी सम्पत्ति हैं। लोहियावादी न होते हुए भी लोहिया के प्रति मैं आकृष्ट था। कई बार उनसे मिलने का मौक़ा मिला, कई बार उनको सुनने का मौक़ा मिला। बनारस में, उसके बाद इलाहाबाद में और फिर दिल्ली में कई बार मैं उनसे मिला। दिल्ली में जब वे गुरुद्वारा रकाब गंज रोड में रहते थे, तब ओमप्रकाश दीपक 'जन' पत्रिका निकालते थे। 'जन' की शाम की गोष्ठियों में लोहिया जी के साथ अक्सर मैं कभी कमलेश जी के साथ तो कभी अकेले हिस्सा लिया करता था। उनसे एक क़िस्म का लगाव था मेरा। तमाम राजनीतिक नेताओं में अकेले लोहिया मुझे दिखाई पड़े जिनमें पाखण्ड नहीं था, कोई हिप्पॉक्रेसी नहीं थी। उस समय की राजनीति में वे एकमात्र बड़े नेता थे जो पाखण्डहीन थे। जबकि यह पाखण्ड उस वक़्त के कई बड़े नेताओं में था। राजनीति में काम करने वाले लोगों के दो चेहरे हुआ करते हैं। लेकिन लोहिया पारदर्शी थे, जैसे वे शीशे के घर में रहा करते थे। जिसका एक उदाहरण यह है कि वे रेलवे में प्राइवेट कूपे में सफ़र करते थे और एक भद्र महिला उनके साथ रहा करती थी। लेकिन वे इस बात को कभी छुपाते नहीं थे। इसलिए राजनीति में वे अकेले पाखण्ड शून्य आदमी थे। उनसे पहले गांधी जी में यह पाखण्ड नहीं था और गांधी जी के बाद कोई दिखाई पड़ता है तो वे लोहिया थे।

लोहिया जी को मैंने तब जाना जब उनका मैंने गांधी जी पर लिखा गया एक लम्बा लेख पढ़ा जिसमें उन्होंने न सिर्फ़ गांधी जी के बारे में लिखा है बल्कि उस लेख से लोहिया जी के व्यक्तित्व का भी पता चलता है। गांधी जी के वे मानस-पुत्र कहे जाते हैं। यहाँ तक कि गांधी जी के कहने पर उन्होंने अपनी बरसों की सिगरेट पीने की आदत भी छोड़ दी थी और दुबारा गांधी जी की मृत्यु के कई साल बाद ही

हाथ लगाया। यह भी कहा कि गांधी जी तो नहीं हैं तो अब रोकने वाला कौन है। कुछ ऐसा लोहिया जी का व्यक्तित्व था। लेकिन जिस आत्मीयता और लगाव से उन्होंने गांधी जी पर लिखा, वह दुर्लभ है। वैसे तो सैकड़ों ने गांधी जी पर लिखा है, पर जो बात लोहिया जी की उस क़रीब पचास पृष्ठों वाली पुस्तक में है, वह किसी में नहीं है। उस लेख को पढ़कर जितना गांधी जी के बारे में जाना जा सकता है, उससे कहीं अधिक लोहिया जी के बारे में उस लेख से पता चलता है। लोहिया जी के व्यक्तित्व को समझने के लिए अकेले वह पुस्तक काफ़ी है।

हिन्दी साहित्य के आधुनिक काल का इतिहास लोहिया जी के ज़िक्र के बिना अधूरा रहेगा। लोहिया जी की गिनती अगर साहित्यकारों में नहीं की जाती तो उनके बिना साहित्य अधूरा रहेगा। इस बात को प्रमाणित करने के लिए उनके केवल दो-तीन लेख काफ़ी हैं। एक तो जो उन्होंने गांधी जी पर लिखा। उसे मैं साहित्य मानता हूँ। इसके अलावा एक लम्बा लेख उन्होंने कृष्ण पर लिखा और दूसरा लेख राम, कृष्ण और शिव पर लिखा है। कृष्ण पर, राम पर और शिव पर तो बहुत लिखा गया है; लेकिन लोहिया जी ने जो लिखा है और जिस हिन्दी में लिखा है, वह दुर्लभ है। जैसे गुजरात के लोग गांधी जी के गुजराती में लिखे लेखों को पढ़कर उनके गुजराती-लेखन की प्रशंसा करते हैं, ठीक वैसे ही मेरा मानना है कि लोहिया जी ने हिन्दी में लिखा है। लोहिया जी अपना लेख बिल्कुल छोटे-छोटे वाक्यों में लिखते थे; लेकिन काफ़ी प्रभावशाली लेखन होता था उनका। जैसे छोटी-छोटी लखौरी ईंटों से कोई इमारत बनाई गयी हो। वे बिल्कुल निश्छल भाव से लिखते थे, अपने मन की सारी दुविधाएँ, सारी शंकाएँ वे अपने लेखों में उड़ेल देते थे। आजकल तो घनघोर आत्मविश्वास से लिखने वालों की लाइन लगी हुई है, जैसे वे सर्वज्ञानी हों। उनकी लेखनी दुविधा, शंका सबको समेटती हुई दो-टूक हुआ करती थी। इसलिए लोहिया जी की गिनती मैं साहित्यकारों में करता हूँ।

यह आकस्मिक नहीं है कि लोहिया जी एक ऐसे व्यक्तित्व थे जो सर्वजनसुलभ थे। जिस प्रकार गांधी जी का दरबार सबके लिए खुला था, उसी प्रकार लोहिया जी का भी दरबार सबके लिए खुला रहता था। शायद यही वजह है कि महात्मा गांधी के बाद हमारी पीढ़ी के लेखकों को अपनी ओर खींचने वाले लोहिया जी ही थे। हिन्दी में एक दौर में जितने अच्छे लेखक थे, उनके विचारों में समाजवाद का पुट था। हमारे मित्र बनारस के विजयदेव नारायण साही लोहिया की पार्टी के थे। वे राजनेता भी थे, चुनाव भी लड़ते थे। लेकिन इसके साथ वे एक बहुत अच्छे कवि और समालोचक

भी थे। लोहिया जी के साथ के लोगों में लक्ष्मीकान्त वर्मा और केशवचन्द्र वर्मा का नाम भी गिनाया जा सकता है। कमलेश जी, गिरधर राठी, कृष्णनाथ जी आदि दर्जनों उस पीढ़ी के समर्थ लेखक, कवि, कहानीकार, कथाकार और समालोचक लोहिया जी के इर्द-गिर्द थे और उनके विचारों से प्रेरित हुए थे, उनसे प्रभावित हुए थे।

यही वजह है कि न सिर्फ़ हिन्दी में बल्कि दूसरी भारतीय भाषाओं में भी अनेकानेक लेखक, कवि, साहित्यकार लोहिया जी से प्रभावित हुए और अपनी रचनाओं में समाजवाद के बारे में लिखा। लोहिया जी साहस की भी एक मिसाल थे। जब देश-बँटवारे और हिन्दुस्तान-पाकिस्तान के झगड़े में उलझा हुआ था, तब लोहिया जी ने ही कहा कि इस मुल्क का एक हिस्सा अभी भी पुर्तगालियों के क़ब्ज़े में है। वे अकेले आदमी थे जो कूद गये मैदान में और जेल भी गये। बाद में गांधीजी ने नेहरू से कहक़र उनको रिहा कराया। इसलिए वहाँ भी एक पूरी पीढ़ी लोहिया जी से प्रभावित हुई। आदरणीय थम्मोर जी जो गांधीवादी थे, से लेकर रवीन्द्र केलकर तक कई कोंकणी साहित्यकार लोहिया जी से प्रभावित हुए।

इसी प्रकार कन्नड़ साहित्य में यू.आर. अनन्तमूर्ति जैसे लेखक, जो भारत के सर्वोच्च साहित्यकारों में से एक हैं, उनसे प्रभावित हुए। 1973-74 में अनन्तमूर्ति ने एक लेख लिखा था, 'ब्राह्मण प्रज्ञा और शूद्र प्रज्ञा' जिसका अनुवाद करा के मैंने आलोचना में उस वक़्त प्रकाशित किया था। उसी पुस्तक में मैंने लंकेश की कविताएँ भी छापी थीं। गोपालकृष्ण अडिगा जो बहुत बड़े कवि थे, उन्होंने भी लोहिया जी पर लिखा है। कन्नड़ साहित्य की एक पूरी पीढ़ी लोहिया जी से प्रभावित थी। इसी प्रकार तब मराठी में भी कई लेखक थे, जो लोहिया जी से प्रभावित थे। तब मुम्बई में मराठी मानुष और मी मुम्बईकर जैसे लोग पैदा नहीं हुए थे। उस समय नेहरूवादी लोगों के बरअक्स उनके समानान्तर एक पूरी पीढ़ी वहाँ लोहियावादी थी। उस पीढ़ी के लोगों में एक तरफ़ बाबा साहब आम्बेडकर थे और दूसरी तरफ़ राममनोहर लोहिया थे।

यह आकस्मिक नहीं है कि महाराष्ट्र में दलितों को दिये गये आरक्षण का बिहार में गहरा असर पड़ा। मण्डल-कमीशन भी बिहार की वजह से लागू हुआ था। चाहे वह नीतीश जी हों या लालू हों, उस वक़्त सारे नेताओं ने लोहिया जी के आरक्षण के सिद्धान्त को ज़ोर-शोर से उठाया। इसलिए लोहिया जी ने राजनीति को गहराई से प्रभावित किया। इसके अलावा लोहिया का जो सबसे बड़ा योगदान है, वह है—नर-नारी समता का, जिसे आजकल 'नारी-मुक्ति आन्दोलन' कहा जाता है। कुछ लोगों का ख़याल है कि यह पश्चिम से आया है। मगर यह ग़लत है, क्योंकि

कम-से-कम हिन्दी में और भारतीय भाषाओं में यह बहुत पहले आया है। अमेरिका में जब यह 'फिनामिना' चला, उससे बहुत पहले लोहिया जी हिन्दुस्तान में चला चुके थे। इसे वे स्त्री-मुक्ति नहीं, बल्कि बराबरी कहते थे।

उनका कहना था कि स्त्री-मुक्ति क्या है? स्त्री कोई ग़ुलाम नहीं है कि आप उसे मुक्त कर दें। औरत और मर्द की बराबरी होनी चाहिए और इस बराबरी का नारा लोहिया जी ने दिया था। बहुत पहले उत्तर प्रदेश जैसे प्रदेश में जहाँ तुलसीदास स्त्री को काफ़ी भला-बुरा कह चुके थे। सन्त भक्त-लोग जिसे नरक का ठौर कहा करते थे। वे सन्त भक्त जिससे मुक्त नहीं हो सके, वहाँ लोहिया जी अजीब क़िस्म के साधु निकले। औरत को बराबरी का दर्ज़ा दिलाने का काम किसी और ने नहीं बल्कि लोहिया जी ने किया। नेहरू भी नहीं कर पाये। कांग्रेस पार्टी लाख कहती रही हो, लेकिन इस तरह से लोकमानस को, मध्यम वर्ग को प्रभावित करने का काम लोहिया जी ने किया था। इस विषय पर भी बहुत सारा साहित्य हिन्दी और दूसरी भारतीय भाषाओं में लिखा गया।

उन दिनों साहित्य में आमतौर पर महामानव की खोज की जाती थी। महामानव यानी असाधारण पुरुष या हीरो पर किताबें लिखी जाती थीं। लेकिन इसके बरअक्स हमारे मित्र विजयदेव नारायण साही ने एक लेख लिखा था–'लघुमानव के बहाने'। यह लोहिया जी पर था और लोहिया जी तो आकार में भी छोटे थे। इसलिए महामानव चाहे गांधी जी को कह लें, वैसे वे थे नहीं। हाँ, जवाहरलाल नेहरू को ज़रूर महामानव कहा जा सकता था; जिनके इर्द-गिर्द एक प्रभामण्डल भी था और देश की लघुता में भी एक गर्व होता है, यह दिखाने की कोशिश की। अपने लेख में उन्होंने लिखा कि रोमांटिक युग की कविता में महामानव या हीरो होता था, पर 'पोस्टरोमांटिक' युग में तो छोटा मनुष्य या लघुमानव ही हीरो है।

लोहिया जी ने लघुमानव को प्रतिष्ठा देकर साहित्य का सौन्दर्यशास्त्र ही बदल दिया। बहुत कम लोग होते हैं जो साहित्य के सौन्दर्यशास्त्र या काव्यशास्त्र को बदलने की हिम्मत रखते हैं। मेरा ख़याल है कि लोहिया जी के इस पक्ष की आज गहराई से जाँच करनी चाहिए, जिसके लिए अभी न तो शब्द हैं, न भाषा और न ही परिभाषा है। लोहिया जी ने जो साहित्य की धारा मोड़ने की कोशिश की, वह गांधी जी के बाद रवीन्द्रनाथ ठाकुर ने किया। लेकिन वे राजनेता नहीं थे, बल्कि कवि और साहित्यकार थे।

लेकिन जिसने गहराई तक उस सृजनात्मक मानस को बदला है, मानस के भूगोल को बदला है, मानचित्र को बदला है, उसके मूल में काम करने वाली

मनोवृत्ति को बदला है, तो लोहिया जी के सिवाय कोई दूसरा आदमी हमारे इतिहास में नहीं दिखाई पड़ता है।

लोहिया जी का जीवन-दर्शन, उनका सिद्धान्त और उनका अध्यात्म हो सकता है कि इतिहास की वस्तु बन जाये। लेकिन आज के ज़माने में हम लोग जिस संक्रमण काल से गुज़र रहे हैं, जो हमारी राजनीति का माहौल है, उसमें लोहिया जी को हम एक बार फिर याद करें, उनके लिखे हुए और उनके आचरण को ध्यान में रखें तो वह धारा एक बार फिर नया रूप ले सकती है; जो पहले से ज़्यादा सृजनात्मक होगी। ऐसे दौर में, जब सारी विचारधाराएँ पिट चुकी हैं, सबका अन्त हो चुका है, चाहे वह मार्क्सवाद हो, समाजवाद हो, सेकुलरिज़्म हो, पोस्ट मॉडर्निज़्म हो या पोस्ट सेकुलरिज़्म हो, सारी-की-सारी थ्योरी फेल हो चुकी है। ऐसे समय में यह सम्भव है कि हमारे इतिहास के कुछ ऐसे व्यक्ति हैं जो जीने की नयी प्रेरणा दे सकते हैं, जिनमें लोहिया जी अग्रणी हैं।

(आचार्य नरेन्द्रदेव के नवसंस्कृति संघ (वाराणसी) तथा डॉ. लोहिया की 'जन मासिक विचारगोष्ठी' में दिया गया व्याख्यान।)

खण्ड-2

प्रोफ़ेसर पूरन सिंह : एक विलक्षण प्रतिभा

प्रोफ़ेसर पूरन सिंह की याद में व्याख्यान देने का आमन्त्रण मेरे लिए बहुत बड़ा सम्मान है। इसके लिए मैं 'प्रो. पूरन सिंह मेमोरियल कमेटी'–विशेष रूप से उसके सचिव मेजर अहलूवालिया का आभार मानता हूँ। मैं प्रोफ़ेसर पूरन सिंह की हिन्दी रचनाओं से ही परिचित हूँ और हम हिन्दी वाले उन्हें 'अध्यापक पूर्ण सिंह' के नाम से जानते हैं। इसलिए स्वभावतः आपसे आज उनकी हिन्दी रचनाओं की ही चर्चा करूँगा। अगर पंजाबी के लोग यह नहीं जानते कि प्रो. पूरन सिंह ने हिन्दी में भी लिखा है तो हिन्दी वालों को भी पता नहीं है कि वे पंजाबी के भी कवि हैं और बहुत बड़े कवि हैं। इसके लिए न पंजाबी दोषी हैं, न हिन्दी। दोषी है हमारा साहित्यिक वातावरण जिसके कारण हम अपने पड़ोस के साहित्य से बहुत कुछ अनजान हैं, जबकि यूरोप के साहित्य की काफ़ी कुछ जानकारी रखते हैं।

प्रो. पूरन सिंह दसवें गुरु गोविन्द सिंह की महान साहित्यिक परम्परा में आते हैं, जिन्होंने पंजाबी भाषी होते हुए भी हिन्दी को समृद्ध किया और हिन्दी ने उनके अवदान को उसी सम्मान से स्वीकार भी किया है। आपको यह जानकर ख़ुशी होगी कि हिन्दी निबन्धों का कोई भी संकलन अध्यापक पूर्ण सिंह के निबन्ध के बिना पूर्ण नहीं होता। हाई स्कूल का भी हिन्दी विद्यार्थी पूर्ण सिंह के किसी-न-किसी निबन्ध से परिचित रहता है। निबन्धकार के रूप में पूर्ण सिंह हिन्दी में अमर हैं और यह अमरता उन्हें सिर्फ़ तीन निबन्धों के आधार पर प्राप्त हुई है। हिन्दी में यह ग़ौरव किसी और निबन्धकार को नसीब न हुआ। कहानी के क्षेत्र में इस तरह का ग़ौरव सिर्फ़ चन्द्रधर शर्मा गुलेरी को प्राप्त हुआ, जिन्होंने कुल जमा तीन कहानियाँ लिखीं और उनमें से एक कहानी 'उसने कहा था' के कारण अमर कहानीकार हो गये।

हिन्दी में प्रो. पूरन सिंह के महत्त्व का अन्दाज़ा इस बात से भी लगाया जा सकता है कि हिन्दी के सबसे बड़े समालोचक आचार्य रामचन्द्र शुक्ल ने उनकी

प्रशंसा जी खोल कर की है। आचार्य शुक्ल दाद देने में इतने कंजूस थे कि उनकी क़लम से निकला हुआ प्रशंसा का एक वाक्य पाकर भी लेखक धन्य हो जाया करता था। आचार्य शुक्ल की कालजयी कृति 'हिन्दी साहित्य का इतिहास' पहली बार 1929 में प्रकाशित हुई। उस कृति में अध्यापक पूर्ण सिंह की प्रशंसा उन्होंने इन शब्दों में की है–

"उन्होंने लिखा तो कम है पर उनके लेखों में भाषा की एक नयी गतिविधि तथा आधुनिक जगत की विचारधारा से उद्दीप्त नूतन भाव-भंगी के दर्शन होते हैं। 'सरस्वती' के पुराने पाठकों में से बहुतों को अध्यापक पूर्ण सिंह के लेखों का स्मरण होगा। उनके तीन-चार निबन्ध ही उक्त पत्रिका में निकले, पर उन्होंने दिखा दिया कि विचारों और भावों को एक अनूठे ढंग से मिश्रित करने वाली एक नयी शैली का अवलम्बन किसे कहते हैं। उनकी लाक्षणिकता हिन्दी गद्य-साहित्य में एक नयी चीज़ थी। भाषा की बहुत कुछ उड़ान, उसकी बहुत-कुछ शक्ति, 'लाक्षणिकता' में देखी जाती है। भाषा और भाव की जो नयी विभूति उन्होंने सामने रखी उसकी ओर क्या किसी ने ध्यान दिया? वे किसी 'साहित्यिक दल' में तो दाख़िल ही नहीं हुए। उनके निबन्ध भावात्मक कोटि में ही आयेंगे यद्यपि उनकी तह में सूक्ष्म विचारधारा स्पष्ट लक्षित होती है।"

ग्यारह साल बाद 'हिन्दी साहित्य का इतिहास' के संशोधित और परिवर्धित संस्करण में आचार्य शुक्ल ने अध्यापक पूर्ण सिंह की 'सूक्ष्म विचारधारा' को और स्पष्ट करना ज़रूरी समझा और यह वाक्य जोड़ा : "योरप के जीवन-क्षेत्र की अशान्ति से उत्पन्न आध्यात्मिकता की, किसानों और मज़दूरों की महत्त्व-भावना की जो लहरें उठीं उनमें वे बहुत दूर तक बहे।"

इस वक्तव्य के बाद आचार्य शुक्ल ने अध्यापक पूर्ण सिंह के निबन्धों से नमूने के लिए दो लम्बे-लम्बे उद्धरण भी दिये, जिनमें से एक 'आचरण की सभ्यता' से है और दूसरा 'मज़दूरी और प्रेम' से।

उल्लेखनीय है कि आचार्य शुक्ल ने प्रोफ़ेसर पूरन सिंह की प्रशंसा में जब ये वाक्य लिखे थे तो वे जीवित थे, किन्तु हिन्दी में लिखना छोड़ चुके थे–यहाँ तक कि पिछले पन्द्रह वर्षों से हिन्दी में उनका लिखा कुछ भी प्रकाशित न हुआ था। वैसे भी, हिन्दी में प्रो. पूरन सिंह का लेखन-काल पाँच साल से अधिक का न था। फिर भी उन लेखों की छाप इतनी गहरी और अमिट थी कि पन्द्रह वर्ष बाद भी युग-समीक्षक आचार्य शुक्ल उन्हें याद किये बिना न रह सके।

इसका एक कारण शायद यह भी है कि वे निबन्ध 'सरस्वती' में प्रकाशित हुए थे–आचार्य महावीर प्रसाद द्विवेदी की 'सरस्वती' में जो उन दिनों हिन्दी की प्रतिनिधि साहित्यिक पत्रिका थी और जिसमें प्रकाशित होना किसी लेखक के लिए सबसे बड़ा सम्मान था। इसीलिए 'सरस्वती' के लेखक के रूप में आचार्य शुक्ल ने उन्हें स्मरण किया। आचार्य शुक्ल स्वयं भी 'सरस्वती' के पुराने लेखक थे। अपने साहित्यिक जीवन का आरम्भ उन्होंने 'सरस्वती' से ही किया था।

प्रो. पूरन सिंह का पहला हिन्दी लेख 'सरस्वती' में जनवरी 1909 में प्रकाशित हुआ था। लेख का शीर्षक था 'सच्ची वीरता'। संयोग से उसी वर्ष 'सरस्वती' में आचार्य रामचन्द्र शुक्ल का प्रसिद्ध निबन्ध 'कविता क्या है' भी प्रकाशित हुआ। 'सरस्वती' में प्रो. पूरन सिंह का वह निबन्ध कैसे प्रकाशित हुआ, यह मेरे लिए आज भी रहस्य है। जैसा कि आचार्य शुक्ल ने लिखा है, वे किसी 'साहित्यिक दल' में तो दाख़िल ही नहीं हुए थे। पेशे से वे एक वैज्ञानिक थे। देहरादून के नये-नये स्थापित 'इम्पीरियल फॉरेस्ट रिसर्च इंस्टीट्यूट' में 'केमिकल इडवाइज़र'। इस पद पर वे नये-नये ही आये थे–1908 में। मित्रों में एक थे डॉ. ख़ुदादाद और दूसरे मास्टर अमीरचन्द। इनमें से कोई भी हिन्दी का लेखक न था। तब तक उन्होंने लिखने के नाम पर अपने गुरु स्वामी रामतीर्थ की रचनाओं का सम्पादन किया था और शायद उनकी जीवनी भी लिखी थी। बस। ऐसी हालत में 'सरस्वती' में 'सच्ची वीरता' का प्रकाशन किसी चमत्कार से कम नहीं। वाणी का यह प्रसाद प्रो. पूरन सिंह को कहाँ से मिला, यह रहस्य है। इससे पहले हिन्दी में तो उन्होंने कुछ लिखा नहीं, अपनी मातृभाषा पंजाबी में भी लिखा या नहीं, इसकी कोई जानकारी कम-से-कम मुझे नहीं है।

इतना ज़रूर मालूम है कि 1912 में जब वे स्यालकोट में 'पाँचवीं सिख एजुकेशनल कॉन्फ्रेंस' में भाग लेने गये तो उन्होंने अंग्रेज़ी में भाषण दिया था। लोगों के बहुत आग्रह पर वे दुबारा पंजाबी में बोले। अभ्यास था नहीं, ज़बान शुरू में कुछ लड़खड़ाई, कुछ क्षण आँखें बन्द किये निःशब्द खड़े रहे। फिर वाणी फूटी तो दूर-दूर तक गूँजती रही।

शायद यही वह अनुभव है जिसका ज़िक्र प्रो. पूरन सिंह ने आगे चलकर 1926 में प्रकाशित अपनी अंग्रेज़ी पुस्तक 'The spirit of oriental Poetry' में किया है। लिखा है : "भगवान विष्णु जब बालक ध्रुव के सामने अचानक प्रकट हुए तो वह अवाक् था। वह स्तुति करना चाहता था, परन्तु स्तुति कैसे करें–यह जानता न

था। अन्तर्यामी प्रभु ने अपने ब्रह्ममय शंख को उसके गाल से छुआ दिया। शंख का स्पर्श होते ही ध्रुव को देवी वाणी प्राप्त हो गयी और वह प्रभु की स्तुति करने लगा।"

श्रीमद्भागवत की यह कथा सुनाने के बाद प्रो. पूरन सिंह आगे लिखते हैं : "कुछ ऐसी ही स्थिति पंजाब में हमारी थी। गुरु प्रकट हुए तो हम सभी सिक्ख गूँगे थे। अपने भगवान से क्या कहें, यह हम नहीं जानते थे। गुरु ने यह ग्रन्थ दिया और कहा–"मेरी स्तुति इस तरह करो!" आज हमारी आत्मा में वही गीत भरे हैं जिन्हें हम प्रभु के चरणों में अर्पित कर रहे हैं।"

कहते हैं कि स्यालकोट की उस यात्रा में प्रो. पूरन सिंह पंजाबी के सन्त कवि भाई वीर सिंह से भी मिले थे। इस मिलन के बारे में प्रो. पूरन सिंह ने स्वयं लिखा है : "उन्हें देखने के बाद मुझे अहसास हुआ कि राम के चरणों के स्पर्श ने पाषाणी अहल्या का किस प्रकार उद्धार किया होगा।"

लेकिन यह सब तो तीन साल बाद की बातें हैं। 1909 में हिन्दी में उनकी वाणी किस 'राम' की प्रेरणा से फूटी, मुख्य प्रश्न यह है। क्या यह 'राम' स्वामी रामतीर्थ थे?

यह तथ्य है कि प्रो. पूरन सिंह जब जापान में विद्याध्ययन कर रहे थे तब वहीं 1900 में पहली बार स्वामी रामतीर्थ से उनकी मुलाक़ात हुई और इस मुलाक़ात ने उनकी जीवनधारा बदल दी। वे स्वामी रामतीर्थ के शिष्य हो गये। सबसे प्रिय शिष्य। उच्चकोटि के वक़्ता तो वे पहले भी थे। किन्तु अब वह जैसे एक दैवी शक्ति से सम्पन्न हो गये। 'सच्ची वीरता' शीर्षक निबन्ध उस शक्ति का सम्भवत: पहला विस्फोट है। इस निबन्ध में एक जगह यह वाक्य आता है, "परन्तु वीरता एक प्रकार का इलहाम (Inspiration) है।" प्रो. पूरन सिंह को इसी 'इंसपिरेशन' की तलाश थी, जो संयोग से उन्हें स्वामी रामतीर्थ के साहचर्य में मिली; और मुझे लगता है कि यह दैवी प्रेरणा ही उनकी अभिव्यंजना की शक्ति है–शक्ति भी और विशिष्टता भी। उनकी वाणी में एक रहस्यदर्शी का जादू दिखाई पड़ता है।

'सच्ची वीरता' शीर्षक लेख में वीरता की एक नयी परिभाषा प्रस्तुत की गयी है जिसका मूलमन्त्र है आज़ादी। प्रो. पूरन सिंह की नज़र में सच्चे वीर ग़ुलाम तो हो सकते हैं, बादशाह नहीं। ग़ुलाम ख़ुद-ब-ख़ुद फाँसी के तख़्ते पर चढ़कर बादशाह का तिरस्कार कर सकता है। उन्होंने लिखा है, "इन्द्र की तरह ऐश्वर्यवान और बलवान होने पर भी दुनिया के ये छोटे 'जार्ज' बड़े कायर होते हैं।" संकेत स्पष्ट है। लेख में काव्यशास्त्र में निरूपित 'वीर रस' का शास्त्रीय विवेचन नहीं। उद्देश्य यह बताना है कि वीरता देश-काल के अनुसार संसार में जब कभी प्रकट हुई तभी एक नया रूप लेकर आयी। इसलिए ज़रूरत है तो वीरता के नये रूप को पहचानने की।

अपने ज़माने के छद्मवीरों से सावधान करते हुए प्रो. पूरन सिंह ने लिखा : "आजकल भारतवर्ष में परोपकार करने का बुख़ार फैल रहा है। जिसको 105 डिग्री का यह बुख़ार चढ़ा वह आजकल के भारतवर्ष का ऋषि हो गया। आजकल भारतवर्ष में अख़बारों की टकसाल में गढ़े हुए वीर दर्जनों मिलते हैं। जहाँ किसी ने एक-दो काम किये और आगे बढ़कर छाती दिखाई तहाँ हिन्दुस्तान के सारे अख़बारों ने 'हीरो' की पुकार मचाई। बस एक नया वीर तैयार हो गया। यह तो पागलपन की लहरें हैं। अख़बार लिखने वाले मामूली सिक्के के मनुष्य होते हैं। उनकी स्तुति और निन्दा पर क्यों मरे जाते हो? अपने जीवन को अख़बारों के छोटे-छोटे पैराग्राफ़ों के ऊपर क्यों लटका रहे हो?"

इसी सन्दर्भ में लेख के इस अविस्मरणीय उद्धरण का अर्थ खुलता है : "वीरों के बनाने के कारख़ाने क़ायम नहीं हो सकते। वे तो देवदार के दरख़्तों की तरह जीवन के अरण्य में ख़ुद-ब-ख़ुद पैदा होते हैं और बिना किसी के पानी दिये, बिना किसी के दूध पिलाये, बिना किसी के हाथ लगाये, तैयार होते हैं। दुनिया के मैदान में अचानक ही सामने आकर वे खड़े हो जाते हैं, उनका सारा जीवन अन्दर ही अन्दर होता है। बाहर तो जवाहिरात की खानों की ऊपरी ज़मीन की तरह कुछ भी दृष्टि में नहीं आता।"

जो बात वीरों के बारे में कही गयी है, वह क्या प्रो. पूरन सिंह जैसे लेखक के बारे में भी सच नहीं है? हिन्दी साहित्य के मैदान में वे भी अचानक ही एक दिन आकर खड़े हो गये थे और लोग चकित होकर देखते ही रह गये थे।

नौ महीने बाद अक्टूबर 1909, में 'सरस्वती' में उनका दूसरा लेख आया'- 'कन्यादान'। हिन्दी में इस लेख की चर्चा नहीं हुई। एक तो विषय घिसा-पिटा, दूसरे शुरुआत भी भावुकतापूर्ण–'धन्य हैं वे नयन जो कभी-कभी प्रेम नीर से भर आते हैं।' नयनों की गंगा में काफ़ी देर तक और दूर तक बहने के बाद लेखक अपने विषय पर आता है और वह भी इस स्पष्टीकरण के साथ–"पाठक अब तक न तो आपको और न मुझे ही ऊपर की लिखी हुई बातों का ऊपरी दृष्टि के कन्यादान के विषय से कुछ सम्बन्ध मालूम होता है। तो फिर लेखक के सरस्वती के सम्पादक को नीली पेंसिल फेरने का अधिकार क्यों न दिया। उसका कारण केवल यह है कि ऊपर और नीचे का लेख लेखक की एक विशेष देश-काल सम्बन्धी मनोलहरी है। पता लगे, चाहे न लगे कन्यादान से सम्बन्ध अवश्यमेव है।"

इस अवतरण में महत्त्वपूर्ण शब्द है 'मनोलहरी'। मतलब, मन की लहर। लेकिन 'मन की लहर' में वह बात नहीं है जो 'मनोलहरी' में है। उन दिनों की हिन्दी को देखते हुए यह शब्द एकदम नया लगता है। प्रो. पूरन सिंह के निबन्धों की

रचना-प्रक्रिया के लिए इससे अधिक उपयुक्त शब्द दूसरा हो नहीं सकता। उनके जैसे तरंगी जीव के मन में भाव की तरंगें उठती थीं। विचार भी तरंगों के रूप में ही आते थे उठते-गिरते। इन विचार-तरंगों में लय तो होती थी लेकिन कोई स्पष्ट क्रम नहीं होता था। विचार भी अक्सर भावों के रूप में ही व्यक्त होते थे। औसत पाठकों को इनके बीच एकसूत्रता स्थापित करने में अक्सर कठिनाई होती थी। उनके विचारों की ओर कम ही लोगों का ध्यान जा पाता था। इसलिए प्रो. पूरन सिंह की भाषा की प्रशंसा तो बहुत हुई लेकिन उनके विचारों की चर्चा कम की गयी।

बहरहाल, इस निबन्ध में प्रो. पूरन सिंह के व्यक्तित्व का एक नया पहलू सामने आता है और वह है अपनी पुरानी परम्परा से लगाव। लिखा है–"कभी-कभी इन बूढ़े, हठी और छू-छू करने वाले लोगों को लेखक दिल से आशीर्वाद दिया करता है कि इतने कष्ट झेलकर भी इन लोगों ने कुछ-न-कुछ तो पुराने आदर्शों के नमूने बचा रखे हैं। पत्थरों की तरह ही सही, खँडहरों के टुकड़ों की तरह ही सही, पर ये अमूल्य चिह्न इन लोगों ने रुई में बाँध-बाँधकर, अपनी कुबड़ी कमर पर उठा, कुलियों की तरह इतना फ़ासला तय करके यहाँ तक पहुँचा तो दिया। जहाँ इनके काम मूढ़ता से भरे हुए ज्ञात होते हैं। वहाँ इनकी मूर्खता की अमोलता भी साथ-ही-साथ भासित हो जाती है। जहाँ ये कुछ कुटिलतापूर्ण दिखाई देते हैं, वहाँ इनकी कुटिलता का प्राकृतिक गुण भी नज़र आ जाता है। कई एक चीज़ें जो भारतवर्ष के रस्मोरिवाज़ के खँडहरों में पड़ी हुई हैं, अत्यन्त गम्भीर विचार के साथ देखने योग्य हैं। इस अजायबघर में से नये-नये जीते-जागते आदर्श सही-सलामत निकल सकते हैं। मुझे ये खण्डरात ख़ूब भाते हैं। जब कभी अवकाश मिलता है, मैं वहीं जाकर सोता हूँ। इन पत्थरों पर खुदी हुई मूर्तियों के दर्शन की अभिलाषा मुझे वहाँ ले जाती है। मुझे उन परम पराक्रमी प्राचीन ऋषियों की आवाज़ें इन खण्डरात में से सुनाई देती हैं। ये सन्देश पहुँचाने वाले दूर से आये हैं। प्रमुदित होकर कभी मैं इन पत्थरों को इधर टटोलता हूँ, कभी उधर टटोलता हूँ। कभी अनुमान की तरह इनको फोड़-फोड़कर इनमें अपने राम ही को देखता हूँ। मुझे उन आवाज़ों के कारण सब कोई मीठे लगते हैं। मेरे तो यही शालिग्राम हैं।"

कहने की आवश्यकता नहीं कि यह कोरी पुरातन-पूजा नहीं है। प्रो. पूरन सिंह को पुराने लोगों की 'मूढ़ता' का भी अहसास है और 'कुटिलता' का भी, फिर भी उनके प्रति कृतज्ञता का भाव है तो इसलिए कि उन्होंने बहुत कष्ट सहक़र अपनी विरासत को बचा रखा है। यह सच्ची कवि-दृष्टि ही प्रो. पूरन सिंह को पुरातनपन्थी लोगों से अलग करती है।

इस लेख के बाद तीन वर्ष तक 'सरस्वती' में प्रो. पूरन सिंह का कोई लेख नहीं छपा। अचानक मार्च, 1912 में 'आचरण की सभ्यता' शीर्षक निबन्ध आया, जिसने एक झटके में प्रो. पूरन सिंह की प्रतिभा को हिन्दी में प्रतिष्ठित कर दिया। क्या भाव, क्या भाषा, इतनी प्रौढ़ता है कि जैसे तीन वर्षों में तीस वर्ष का फ़ासला तय किया हो। लम्बी चुप्पी क्या थी कि गोताखोर की गहरी डुबकी। आख़िर अनमोल मोती लेकर ही निकले। 1912 का साल सचमुच ही प्रो. पूरन सिंह के सर्जनात्मक जीवन में एक बहुत बड़ा मोड़ है। उस समय वे तैंतीस वर्ष के थे और सर्जना के एक नये शिखर की ओर अग्रसर हो रहे थे। 'आचरण की सभ्यता' हिन्दी के लिए एक नया पद था। अलग से 'आचरण' शब्द भी परिचित था और 'सभ्यता' भी; किन्तु उस 'सभ्यता' का पता न था जिसे 'आचरण की सभ्यता' कहते हैं। हिन्दी में यह एक नयी नैतिकता का घोषणा-पत्र है।

सबसे पहले प्रो. पूरन सिंह मध्यकालीन निर्गुनिया सन्तों के सुर-में-सुर मिलाकर कहते हैं, "पुस्तकों में लिखे हुए नुस्ख़ों से तो और भी अधिक बदहज़मी हो जाती है। सारे वेद और शास्त्र भी यदि घोलकर पी लिये जायें तो भी आदर्श आचरण की प्राप्ति नहीं होती। आचरण-प्राप्ति की इच्छा रखने वाले को तर्क-वितर्क से कुछ भी सहायता नहीं मिलती। शब्द और वाणी तो साधारण जीवन के चोंचले हैं। ये आचरण की गुप्त गुहा में नहीं प्रवेश कर सकते।"

फिर वे धर्म, मज़हब और ईश्वर की निरर्थकता बताते हुए दैनन्दिन जीवन-चर्या के आध्यात्मिक महत्त्व को रेखांकित करते हुए कहते हैं : "न मैं किसी गिरजे में जाता हूँ और न किसी मन्दिर में न मैं नमाज़ पढ़ता हूँ और न रोज़ा ही रखता हूँ; न किसी आचार्य के नाम का मुझे पता है और न किसी के आगे मैंने सिर ही झुकाया है, तो इससे प्रयोजन ही क्या और इससे हानि भी क्या? मैं तो अपनी खेती करता हूँ; अपने हल और बैलों को प्रातःकाल उठकर प्रणाम करता हूँ; मेरा जीवन जंगल के पेड़ों और पक्षियों की संगति में गुज़रता है। मैं किसी को धोखा नहीं देता; हाँ, यदि मुझे कोई धोखा दे तो उससे मेरी कोई हानि नहीं। बिस्तर के लिए मुझे एक कमली काफ़ी है, कमर के लिए लँगोटी और सिर के लिए एक टोपी बस है। बाजरा और मकई, छाछ और दही, दूध और मक्खन मुझे और मेरे बच्चों को खाने के लिए मिला जाता है। क्या इस किसान की सादगी और सचाई में वह मिठास नहीं, जिसकी प्राप्ति के लिए भिन्न-भिन्न धर्म और सम्प्रदाय लम्बी-चौड़ी और चिकनी-चुपड़ी बातों द्वारा दीक्षा दिया करते हैं।"

इन शब्दों में कबीर और नानक की सुपरिचित वाणी की गूँज साफ़ सुनी जा सकती है। लगभग ऐसी बातें ही रूस के एक गाँव में बैठे हुए लेव तोल्सतोय भी कह रहे थे और कुछ दिनों बाद भारत में महात्मा गांधी ने भी इन्हें अपने आचरण में उतार कर दिखा दिया। फिर भी प्रो. पूरन सिंह ने जिस सादगी से यह बात कही है, उसका रंग अपना है।

'आचरण की सभ्यता' में एक नया प्रकृति-दर्शन है और है आधुनिक सभ्यता के बरअक्स 'प्राकृतिक सभ्यता' की हिमायत। यह एक नया वेदान्त है। प्रो. पूरन सिंह कहते हैं : "प्रकृति को मिथ्या करके नहीं उड़ाना; उसे उड़ाकर मिथ्या करना है।" क्योंकि 'प्राकृतिक सभ्यता के आने पर ही मानसिक सभ्यता आती है और तभी स्थिर भी रह सकती है।"

एक वैज्ञानिक की तरह यूरोप के साहसिक अभियानों का विश्लेषण करने के बाद प्रो. पूरन सिंह भारतीय सभ्यता की समीक्षा करते हुए कहते हैं : "हिन्दुओं का सम्बन्ध यदि किसी प्राचीन असभ्य जाति के साथ रहा होता तो उनके वर्तमान वंश में अधिक बलवान श्रेणी के मनुष्य उत्पन्न होते। आजकल तो वे उपनिषदों के ऋषियों के पवित्रता-मय प्रेम के जीवन को देख-देखकर अहंकार में मग्न हो रहे हैं और दिन-पर-दिन अधोगति की ओर जा रहे हैं। ऋषियों को पैदा करने योग्य असभ्य पृथ्वी का बन जाना तो आसान है; परन्तु ऋषियों को अपनी उन्नति के लिए राख और पृथ्वी बनाना कठिन है, क्योंकि ऋषि तो केवल अनन्त प्रकृति पर सजते हैं; हमारी जैसी पुष्प शय्या पर मुरझा जाते हैं। माना कि प्राचीन काल में, यूरोप में, सभी असभ्य थे; परन्तु आजकल तो हम असभ्य हैं।"

यह साहस की वाणी किसी विवेकानन्द की नहीं, बल्कि एक लेखक की है—साहित्यकार की, जिसका नाम पूरन सिंह है।

इन्हीं विचारों का विकास एक अन्य स्तर पर प्रो. पूरन सिंह ने 'मज़दूरी और प्रेम' शीर्षक निबन्ध में किया, जो 'सरस्वती' के सितम्बर, 1912 के अंक में प्रकाशित हुआ। यह निबन्ध एक ओर यदि हाथ के श्रम का दिव्य संगीत है तो दूसरी ओर कल-कारख़ानों की आधुनिक सभ्यता का कठोर तिरस्कार है। निबन्ध पढ़कर लगता है, जैसे हिन्दी में कोई रस्किन बोल रहा है। प्रो. पूरन सिंह लिखते हैं : 'आदमियों' की तिजारत करना मूर्खों का काम है। सोने और लोहे के बदले मनुष्य को बेचना मना है। आजकल भाप की कलों का दाम तो हज़ारों रुपये है, परन्तु मनुष्य कौड़ी के सौ-सौ बिकते हैं। ...मनुष्य पूजा ही सच्ची ईश्वर पूजा है।

मनुष्य की मज़दूरी का तिरस्कार करना नास्तिकता है।...जिन देशों में हाथ और मुँह पर मज़दूरी की धूल नहीं पड़ने पाती वे धर्म और कला-कौशल में कभी उन्नति नहीं कर सकते।"

अपने देश में श्रम और श्रमिक के अनादर के लिए धर्म के ठेकेदारों को दोषी ठहराते हुए प्रो. पूरन सिंह इसी निबन्ध में लिखते हैं :

"इस समय के देवस्थानों में स्थापित मूर्तियाँ देखकर अपने देश की आध्यात्मिक दुर्दशा पर लज्जा आती है। उनसे तो यदि अनगढ़ पत्थर रख दिये जाते तो अधिक शोभा पाते। जब हमारे यहाँ के मज़दूर, चित्रकार तथा लकड़ी और पत्थर पर काम करने वाले भूखे मरते हैं, तब हमारे मन्दिरों की मूर्तियाँ कैसे सुन्दर हो सकती हैं? ऐसे कारीगर तो यहाँ शूद्र के नाम से पुकारे जाते हैं। याद रखिए, बिना शूद्र-पूजा के मूर्ति-पूजा किंवा कृष्ण और शालिग्राम की पूजा होना असम्भव है। सच तो यह है कि हमारे सारे धर्म-कर्म बासी ब्राह्मणत्व के छिछोरेपन से दरिद्रता को प्राप्त हो रहे हैं। यह कारण है जो आज हम जातीय दरिद्रता से पीड़ित हैं।"

आधुनिक हिन्दी साहित्य के उदय काल में बासी 'ब्राह्मणत्व के छिछोरेपन' पर भारतेन्दु के बाद ऐसा कठोर प्रहार सम्भवत: प्रो. पूरन सिंह ने ही किया। विशेष बात यह है कि यह प्रहार उन्होंने शूद्र समझे जाने वाले मज़दूर के पक्ष से किया। हिन्दी में स्वप्नदर्शी समाजवाद का यह सम्भवत: प्रथम उद्घोष था।

प्रो. पूरन सिंह मशीनी सभ्यता के विरोधी होते हुए भी पश्चिम के अन्ध-विरोधी न थे। इस निबन्ध में उन्होंने स्पष्ट लिखा है : "सूर्य तो सदा पूर्व से ही पश्चिम की ओर जाता है। पर आओ पश्चिम में आने वाली सभ्यता के नये प्रभात को हम पूर्व से भेजें।"

'सरस्वती' में प्रो. पूरन सिंह का अन्तिम महत्त्वपूर्ण लेख मई, 1913 में प्रकाशित हुआ–"अमेरिका का मस्त जोगी वाल्ट ह्विटमैन"। मेरी जानकारी में वाल्ट ह्विटमैन से हिन्दी जगत को परिचित कराने वाला यह पहला लेख है। तब तक हिन्दी वालों की दृष्टि कवियों के मामले में इंग्लैंड से आगे नहीं गयी थी।

वाल्ट ह्विटमैन में प्रो. पूरन सिंह को आत्म-प्रतिबिम्ब दिखाई पड़ा था। वही मस्ती, विराट विश्व को अपनी बाँहों में बाँध लेने की महत्त्वाकांक्षा भी वही, प्रचलित नैतिकता-अनैतिकता से ऊपर उठकर मनुष्य को प्राकृतिक मनुष्य के रूप में स्वीकार करने की चाह, अपरिमित उल्लास और अक्षय ऊर्जा, नियाग्रा के जल प्रपात का सा अनवरुद्ध आवेग–ये सब कुछ ह्विटमैन के समान पूरन का भी काम था। इसलिए

वाल्ट ह्विटमैन के बारे में प्रो. पूरन सिंह का लेख लिखना सहज-स्वाभाविक था। उन्हें "उस सुन्दर धवल केशधारी वृद्ध के वेश में न्यागरा के दूध की धारा फिरती हुई" दिखाई देती थी। अपने प्रिय कवि की विशेषता बताते हुए उन्होंने लिखा है : कि "और कवि तो केवल चित्र बनाते हैं, परन्तु यह कवि जीते-जागते प्राणियों को अपने काव्य में भरता है।" क्या स्वयं प्रो. पूरन सिंह का भी यही आदर्श न था? इस लेख का समापन उन्होंने कवि की एक छोटी-सी कविता के हिन्दी अनुवाद के साथ किया है। बानगी के लिए उसका एक अंश–

"हम शिला हैं, पृथ्वी में धँसे हैं, हम खुले मैदान हैं, साथ-साथ पड़े हैं, हम हैं दो समुद्र, जो आन मिले हैं।

पुरुष का शरीर पवित्र है, स्त्री का शरीर पवित्र है, फूलों का शरीर पवित्र है, वायु का शरीर पवित्र है, जल पवित्र है, धरती पवित्र है, आकाश पवित्र है, गोबर और तृण की झोंपड़ी पवित्र है, सेवा पवित्र है, अर्पण पवित्र है। लो सब अपने आपको तुम्हारे हवाले करता हूँ। कोई भी हो तुम सारी दुनिया के सामने मेरे ही हो।"

यह एक आधुनिक अंग्रेज़ी कविता का अनुवाद है या वेद की किसी ऋचा का?

कवि पर लेख लिखने के साथ ही प्रो. पूरन सिंह ने जैसे हिन्दी गद्य से विदा ले ली–सम्भवत: अपनी मातृभाषा पंजाबी में काव्य-सृजन के लिए। हिन्दी वंचित तो अवश्य हुई लेकिन अधिक आनन्द का विषय है कि पंजाबी एक प्रतिभावान कवि को पाकर सम्पन्न हुई।

हिन्दी के आकाश में प्रो. पूरन सिंह केवल पाँच वर्षों के लिए ही आये लेकिन इस अल्पकाल में उन्होंने जो आलोक विकीर्ण किया, वह अलौकिक है और अभूतपूर्व! ऐसी ही विभूति, के लिए महाभारत में कहा है–"क्षणं हि ज्वलितं श्रेयो, न च धूमायितं चिरम्"। देर तक धुँधुवाने की अपेक्षा क्षण भर के लिए जलना श्रेयस्कर है!

(यह आलेख 18 फ़रवरी 1990 को लिखा था।)

हिन्दी का गद्य पर्व और हरिशंकर परसाई

परसाई जी की स्मृति में व्याख्यान देना मेरे लिए सबसे बड़ा सम्मान है। इससे बड़ा सम्मान मेरे लिए कोई और हो नहीं सकता। इसके लिए मैं मध्य प्रदेश साहित्य परिषद का धन्यवाद करता हूँ। कविता और काव्य सम्बन्धी आयोजनों की संख्या कुछ वर्षों से अधिक रही है। मुझे ख़ुशी है कि कविता के साथ ही गद्य पर, गद्य लेखों को जन्म देने वाले परसाई पर चर्चा हो रही है।

हरिशंकर परसाई जैसा समग्र गद्य लेखक, उसका जो बिम्ब बनता है, कहीं और नहीं, 'हिन्दी का गद्य-पर्व' हरिशंकर परसाई के नाम से जुड़ा है। इसके साथ-साथ यह उचित ही है कि हम सबसे पहले हरिशंकर परसाई के गद्य पर संकेत में और संक्षेप में विचार करें। क्योंकि यही वह प्रस्थान बिन्दु है, जहाँ से हम हिन्दी गद्य की पूर्व परम्परा पर विचार कर सकते हैं और इसके बाद वाली विकास की सीढ़ी पर भी।

परसाई जी का लेखन, आपने पढ़ा होगा। उन्होंने 'एक और जन्मदिन' नाम का लेख लिखा है। उससे आपको अन्दाज़ा होगा कि अपने जन्मदिन पर वे कैसा सोचा करते थे। परसाई ने अपने लेखन की जो पृष्ठभूमि लिखी है, उसमें उन्होंने स्पष्ट कहा है, "1947 में जब मैंने लिखना शुरू किया, भारत स्वाधीन ही हुआ था। चारों तरफ़ स्वाधीनता संग्राम में जेल गये स्वनामधन्य प्रातः स्मरणीय, तपोभूत आदि बिखरे थे। हर सड़क पर किसी-न-किसी तपोभूत के दर्शन हो जाते थे। किसी गली में पेशाब करने बैठें तो डर लगता था कि कहीं कोई प्रातः स्मरणीय न निकल पड़े। यह भावुकता, श्रद्धा, पूजा का दौर था। मैं सच्चे दिल से उन पर श्रद्धा करता था। त्याग की राजनीति वाले लोग थे। बाद में सत्ता, राजनीति की छीन-झपट की क्या शर्मनाक गति हुई, उसका लेखा-जोखा मेरे अब तक के लेखन में है।" इस कथन की संगति यह है कि हम लोग आज़ादी के 50 वर्ष मना रहे हैं। इसलिए परसाई की स्मृति को प्रणाम करते हुए देखें कि उनका सम्पूर्ण लेखन इस पृष्ठभूमि में समझा जा

सकता है। 1947 से लेकर आज तक जो तपोभूत लोग थे, उनके लेखन में अक्सर उनके दर्शन होते हैं। परसाई ने बहुत कुछ तो लिखा है, सरकार पर लिखा है। स्वयं पर भी बहुत लिखते थे। अपने लेखन के बारे में जो उनकी समझ थी, उस पर भी उन्होंने कहा है। एक बार ग्वालियर में प्रगतिशील लेखक संघ की ओर से 'महत्त्व हरिशंकर परसाई' मनाया गया था। वहाँ किसी ने अपना संस्मरण सुनाते हुए कहा था कि आप लोग क्या जानें परसाई को। उन्होंने उनकी ग़रीबी का हृदय विदारक ज़िक्र किया। परसाई जी को पता चला तो उन्होंने संस्मरण सुनाने वाले आदमी के वक़्तव्य के सन्दर्भ से प्रसंगवश यह बात कही।

"अपनी बात कहूँ तो ये 18 साल से ख़ुद को जानता रहा हूँ। मैं औसत आदमी से ड्योढ़ा काम करता हूँ। औसत आदमी अगर 8 घण्टे काम करता है तो मैं 14 घण्टे काम करता हूँ। आसन धुन लगायें...लेकिन न कभी भूखा रहा, न कभी फटे कपड़े धारण किये। सम्पन्नता कभी नहीं आयी। क्योंकि मुझे धन को सम्हालना नहीं आया। हिसाब में कच्चा हूँ, तंगी भी आती है। आती रही तो मित्रों से पैसा लेता रहा। फिर कभी वापस नहीं किये, न करूँगा। लेने-देन में बहुत ईमानदार आदमी हूँ। जिसका लिया, उसे वापस नहीं किया। और जिसे दिया उससे वापस नहीं लिया। हिसाब-किताब बराबर। टोटल करके देखा तो पाया कि लगभग तीन हज़ार मेरे ही लेने निकलते हैं। मुझे दया की कतई ज़रूरत नहीं। निन्दा की मैं परवाह नहीं करता। मैं ख़ुद लोगों की आलोचना करता हूँ, पर निन्दा नहीं। दोनों में बहुत फ़र्क़ है। आलोचना स्वस्थ प्रवृत्ति है, निन्दा कैंसर है। निन्दक अपनी ही मौत मरता है। जो उसकी आत्मा की, उसकी स्पिरिट की मौत होती है। ग़रीबी पाप है। ऐसा नहीं कि दुख आदमी को ऊँचा उठाता है। दुख आदमी को नीच भी बनाता है। घूसख़ोर अफ़सर, मुनाफ़ाख़ोर व्यापारी, पैसे खाने वाले मन्त्री, धोखेबाज नेता, ढोंगी साधु, स्वार्थी नेता, अत्याचारी थानेदार, ब्लैकमेलर पत्रकार सब ग़रीबी से उपजते हैं।" परसाई में दुख और दया के प्रकरणों की चर्चा करेंगे। वे उसे बर्दाश्त नहीं कर सकते।

यह स्वाभिमान और आत्मदया से रहित परसाई का व्यक्तिव था। इस व्यक्तित्व से की गयी साहित्य रचना, मैं बिना किसी प्रसंगान्तर के, परसाई के लिखने की बाबत कहूँ तो 30-35 वर्ष तक लगातार लिखने के बाद भी, भाषा के बारे में, कृतित्व के बारे में, इस तर्क से सावधान, जो लिखा है, "हम एक उम्र से वाक़िफ़ हैं" यह तर्क उन्होंने दिया था। यह टुकड़ा उन्होंने लिया है फ़ैज़ से। फ़ैज़ ने लिखा है :

हम एक उम्र से वाक़िफ़ हैं अब न समझाओ,
के लुत्फ़ क्या है मेरे मेहरवाँ सितम क्या है

क्या है, ये जो ज़बाँ है और चाहे कितनी लम्बी उम्र हो जाये। परसाई ने अपनी आत्मकथा का नाम 'हम एक उम्र से वाक़िफ़' हैं...। और इसकी उन्होंने व्याख्या की है। उस सिलसिले में वे कहते हैं : "इतने साल हो गये लिखते हुए और आज भी काग़ज़ पर क़लम चलाना शुरू करता हूँ तो लगता है पहली बार लिख रहा हूँ। जब लिखने बैठ जाता हूँ, तब हाथ-पाँव ठण्डे पड़ जाते हैं। जो लिखा और बाद में पढ़ा तो उससे भी, और अपने से भी नफ़रत हो जाती है। पछतावा होता है लिखने का। मगर जब लिखना पड़ ही गया तो उस काम को पूरी ईमानदारी के साथ करता हूँ।" वह एक सच्चा व्यक्ति ही कह सकता है कि 35 वर्ष तक लगातार लिखने के बाद भी पत्र-पत्रिकाओं, तमाम अख़बारों के लिए रोज़ और तमाम तरह से लिखने के बावजूद वह आदमी कहता है कि जब लिखने बैठता हूँ तब हाथ-पाँव ठण्डे पड़ जाते हैं और ऐसा लगता है कि पहली बार लिख रहा हूँ। यह पहली बार लिखने का अहसास, इससे आप समझ सकते हैं कि परसाई एक लेखक के रूप में कितने ईमानदार थे। एक वक़्तव्य परसाई का आपको देना चाहता हूँ। किस लेखक का वारिस वे अपने आपको समझते हैं "मेरा सम्पूर्ण लेखन प्रेमचन्द के फटे जूते हैं। उसका एक टुकड़ा...।" शानी के साथ एक बार उन्होंने एक फ़ोटो खिंचवाया था। उसमें परसाई के फटे जूते से अँगुली बाहर दिखाई पड़ रही है और परसाई के चेहरे पर एक ख़ास तरह की मुस्कान दिखाई पड़ती है। तो परसाई के फटे जूते की तकलीफ़ में–उससे प्रेमचन्द का तो पता चलता ही है। परसाई के अपने व्यक्तित्व और रास्ते का भी पता चलता है और आज बहुत से लेखक उसमें चाहें तो आईने में अपनी तस्वीर को देख सकते हैं कि वे क्या हैं, कौन हैं, कहाँ हैं। "कैसे फट गया जूता? क्या बहुत चक्कर काटते थे? चक्कर लगाने से जूता फटता नहीं है, घिस जाता है। कुम्भनदास का जूता भी तो सीकरी आने-जाने में घिस गया था। चलने से जूता घिसता है, फटता नहीं है। तुम्हारा जूता कैसे फट गया? मुझे लगता है कि तुम किसी सख़्त चीज़ को ठोकर मारते रहे हो। कोई चीज़ जो परत-दर-परत सदियों से जमती गयी है, उसको शायद ठोकर मार-मारकर तुमने अपना जूता फाड़ लिया है। कोई कीला जो रास्ते पर खड़ा हो गया था उस पर तुमने अपना जूता आजमाया था। तुम जूते बचाकर, उसके बग़ल से भी तो निकल सकते थे। कीलों से समझौते भी तो हो जाते हैं। सभी नदियाँ पहाड़ थोड़े ही तोड़ती हैं। कोई रास्ता बदलकर, घूमकर भी तो निकल जाती है। तुम समझौता कर लेते। क्या तुम्हारी भी वह कमज़ोरी थी जो नेह-धर्म वाली कमज़ोरी, नेह-धर्म की ज़ंजीर।" मगर तुम जिस तरह से मुस्करा रहे

हो उससे लगता है कि नेह-धर्म शायद तुम्हारा बन्धन नहीं है। तुम्हारे नीचे भी तुम्हारे पाँव की अँगुली मुझे संकेत करती-फिरती है कि जिसे तुम कील समझते हो, उसकी तरफ़, हाथ से नहीं, पाँव की अँगुली से इशारा करते हो। तुम क्या उसी तरफ़ इशारा कर रहे हो जिसे ठोकर मारते-मारते तुमने जूता फाड़ लिया? मैं समझता हूँ। तुम्हारी अँगुली का इशारा भी समझता हूँ और तुम्हारी व्यंग्य की मुस्कान भी समझता हूँ। तुम मुझ पर या हम सभी पर हँस रहे हो। उन पर जो अँगुली छिपाये और तलुआ छिपाये चल रहे हैं। उन पर जो कीले को बचाकर बाजू से निकल रहे हैं। तुम कह रहे हो मैंने तो कीले को ठोकर मार-मारकर जूता फाड़ लिया और अँगुली बाहर निकल आयी और मैं हँसता रहा। मगर तुम अँगुली को बचाने की चिन्ता में सर्वनाश कर रहे हो। तुम करोगे क्या? यह प्रेमचन्द के फटे जूते का लेखक, अपने बारे में, अपनी पीढ़ी के बारे में और बाद के लेखकों के बारे में कौन-कौन से इशारे करता है। ये लेख केवल मैं नहीं पढ़ रहा हूँ। यह लेख, इसके पीछे के आँखों का लिखा-देखा दर्द का व्यंग्य, जो इशारा करता है, उसमें दर्द है।

यह परसाई का कृतित्व जो औसत से, और कहना चाहिए सर्द गम्भीरता के तमाम दायरों, सीमाओं को तोड़ता हुआ एक ऐसा मयार था जो परसाई के व्यंग्यों, परसाई की कहानियों, परसाई के इकलौते उपन्यास में दिखाई पड़ता है।

अधिक चर्चा न करते हुए परसाई के गद्य के ये नमूने लेकर सिर्फ़ मैंने इस आधार को खड़ा करने का प्रयास किया है कि वे गद्य आख़िर 1947 के बाद लिखने वाले लेखकों में पहचान बनाये रखता है। यह धरोहर के रूप में कहाँ से लें? वह विरासत क्या है। परसाई जिसके वारिस हैं, जो हिन्दी में एक परम्परा के रूप में है। आज इस व्याख्यान माला में हिन्दी गद्य के उस बहुरंगी स्वरूप और तमाम लोगों की चर्चा नहीं करूँगा। मैं केवल परम्परा एक धरातल जिसे मैं तब से परम्परा कहता हूँ उसकी चर्चा करूँगा। 1857 के बाद, हिन्दी का जो गद्य रहा है जिसे भारतेन्दु सृजित कर रहे थे, 19वीं शताब्दी के जिस गद्य को भारतेन्दु और उनके सहयोगियों ने रचा था, वह क्या था? हिन्दी का गद्य, उस गद्य की क्या मूल परम्परा थी, उन विशेषताओं के साथ जोड़कर हम परसाई को देखें, इसलिए वह परम्परा भी हम संक्षेप में प्रस्तुत करना चाहेंगे।

आप में से अधिकांश जानते होंगे कि खड़ी बोली कविता में, जिसे हम हिन्दी कहते हैं उसके पहले उर्दू में थी। खड़ी बोली कविता 19वीं सदी के अन्त में, जबकि 1800 के आसपास उर्दू में, खड़ी बोली गद्य का विकास किया गया था। उसका

गद्य आप देखें तो इतना साफ़-सुथरा गद्य 1800 में उर्दू में लिखा जा रहा था और उसी के ठीक बाद दो दशकों में आप देखें कि मिर्ज़ा ग़ालिब के गद्य को, तो आप अन्दाज़ा लगा सकते हैं कि किस तरह का गद्य लिखा जा रहा था। बड़ी व्यंग्य दृष्टि, वह विनोद और सुखद निजीपन जो था, वह हिन्दी खड़ी बोली के गद्य में कहीं नहीं था। उर्दू से हिन्दी तक उसे आने में 75 साल लगे और भारतेन्दु ने पहली दफ़ा उस खड़ी बोली हिन्दी का जो रूप दिया था, उसके बारे में कई विद्वानों ने कहा है। तो उस काल के भारतेन्दु मण्डल के लेखकों में प्रतापनारायण मिश्र और उस मण्डल के बाहर के, बाद के लेखकों में बालमुकुन्द गुप्त, महावीर प्रसाद द्विवेदी–ये उस दौर के लेखकों की कुछ टिप्पणियाँ हैं। आचार्य शुक्ल ने कहा कि भारतेन्दु ने 'हरिश्चन्द्र' नाम की पत्रिका निकाली थी और स्वयं भारतेन्दु हरिश्चन्द्र ने उसमें लिखा–'हिन्दी नयी चाल में ढली 1873 में" और रामचन्द्र शुक्ल कहते थे कि हिन्दी, गद्य का ठीक परिष्कृत रूप सबसे पहले इसी पत्रिका में छपा और भारतेन्दु की सुधरी हुई हिन्दी का उदय इसी समय माना गया। और फिर शुक्ल जी कहते हैं, "नूतन हिन्दी का वह प्रथम उत्थान कैसा हँसता-खेलता सामने आया था। भारतेन्दु के सहयोगी लेखकों का वह मण्डल किस जोश और किस ज़िन्दादिली के साथ और कैसी चहल-पहल के बीच काम कर गया।" ये जो हँसता-खेलता हुआ गद्य आया था और चहल-पहल के बीच जोश और ज़िन्दादिली से काम कर गया। तो उस गद्य के बारे में जो उन्होंने सामाजिक व्याख्याएँ की हैं, वह बहुत महत्त्वपूर्ण हैं और उस रूप में शायद आज भी गद्य की दो सीमाएँ हैं और गद्य के सामने जो कठिनाइयाँ हैं, उसका उन्होंने, उस काल के लेखकों में जो ज़िन्दादिली, जो हँसमुख प्रकृति है, तो उन्होंने लिखा है कि उन लेखकों का मार्मिक सम्बन्ध भारतीय जीवन के मूल्यों के साथ पूरा-पूरा बना हुआ था। आज के समान उनका जीवन देश के सामान्य जीवन से विच्छिन्न न था। विदेशी अन्धड़ों ने उनकी आँखों में इतनी धूल नहीं झोंकी थी कि अपने देश का रूप-रंग उन्हें दिखाई ही न पड़ता हो। आज का जो रूप हम लोगों को दिखाई पड़ता है, लोगों को वह कचोटता नहीं है। एकाएक हिन्दी में संवेदनाएँ कहाँ ग़ायब हो गयी हैं कि ज़माने में लोग हाथ-को-हाथ नहीं स्वीकार करते। आज जो हो रहा है वह दिखाई नहीं पड़ता। काल की गति देखें भी तो वे मार्ग में आयी समस्याओं से जूझते थे और पश्चिम की एक-एक बात को, अभिनय को भी उन्नति का पर्याय नहीं समझते थे। उस काल के लेखक जिस तरह से भारत में कैसा बाज़ार और शहर का माहौल होता है, वह आपने नज़ीर बनारसी की नज़्मों में देखा होगा या भारतेन्दु काल

के लेखकों में, कि जब बारिश होती है तब कैसा लगता है। जब त्योहार होते हैं तब कैसे लोग एक-दूसरे से मिलते हैं। ये जो ज़िन्दगी के राग और इससे बँधे हुए लोग थे, शायद यह चीज़ थी जो उस काल के गद्य में दिखाई पड़ती है। जीवन का वह राग धीरे-धीरे आधुनिक विकास की प्रक्रिया के दौरान कुछ टूटता नज़र आया और उसका पहला असर इस काल के गद्य लेखकों पर हुआ। इस काल के गद्य लेखकों में से एक लेखक, पं. प्रतापनारायण मिश्र जो लगभग भारतेन्दु के दाहिने हाथ भी थे जिन्होंने 'ब्राह्मण' नाम की पत्रिका निकाली थी और वे चन्दे की फ़रमाइश भी करते थे तो आजकल हम लोगों की तरह रूखी-सूखी विज्ञप्तियाँ नहीं डालते थे बल्कि 'आठ मास बीते जजमान, अब तो करो दक्षिणा-दान, लिख-लिख करके चन्दा माँगा करते थे। प्रतापनारायण मिश्र के बारे में रामविलास जी ने अनछुई, चुभती हुई-सी बात कही है–'भारतेन्दु युग के अन्य किसी लेखक ने अपनी लेखनी को जीभ की तरह से इतना नहीं चलाया था। अन्य किसी लेखक ने पाठक से इतनी आत्मीयता से और इतनी ज़्यादा बातचीत और कोई भी लेखक अपनी भाषा को इतना सरपट नहीं दौड़ा सका, जितना प्रतापनारायण मिश्र।" उस ज़माने के लेखक अपनी क़लम को जीभ की तरह चलाते थे। आज जीभ अलग चलती है, क़लम अलग चलती है। दोनों में रिश्ता टूट गया है। उस काल के लेखकों की लेखनी जीभ की तरह चलती थी। शास्त्रीय भाषा में इसको लोग कहते हैं भाषा-विज्ञान। प्रतापनारायण मिश्र, बालमुकुन्द गुप्त, महावीर प्रसाद द्विवेदी से इनका एक लम्बा, कटु विवाद हुआ था। बालमुकुन्द गुप्त 42 साल की उम्र वाले थे, 1907 में उनकी मृत्यु हुई थी। जिस आदमी से इतना कड़वा विवाद हुआ था, महावीर प्रसाद द्विवेदी से, रामविलास जी ने उनसे पूछा : "आपको सबसे अच्छा गद्य किसका लगता है", तो महावीर प्रसाद जी ने कहा, "अच्छी हिन्दी तो एक ही व्यक्ति लिखता था–बालमुकुन्द गुप्त।" और वे सारे गुण उसमें थे जो भारतेन्दु और प्रतापनारायण मिश्र में थे।" तो जैसे एक दीये से दूसरा दीया जलता है, ऐसे भारतेन्दु से प्रतापनारायण मिश्र और प्रतापनारायण मिश्र से बालमुकुन्द गुप्त और ये एक कड़ी जुड़ती है। और यही हैं वे बालमुकुन्द गुप्त जिन्होंने 'शिव-शम्भु का चिट्ठा' लिखा है। ये भारतेन्दु के गद्य की जो परम्परा थी, उस परम्परा के बारे में हिन्दी के दो लेखक जो विचारों की दृष्टि से दो छोरों पर हैं दोनों पहले। वक्तव्य से तो इतना आश्चर्य नहीं होगा आपको, क्योंकि रामविलास शर्मा भारतेन्दु मण्डल के लेखकों के बारे में बराबर कहते रहे हैं। लेकिन लगभग भारतेन्दु मण्डल के उस गद्य के बारे में जो राय रामविलास जी ने दी है, वही निर्मल जी की

भी है। मैं दोनों उद्धरण देना चाहता हूँ। रामविलास जी ने लिखा है–"द्विवेदी युग में भाषा का अच्छी तरह से संस्कार हो गया।"(संस्कार शब्द के दोनों अर्थ हैं) परन्तु उस काट-छाँट में उसकी सजीवता भी थोड़ी छँट गयी। आज के लेखकों से अनुरोध है कि वे तब की भाषा का वह भाग छोड़ दें जो संगत है, वे उसके उस सवेग प्रवाह को देखें जिसमें व्यंग्य और हास्य की कलकल ध्वनि गूँज रही है। हिन्दी सीखने और शैली निखारने के सबसे अच्छे शिक्षक उसी युग में मिलेंगे।" और निर्मल जी ने भी उस समय के बारे में ऐसा ही लिखा है। उन्होंने लिखा है–"भारतेन्दु युग से द्विवेदी युग तक का गद्य संघर्ष और परम्परा का क्रमागत मिलाप है।" उसमें पश्चिमी गद्य का सघन और बहुमुखी यथार्थ न भी हो वह साहसपूर्ण, लाग लपेट से मुक्त एक निश्छल गद्य था, उसमें एक लड़ाकूपन था। उस दौर के लेखकों के बारे में आज भी बहस होने में दुविधा है कि वे कितने देशभक्त थे और कितने राजभक्त। जिन लेखकों की देशभक्ति अधूरी मानी जाती थी, 1857 के दमन के बाद वे विदेशी हुकूमत के बारे में किस तरह से लिखते थे, आप अन्दाज़ा लगा सकते हैं।

बावजूद इसके, उस गद्य में कितनी जीवन्तता थी, उस सम्बन्ध में मैं दो-एक बातें करके फिर उस गद्य की विकास यात्रा के बारे में बात करना चाहूँगा। भारतेन्दु लोगों के आग्रह पर कहते हैं कि ये कहानी 'कुछ आपबीती कुछ जगबीती' है। वे जो कहते हैं आत्मकथापन तो वह शायद उपन्यास में भी है। जो उसका एक पन्ना होता है। और पाठ्य पुस्तकों में जो नहीं रहता है। हम लोगों में से कोई एक सरगना हो जाता है तो आमतौर से बहुत-से लोग शाम को उसके यहाँ दरबार करते हैं। क्या उस दरबार का समा है–"कोई कहता था आप-से सुन्दर संसार में नहीं है। कोई क़समें खाता था कि आप-सा पण्डित मैंने नहीं देखा। कोई कहता था कि चमेली जान आप पर मरती है। आपसे मिलने को तड़प रही है। कोई कहता हाय आपका पुराना कवित्त पढ़कर बाग-बाग हो गये। चौथा बोला एक मीर साहब चिड़िया वाले ने बेपर की उड़ाई, बोले आपके कबूतर किसके घर पर। मतलब यह मैं बेचारा अकेला और वाह-वाही इतनी कि चारों ओर से मुझे दबाये देती थीं। और मेरे ऊपर स्त्री पर।" प्रतापनारायण मिश्र का गद्य आप देखिए। कितना रंग है उन पर–"वर्ष भर से बीमारियाँ राड़ें पीछा नहीं छोड़तीं। एक ने कुछ मुँह मोड़ा तो दूसरी ने धर दबाया। हम यों ही बड़े बली थे। और आज कोई हड्डी नहीं है जो मांस को अपने ऊपर आने दे। यह पत्र हमने रुपये जोड़ने के लिए लिखा है, पर तो भी उसका फ़र्क़ लिखना चाहिए। लेकिन जहाँ माल ग्राहक़ नहीं समझते कि सम्पादक बैठा लिख रहा

है। उधर, छापने वालों की हैसियत कोताही ज़ाहिर करती है। पहले तो लिखते हैं कि हम तुम्हारे मित्र हैं। हमारे प्रेस को सहायता दो। हमें चिट्ठी भेजो। जवाब नदारद। इन्हीं कारणों से विलम्ब होता है। एक बार तो क्षमा माँगें रोज़-रोज़ क्या।" यह है प्रतापनारायण मिश्र का गद्य। इस क्रम में, एक और लेखक, जो भारतेन्दु मण्डल का लेखक नहीं था और 19वीं सदी के अन्त में और बीसवीं सदी के प्रारम्भ में और वह भी अल्पायु में उसकी मृत्यु हुई 1922 में। संस्कृत का प्रकाण्ड पण्डित! जिसने 'उसने कहा था' जैसी कहानी लिखी। उनके अनेक निबन्ध हम पढ़ते हैं। एक निबन्ध पर अचानक मेरी दृष्टि पड़ी। उस निबन्ध को यों देखना महत्त्वपूर्ण है कि 'उसने कहा था' कहानी में शुरू में अमृतसर के ताँगे वाले का जो पैराग्राफ़ है। उस पूरे पैराग्राफ़ को आप पढ़ें और देखें कि 1914-15 के आसपास किस तरह का गद्य लिखा जा रहा था। उस क्रम में चूँकि मैं बनारस का रहने वाला हूँ, एक दिलचस्प निबन्ध और मुझे मिला, बड़ा-सा है–इसमें उन्होंने 'घर घूसन वाला का पत्र' नाम से एक लेख लिखा है 1916 में, लगभग तब जब 'उसने कहा था' कहानी छपी थी, उसी के कुछ समय बाद। उसमें उन्होंने 'काशी की नींद और काशी के नूपुर' 1960 में कैसा होता था गद्य, उसका एक नमूना आपके लिए प्रस्तुत कर रहा हूँ : "मैं जैसा घूमने वाला हूँ वैसा सोने वाला भी हूँ। लोग आँखों से पहचानते हैं, मैं नींद और नींद के विघ्नों से पहचानता हूँ। उपनिषदों के मेधावी पण्डित की तरह मुझे आँखें बाँधकर किसी शहर में छोड़ दीजिए–मैं नींद और नींद के विघ्नों से बता दूँगा कि मैं कहाँ हूँ। इसमें कोई आश्चर्य नहीं। जैसा मैं घूमने के लिए बदनाम हूँ, वैसा मेरा सोना भी अद्भुत है। पिकरिन 5700 ग्रन्थों से पहचानता था। मेरे कान सलामत रहें और कोई शहर में मेरी नींद में विघ्न डालने का प्रयास करे, बस शिनाख़्त हो गयी। माघ महीने की चाँदनी रात है। जाड़ा कह रहा है कि बस आ ही पड़ूँ। रात के तीन बजे हैं। मैं मूसल की तरह सोया हुआ हूँ। इतने में जहाँ खँजड़ी की खट-खट और 'मगन भये तुलसी', 'मगन भये तुलसी' का बेसुरा चीत्कार सुनाई पड़ा, मैं जान गया कि मैं प्रयाग तीर्थ आया हूँ। उसी के पड़ोस में छोटा-सा एक नया शहर है जहाँ गधे पाव-पाव घण्टे के अन्तर से अपना तान सुनाया करते हैं। कभी एक कोने से वैसाखनन्दन जी का मधुर गान आता है तो कभी दूसरे कोने से।

विघ्न तत्त्वों के तान में 15 मिनट का इतना सही अन्तर रहता है कि शायद घड़ियों की ज़रूरत नहीं है। गधों के संवाद सुनाई देते हैं। सोने की जगह तो मेरे मन में है ही नहीं। काशी-गंगा के तट पर कोई बैठा हो और शरद की चाँदनी रात हो।

गंगा में, काशी में तो बहाव है ही नहीं। न तो थानों के कपड़े चीरे जाने की ध्वनि...। बस नाव किनारे पर लग गयी। तीन-चार लहरों ने किनारे का चुम्बन लिया–लप-लप-लप और फिर शान्त। और गंगा...लिए हुए मिर्जापुरी मिट्टी का गुलाबीपन... शान्त। लहर नहीं, शब्द नहीं, चाल नहीं।

संस्कृत न जानने वालों को कैसे समझायें। रोगी को नींद नहीं आती और भरपूर नींद सोना स्वास्थ्य का लक्षण है। तीन हज़ार वर्ष का यह बुड्ढा शहर जब सुख की नींद सोता है, उसे देखकर जवान शहरों को, जो रात भर चिल्लाते रहते हैं शर्म आनी चाहिए। हिन्दू साम्राज्य के सबसे पिछले नमूने की तरह शहनाई की ध्वनि अंग्रेज़ सरकार की हैवानी की तरह राजघाट अड्डे पर मुग़ल सराय को जाने वाली गाड़ी की गूँज रही है और काशी सो रही है। रात भर पत्ता खड़केगा न कुत्ता भोंकेगा न...। ये क्या...की झन-झन है? इस जगह की शान्ति में ऊपर के कोठे पर नूपुर की ध्वनि है। बस, काशी में नूपुर बजा करते हैं। चाहे तंग गलियों में तारिकाओं के हों, चाहे कोठे पर नायिकाओं के हों। काशी और नूपुर, नूपुर और काशी–बहुत पुराना जोड़ा है। काशी के नूपुर बहुत पुराने हैं। जहाँ काशी का नाम आया वहाँ नूपुरों का नाम आता है।" वह है 'काशी की नींद और काशी के नूपुर।'

1916 तक आकर हिन्दी गद्य ध्वनियों को, शब्दों की बारीकी को, इतनी सूक्ष्मता के साथ पहचान सकता है और उसका अंकन कर सकता है, लिख सकता है। 1916 तक आते-आते भारतेन्दु से लेकर चन्द्रधर शर्मा 'गुलेरी' तक की यात्रा हिन्दी गद्य की जो परम्परा है, मैं कहना चाहता हूँ, यह वह परम्परा है जिस पर हरिशंकर परसाई के गद्य को जाँचने-परखने की ज़रूरत है। वह केवल भारतेन्दु की ज़िन्दादिली तक सीमित नहीं है। इस क्रम में गुलेरी जी के बाद (माफ़ कीजिएगा) 'काशी की नींद और काशी के नूपुर' तक जब मैं पहुँचा हूँ तो, काशी की गंगा में मिर्जापुर और चुनार की मिट्टी का जो गुलाबीपन कहा गया है,...पाण्डेय बेचन शर्मा 'उग्र' की 'अपनी ख़बर' नाम की किताब का गद्य हिन्दी की उन चन्द रचनाओं में से है जिसका उर्दू का गद्य बेजोड़ है। उसका आरम्भिक अंश ही मैं आपको सुना रहा हूँ। 'अपनी ख़बर'-'मनकी-बेचन पाँड़े', वल्द-बैजनाथ पाँड़े, उम्र–60 साल, कौम–ब्राह्मण, पेशा–साकिन-मोहल्ला, चुनार, जिला–उत्तर प्रदेश। रामकृष्ण नगर, दिल्ली स्थित-आज ज़िन्दगी के 60 साल, पतझड़ समाप्त हो जाने के उपलक्ष्य में उन्हें जानते हैं–अपने जीवन के आरम्भिक 30 वर्ष की कथाएँ कसमसाते हुए सुना रहा हूँ। जन्मते ही यारों ने बेच डाला। और किस क़ीमत पर? महज़ टके पर एक।

उस पर भी ठोक मारकर मेरी माँ ने खा लिया। अपने पल्ले टके में से एक छदाम उठाया जो मेरा ज़िन्दगी भर का दाम था। अलबत्ता जन्मजात पिता का बिल्ला जैसा नाम रखा गया–बेचन। वह उत्तर भारत के पूर्वी ज़िलों में चलने वाला नाम है। ये हैं पाण्डेय बेचन शर्मा 'उग्र' का गद्य। उग्र, द्विवेदी और परसाई जी के बीच की वह कड़ी है जिसके बिना 86 से लेकर परसाई तक का गद्य समझा नहीं जा सकता। इसलिए मैंने कहा कि परसाई जिस गद्य परम्परा के वारिस हैं, वह गद्य परम्परा 19वीं सदी से शुरू है। आज दुनिया की दूसरी भाषाओं में 100-200 साल पीछे के गद्य की आत्मा को बचाने की कोशिश की जा रही है। अंग्रेज़ी में जो विक्टोरिया युग बहुत बदनाम माना जाता है, उसके अंग्रेज़ी गद्य का जो संकलन किया गया है, उसमें कहा गया है कि चाहे भले ही अंग्रेज़ी गद्य बहुत आगे बढ़ गया होगा, मगर आज भी लोगों में एक आकर्षण है 19वीं सदी के प्रति। फ्रेंच के बारे में किसी समय कहा जाता था कि "Which is not clear is not French" ! फ्रांस में ख़ासतौर से वाल्टेयर और रूसो के गद्य का आज भी प्रभाव है। इसलिए दुनिया के दूसरे देशों में बीसवीं सदी के अन्त में लोग 18वीं एवं 19वीं सदी के उस गद्य की ओर हसरत भरी निगाह से देख रहे हैं कि हम उसकी परम्परा से कितने हट गये हैं। ज़रूरी नहीं कि उसको दोहरायें, उसकी नक़ल करें, लेकिन गद्य को याद करें और अपने इतिहास को याद करें। मित्रो, मैं इस क्रम में दो घटनाओं का ज़िक्र करना चाहूँगा। 1903 में महावीर जी ने 'सरस्वती' का सम्पादन कार्य सम्हाला था और 1905 में यह विवाद हुआ। उन्होंने 'भाषा और व्याकरण' नामक एक निबन्ध लिखा। जिसका जवाब 10 लेखों में बालमुकुन्द गुप्त ने 'आत्माराम' नाम से दिया था और एक शब्द पर बहस हुई दो साल। वह शब्द था–'अनस्थिरता'। महावीर प्रसाद द्विवेदी ने लिखा कि "कोई कुछ लिखता है, कोई कुछ लिखता है और व्याकरण हिन्दी में नहीं है। ... और महावीर जी ने लिखा–चूँकि व्याकरण नहीं है इसलिए भाषा को अनस्थिरता प्राप्त हो गयी है।" अब यह एक शब्द था–बालमुकुन्द गुप्त ने पकड़ लिया। नाराज़गी का कारण दूसरा था, क्योंकि महावीर प्रसाद द्विवेदी ने जो पहला हमला किया था भारतेन्दु की एक पुस्तक का–उसमें भाषा की ग़लती निकाली थी। अब उन्होंने कहा कि अनस्थिरता तो और तमाम मदद करने वाले लोग आये। उन्होंने सफ़ाई दी कि 'अनरस' होता है, 'अनहोनी' होता है, 'अनगिनत' होता है, 'अनमोल' है, 'अनपढ़' है, 'अनसुनी' है। तमाम 'अन' वाले शब्द हैं, वैसे ही 'अनस्थिरता' भी है। बालमुकुन्द गुप्त ने जवाब दिया, "अच्छा साहब कि आप कहते हैं तो होता है। द्विवेदी जी, आपके इन

शब्दों के आगे तो लिखा जाये तब–अनरसता, अनहोनिता, अनमोलता... इसी तरह 'ता-ता-ता' हो जाये तो क्या दोहावली बनेगी।" क्योंकि द्विवेदी जी अनस्थिर नहीं कह रहे थे, अनस्थिरता कहा था उन्होंने। तो कहा कि अनहोनी होता है, अनहोनिता नहीं। इसलिए आप 'अनस्थिर' कहिए। 'ता' क्यों लगाते हैं?

बड़ा दिलचस्प था वह विवाद। वह द्विवेदी जी का लेख और बालमुकुन्द गुप्त का विवाद। वह जो नोंक-झोंक हुई है, वह इस मामले में कि एक शब्द पर बहस नहीं हुई, बल्कि हिन्दी की जो 'जीनियस' है, उसकी बहस हुई थी कि कहाँ हिन्दी संस्कृत से अलग होती है और कहाँ उर्दू से मिलती है। उसको विदेशी या प्रान्तीय भाषा के देशज शब्द लिये जायें या न लिये जायें और लिये जायें तो कैसे लिये जायें। तो यह जो विवाद था, वह साबित करता है कि किस प्रकार हिन्दी को सँवारने का यह प्रयास था।

मित्रो, यह न समझें कि बात 1906 में ख़त्म हो गयी। 1950 में डॉ. आर.एन. शर्मा ने एक पत्र निकाला और 1956 में एक 'वह बेचारी हिन्दी' नाम का स्तम्भ लिखा। उसके बाद नवम्बर, 1956 से नियमित यह स्तम्भ कात्यायन के नाम से निकलता रहा। आज तक इस प्रकार का स्तम्भ कहीं नहीं निकला। यह इसलिए कह रहा हूँ कि 1906 में एक बहस हुई–'अनस्थिरता' की, 50 साल बाद फिर 'यह बेचारी हिन्दी' नाम से, जब हिन्दी राष्ट्रभाषा से राजभाषा बनी, यह स्तम्भ शुरू हुआ। 10 वर्षों तक स्तम्भ छपा। तमाम लेखकों की रचनाओं के उदाहरण देकर बात करना उन सबका उल्लेख करना, इस व्याख्यान में सम्भव नहीं है।

उसके बाद एक और स्तम्भ शुरू किया 'कल्पना' ने 'अनमोल बोल' और श्रीराम सिंह ने गद्य का उदाहरण देते हुए कहा–उस गद्य के कुछ नमूने देखिए कि बड़े समर्थ आलोचक इस तरह की हिन्दी लिख रहे हैं। इतने पर भी बात नहीं बनी तो एक और स्तम्भ शुरु किया–'प्रोफ़ेसरी हिन्दी' और उस 'प्रोफ़ेसरी हिन्दी' में हिन्दी विभाग के बड़े-बड़े प्रोफ़ेसर, अध्यक्ष बने हैं। बहरहाल उसमें प्रो. विजयपाल सिंह काशी हिन्दू वि.वि.के, उनके 14-15 हिन्दी के उदाहरण देकर कहा है–'ये है प्रोफ़ेसरी हिन्दी।' फिर प्रो. रामसिंह तोमर विश्वभारती शान्तिनिकेतन के उदाहरण देकर; फिर डॉ. मालवदास गुप्त के उदाहरण, ये तीन मैंने देखे हैं। उसके बाद भी प्रोफ़ेसरी हिन्दी चलती रही।

बहरहाल, गरज यह कि जो लोग यह समझते हैं राष्ट्र और राजभाषा हिन्दी के बारे में, हिन्दी लेखक स्वयं सतर्क व सावधान नहीं हैं गद्य के बारे में। मातृभाषा पर

फ़ैज़ाबाद के राजेन्द्र शर्मा लिखते हैं कि लोग यह समझते हैं कि शुद्ध हिन्दी लिखने का दायित्व सिर्फ़ अहिन्दी भाषियों का है। हिन्दी जिनकी मातृभाषा है, क्या उनको यह हक़ है कि वे माँ की गोद जब चाहें गन्दी कर दें।

हिन्दी के दो विवाद ऐसे थे–अस्थिरता विवाद और यह विवाद तो एक तरफ़ और पूरा हिन्दी व्याकरण एक तरफ़। इसकी जानकारी सिर्फ़ हिन्दी विद्यार्थियों को नहीं होनी चाहिए, बल्कि हिन्दी के लेखकों को भी इसे जानने की ज़रूरत है। जो भी लिखें तो इन दो घटनाओं की याद दिलानी ज़रूरी है। तो जिसे अच्छा गद्य कह सकते हैं और इसकी पहचान क्या हो सकती है और इन चीज़ों से क्या निष्कर्ष निकाला जाना चाहिए। समझने की ज़रूरत है।

कामू ने कहा था कि कविता को भी गद्य की तरह सुलिखित होना चाहिए। मैं समझता हूँ कि आज गद्य लेखकों को यह कहने की ज़रूरत है कि गद्य को भी कविता के समान सुलिखित होना चाहिए। इसका मतलब कविता के समान अलंकृत या काव्यात्मक नहीं बल्कि जैसे 'सरल धर्म चिन्ताकर' ने कहा है, उसी प्रकार गद्यकार भी उतनी ही सावधानी से काम करे और वह सावधानी हरिशंकर परसाई के गद्य में दिखाई देती है।

शब्द–शायद इस धारणा के मूल में यह है कि गद्य वह है, जो हम बोलते हैं, जबकि सचाई यह है कि हम गद्य नहीं बोलते हैं, जो गद्य है, वह लिखा जाता है और वह उतना ही गठा होता है, कृत्रिम होता है। इसलिए यह नहीं है कि कोई आदमी बातचीत करे तो वह गद्य है, बल्कि सहजभाव से बातचीत करते हैं तो वह कितनी आवृत्तियों से भरा होता है। इसलिए आम बोल-चाल का आप गद्य देखें तो अपने वाक्य विन्यास से यह शायद कविता हो जाये, पर गद्य नहीं हो सकता। इसलिए ये जो गद्य है, यही वजह है कि दुनिया की तमाम भाषाओं में शताब्दियों तक कविता लिखे जाने के बाद गद्य का जन्म होता है। कोई तो बात होगी? यदि वह बोला जाता है, वही गद्य होता तो अमूमन सबसे पहले गद्य लिखा जाता है। लेकिन सचाई यह है कि दुनिया की सभी भाषाओं में गद्य शताब्दियों बाद आया। यह इस बात का सूचक है कि गद्य का विकास एक विशिष्ट मानसिक है, सामाजिक विकास है। इसीलिए यह विचित्र घटना है कि हिन्दी में 19वीं सदी में गद्य का सर्वोत्तम रूप निबन्धों में दिखता है, 20वीं सदी में उपन्यासों में, कहानियों में दिखता है। बल्कि मैं कहूँगा कुछ कविताओं में दिखता है। बहुत कम निबन्धों में दिखता है। दिखता है, पर 19वीं सदी में गद्य का अधिकतम रूप निबन्धों में दिखता है, जबकि 20वीं सदी में कहानियों एवं

उपन्यासों में, जबकि उसे क़ायदे से अख़बारों में दिखना चाहिए था। लेकिन बहुत कम अख़बारों के बहुत कम लेखकों में हिन्दी गद्य का वह रूप दिखता है। इसलिए उस अच्छाई को ढूँढ़ते समय इन उदाहरणों पर ध्यान देना चाहिए। अच्छा गद्य लिखने की ज़िम्मेदारी हिन्दी के अधिक पढ़े-लिखे लोगों की है, बुद्धिजीवियों की है। लेकिन विचित्र विडम्बना है (बाजपेयी जी कहते हैं) कि पढ़े-लिखे और अधिक बुद्धि का उपयोग करने वाले व्यक्ति ही हिन्दी का अहित कर रहे हैं।

मित्रो, मैं कहना चाहता हूँ कि गद्य लिखते समय बुद्धि का अजीर्ण जिनको होता है उन पर गहराई से सोचिएगा। जो ज़्यादा हिन्दी पढ़ते हैं वे ज़्यादा ग़लती करते हैं। आख़िर में निराला जी की जो कविता है (आप देखें) माँग जहाँ बँध रहा रोग से/समझे हम सब अभी शोध से/समझौता हो गया बोध से/गरिता कविता हुई है।

वह गद्य को कविता से जोड़ने की ताक़त देती है। इन्हीं शब्दों के साथ एक बार फिर 'ठेठ हिन्दी का जो ठाठ' है, उस परम्परा के अपने बड़े परसाई को प्रणाम करता हूँ।

(22-08-1996 को मध्य प्रदेश साहित्य परिषद् द्वारा आयोजित परसाई स्मृति व्याख्यानमाला में 'हिन्दी का गद्य-पर्व' विषय पर दिया गया व्याख्यान। साभार प्रो. आशीष त्रिपाठी।)

जो शब्द आँख से टपके

(निर्मल स्मृति व्याख्यान)

निर्माल/निर्मल जी नहीं। 'जी' लगाकर उन्हें छोटा करने की गुस्ताख़ी न करूँगा। रामजी कहने से राम छोटे हो जाते हैं। मेरी समझ से।

तो, निर्मल की स्मृति में दो शब्द।

अब वे शब्द और स्मृति के रूप में ही शेष हैं।

वे स्वयं भी स्मृतिजीवी थे और सच्चे अर्थों में शब्द-साधक भी।

'शब्द और स्मृति' नाम से उनकी एक पुस्तक ही है।

पुस्तक के प्राक्कथन में आत्म-विश्लेषण करते हुए वे लिखते हैं–

"मनुष्य अपने बारे में तब तक नहीं सोचता, जब तक अपने सुखद भ्रमों से वंचित नहीं हो जाता। ये भ्रम महज़ बाहरी दुनिया के बारे में नहीं होते हैं। अपने बारे में भी होते हैं। बल्कि अपने बारे में उसकी छलना सबसे अधिक गहरी होती है। अत: आत्ममन्थन की घड़ी में एक सालती-सी पीड़ा छिपी रहती है। किन्तु यही पीड़ा एक तरह का पारदर्शी बोध (Sense of lucidy) भी देती है। हम उस सूखे रेगिस्तान के बीच चले आते हैं जो शब्द और यथार्थ के बीच फैला है। एक भारतीय लेखक के लिए लिखने का मतलब है, इस रेगिस्तान पर चलना–नंगे पाँव चलना, ताकि हम गर्मी और सर्दी को वैसे ही भोग सकें, जैसी वह है। इस यात्रा के दौरान सौन्दर्य का भी सृजन होता है और नैतिकता का भी–हम यथार्थ को कसौटी बनाकर शब्द को उसका मौलिक अर्थ प्रदान करते हैं, जो सौन्दर्य को जन्म देता है; इस शब्द की पवित्रता को बचाने के लिए यथार्थ से संघर्ष करते हैं, जिससे नैतिकता का जन्म होता है। अन्तत: दोनों में कोई विरोध नहीं रहता; क्योंकि दोनों ही लेखक के एक अनायास 'धर्म' बन जाते हैं–धर्म, जो ऊपर से आरोपित नहीं होता, किन्तु जिसका

होना उतना ही अनिवार्य और नैसर्गिक हो जाता है; जैसे अपने पाट पर नदी का बहना। विटगेंस्टाइन के इस कथन में कोई अतिशयोक्ति नहीं है कि एस्थेटिक सौन्दर्य अन्ततोगत्वा मनुष्य की नैतिकता में ही सन्निहित होता है।" (1975)

'शब्द और स्मृति' में ही एक निबन्ध है : 'गद्य का पतन।'

यह भी निर्मल के लिए नैतिकता का प्रश्न है—केवल भाषा-व्याकरण या शैली-विज्ञान के सीमित क्षेत्र का नहीं। उन्हीं के शब्दों में "शब्दों की अपनी नैतिकता होती है। जिस अनुपात में हम नैतिकता के प्रति कम संवेदनशील होते जाते हैं, उतना ही अधिक हम भाषा के प्रति बलात्कार करते हैं। गद्य का पतन इस बलात्कार से आरम्भ होता है।"

इस नैतिकता को स्पष्ट करने के लिए वे ठोस उदाहरण देते हुए कहते हैं : कि "गद्य का विकास एक आत्मसजग, अधिक स्वाधीन व्यक्तित्व से जुड़ा होता है। जब कभी इस व्यक्तित्व की गरिमा को चोट लगती है, गद्य की गरिमा अपने-आप लुप्त हो जाती है। पिछले तीस वर्षों में सोवियत गद्य का पतन इसका दयनीय उदाहरण है। किन्तु गद्य के विकास में महज़ स्वतन्त्र व्यक्तित्व ही काफ़ी नहीं (हालाँकि यह उसकी प्राथमिक शर्त है) उस परिवेश का भी उससे गहरा सम्बन्ध है जिसमें लेखक शब्दों के सम्पर्क में आता है। टेलीविज़न और नैपाम बम की 'सभ्यता' शब्दों का उतना ही क्रूर ढंग से हनन करती है जितनी वह व्यवस्था जो क्रान्ति और समाजवाद के शब्दों को खोखला करते हुए एक छोटे देश में टैंक भेजती है।"

"हर व्यवस्था का अपना एक गोयबल्स है, जो शब्दों द्वारा सत्य को झूठ में परिणत करना चाहता है और इस भयानक प्रक्रिया में शब्द धीरे-धीरे ख़ाली होते जाते हैं।"

निर्मल का यह निबन्ध राल्फ फॉक्स के 'गद्य की विलुप्त कला' शीर्षक निबन्ध की याद ताज़ा कर देता है जो उसकी प्रसिद्ध कृति 'उपन्यास और लोक जीवन' का एक अध्याय है और जो गोयबल्स के अप प्रचार के दौर में लिखा गया था। उसने भी चीज़ों को उनके सही नाम से पुकारने की कला को गद्य कहा था।

लेकिन निर्मल इससे आगे बढ़कर गद्य के उस छद्म की ओर भी इशारा करते हैं जो समझौतापरस्त मध्यवर्गीय चेतना से उत्पन्न होता है। इस प्रसंग में उन्होंने अपने समकालीन कहानीकारों के आक्रोश भरे धुआँधार लेखों को तो निशाना बनाया ही, किन्तु इसके साथ ही छद्म अभिजात शालीनता वाले गद्य को भी नहीं बख्शा। कुछ लोगों को यह देखकर आश्चर्य होगा कि इस प्रसंग में अज्ञेय का गद्य भी निर्मल के

निशाने पर है। उन्हीं के शब्दों में देखिए 'अपने अपने अजनबी' का अभिजात गद्य। "जब कभी अज्ञेय जी किसी भदेस शब्द का इस्तेमाल करते हैं तब लगता है कि वह पाँयचे उठाकर कीचड़ में जा रहे हैं–उस शब्द से हाथ मिलाने।"

निबन्ध का अन्त इस आकांक्षा के साथ होता है कि "जिस दिन हमारा गद्य स्मोकिंग रूम की नक़ली साहसिकता और महिलाओं के सामने वाली दिखावटी भद्रता से छुटकारा पा लेगा, वह फिर खुले मैदान में आ खड़ा होगा। ऐसे प्रौढ़ गद्य की हमें आज प्रतीक्षा है।"

"धुन्ध से उठती धुन ऐसी अनूठी कृति है, जो मेरी दृष्टि कें निर्मल की शब्द-साधना का कक्ष है। ख़ासतौर से डायरी वाले अंश। चाहे तो उसे 'किताबों की किताब' भी कह सकते हैं। निर्मल की 'दूसरी दुनिया' का प्रवेश-द्वार सुधार और संशोधन से लेखक को हाथ रोकना पड़ा ताकि कहीं वह धुन हाथ से न निकल जाये, जिसे बहती हुई धुन्ध में पकड़ा था।"

धुन्ध को लेकर ज़्यादा मुश्किल नहीं, दिक्कत है तो 'धुन' को लेकर। 20 अगस्त 1982 की डायरी में वर्जीनिया वुल्फ की डायरी के हवाले से लिखा गया है, "लिखना उनके लिए एक 'धुन' था, दोनों अर्थों में ही, जहाँ वह एक 'आब्सेशन' होता है और गाने की 'धुन' की तरह भी जो चौबीसों घण्टे उनके दिमाग़ में घूमती रहती थी। फ़्लाबे अगर धूनी रमाये लेखक थे तो वर्जीनिया वुल्फ एक ऐसी लेखिका जो अपनी धुन के पीछे भागती रहती थी।" (पृ.55)

जहाँ तक 'धुन्ध' का सम्बन्ध है, कहीं यह माया के गोत्र की तो नहीं। निर्मल को 'माया' बहुत प्रिय है, जैसे माया का मर्म, मायादर्पण इत्यादि। मधुकर उपाध्याय ने तो उनकी स्मृति में जो पुस्तक सम्पादित की उसका नाम भी रखा 'निर्मल माया।'

शिमला : 12 जून 1973 की डायरी में निर्मल ने आस्कर वाइल्ड का पहले एक उद्धरण दिया है; फिर उस पर अपनी संक्षिप्त टिप्पणी :

"हम कितनी ही कोशिश क्यों न करें, चीज़ों के रूप के पीछे हम वास्तविकता को नहीं पकड़ सकते। इसका भयानक-सा कारण यह हो सकता है कि चीज़ों के अनुभव से अलग उनकी कोई अलग वास्तविकता नहीं, सिर्फ़ उथले लोग यह कहते हैं कि चीज़ों को उनके बाहरी रूप से नहीं जाना जा सकता। दुनिया का असली रहस्य दृश्य में निहित है, अदृश्य में नहीं।"

अब निर्मल की टिप्पणी :

साहित्य हमें पानी नहीं देता, वह हमें सिर्फ़ अपनी प्यास का बोध कराता है। जब तुम स्वप्न में पानी पीते हो, तब जागने पर सहसा अहसास होता है कि तुम सचमुच कितने प्यासे हो। (पृ.15)

27 अगस्त 1976 की डायरी में–

क्या यह महज़ संयोग था कि सुरियलिज़्म का जन्म कहीं और न होकर फ्रांस में हुआ और माया के मर्म को पहली बार भारतीय आँखों ने भेदा था।

22 दिसम्बर 1984 की डायरी में वर्षों बाद वह 'धुन्ध' फिर प्रकट हुई-

"अधिकांश समय हम एक धुन्ध में रहते हैं, जिसे वर्जीनिया वुल्फ या प्रूस्त जैसे लेखक भेद देते हैं, उसे भेदकर भीतर से जीवन्त फड़कते-फड़फड़ाते संवेदनों को लाते हैं, जैसे वे जीवन्त तितलियाँ हों, अपनी क़लम की नोक उनमें भोंककर काग़ज़ पर लाते हैं, लेकिन इतनी सफ़ाई से कि उनके पंखों को ज़रा भी चोट नहीं पहुँचती। वे वहाँ अपने रंगों के पूरे ग़ौरव में आ बैठती हैं, काग़ज़ पर वैसी ही जीवित जैसी जब वे हवा में और धुन्ध में उड़ रही थी...(65)

इसी क्रम में इडर्वर्ड डायरी के अन्तर्गत 23 अक्टूबर 1992 के दिन की यह टीप– "जब किसी युवा लेखक ने फ्लाबे से लिखने के बारे में सलाह माँगी, तब उन्होंने कहा, तभी लिखना शुरू करो, जब बाहरी दुनिया तुम्हें सिर्फ़ माया (इल्यूज़न) के अतिरिक्त कुछ और न जान पड़े, जिसका वर्णन तुम्हें करना है।"

इस उद्धरण के बाद आन्द्रेजीद, अपनी डायरी में लिखते हैं : "मैं कोई मेटा फिज़िक्स में विश्वास नहीं करता। मैं कोई रहस्यवादी 'मिस्टिक' व्यक्ति भी नहीं हूँ, न ही मेरी बुद्धि पूरी तरह से कांट और प्लेटो से ही सहमत हो पाती है। बात कुछ और है। मुझे कभी यह चिन्ता नहीं सताती कि मैं बाह्य जगत में विश्वास करता हूँ या नहीं। दरअसल वह चीज़ ही मेरे भीतर नहीं है, जिसे हम यथार्थ की भावना कहते हैं। मुझे तो लगता है कि हम सब एक मायावी लीला में चल-फिर रहे हैं और जिसे दूसरे लोग यथार्थ और बाह्यजगत कहते हैं उनका अस्तित्व उससे अधिक नहीं, जितना मेरे उपन्यासों की दुनिया का अस्तित्व है।" (पृ. 168)

इर्वर्ड डायरी में ही 4 दिसम्बर 1992 की तारीख़ में वाल्टर बेन्यामिन के हवाले से एक अन्त्यन्त महत्त्वपूर्ण प्रविष्टि है :

"बेन्यामिन के गद्य की अद्‌भुत विशिष्टता : यह बाहरी दुनिया के एक चालू, चलते-फिरते बिम्ब को अपने तर्क की रौ में भीतरी दुनिया के रूपक में परिणत कर देते हैं और इस प्रत्यावर्तन के कारण दोनों दुनियाओं का अन्योन्याश्रित अर्थ आलोकित हो उठता है। इसकी चमक में गद्य की सीमाएँ कविता में इस तरह घुलमिल जाती हैं जैसे गोधूलि की घड़ी में दो नदियों का संगम दिखाई देता है, पता नहीं चलता कौन-सी नदी किस नदी में समाहित हो रही है।" (पृ. 173)

इर्वर्ड डायरी के आख़िरी पन्ने पर तारीख़ अंकित है–16 अप्रैल 1993, "धमनियों में गूँजती हुई एक सुदूर स्मृति की धुन, धुँधले प्रेम की अथाह लालसा, स्वप्न उदासी, खोयापन।"

और अन्त में नोवालिस का यह उद्धरण–

"हम सत्य नहीं पा सकते। केवल अपने भ्रमों के आईने से उसकी उपस्थिति का आभास पा सकते हैं।"

'धुन्ध से उठती धुन' का, मेरी दृष्टि में सर्वोच्च शिखर है। अन्तिम खण्ड-शीर्षक रास्ते पर। वर्ष 1985 के चन्द नमूने–

गर्मी की दुपहर। सड़क के पार पेड़ों की हिलती फुनगियाँ, मकानों की छतें, एरियल पोल। मैं धूप के फैलाव में हूँ, दो आँखें देखती हुई। यह असाधारण अनुभव है–जब चीज़ों के बीच की दीवार ढह जाती है और समूची सृष्टि दुपहर की धूप में खुलती जाती है–सबके सामने अपने को खोलती हुई। एक अखण्डित, सर्वव्यापी प्रवाह, धूप में, फुनगियों पर हवा में, योगी इसी तरह देखते होंगे; लेकिन इस तरह दुनिया को देखने के लिए पत्थर की तरह निस्संग होना चाहिए जैसे इस क्षण मैं हूँ ख़ाली, रिक्त, सूना और हलका-समूची पीड़ा को धूप में बदलता हुआ, धूप की अन्तहीन दुपहर में लू में, धूल में हिलते हुए पेड़ों में...

सृष्टि को ऐसे क्षणों में देखना एक गोपनीय चमत्कार है, कुछ वैसे ही जैसे जंगल में किसी जानवर को माँद में सोते हुए देखना...पृ.187-88

गद्य के नमूने के बाद गद्य के आशंसन का एक नमूना :

मारिना स्वेतायेवा का गद्य। एक फड़फड़ाती, सजीव, पारदर्शी प्राणवत्ता, जहाँ वेदना अपना नीला जाल बुनती है; अपनी सहेली की मृत्यु पर उसका शोक एक ऐसी मर्मभेदी विलाप कथा है, जिसका हर शब्द एक बीते हुए ज़माने के लहू-कीचड़ में सना, बिलखता हुआ बाहर निकलता है। क्या इस गद्य की तुलना किसी और से हो सकती है? हम 'काव्यात्मक गद्य' की बात करते हैं किन्तु मारिना अकेली कवयित्री हैं। जिन्होंने कविता के जोखिम-भरे हाशिए पर अपने गद्य को गढ़ा था, कुछ इस तरह उसका काया-कल्प किया था, कि जिस सत्य को आज तक हम कविता में देखते आये थे, वह अचानक गद्य के भीतर सुलगता हुआ दिखाई देता है; वह गद्य की सुरक्षित देह को घसीटते हुए कविता की अँधेरी खाई तक ले आती है, एक चमकती, काँपती हुई शिला पर, जो धुर रसातल (Abyss) के छोर पर टिकी है; ज़रा-सा एक क़दम लेते ही वह नीचे अँधेरे में गिर सकती है, एक क़दम पीछे जाते

ही वह सीधी-सपाट बन जाती है, किन्तु मारिना स्वेतायेवा इन दो एक असह्य और असाध्य उठान पर खड़ी रहती है, न अपना सधापन खोती है, न नीचे फिसलती है; उनका गद्य नीचे खाई की अतल 'कविता' को खींचकर ऊपर ले आता है जैसे कुछ देर पहले उनकी कविता गद्य को खींचकर खाई तक ले आयी थी–वहीं दोनों मिलते हैं, धुर ऊपर, जहाँ चोटी पर, पहुँचते ही मेरा सिर चकराने लगता है–और में हताश होकर किताब पर अपना सिर टिका लेता हूँ...

ऐसा गद्य जीवन की समग्र, संचित पीड़ा, ईमानदारी और हमदर्दी–प्रेम–ऐसा प्रेम जो असहनीय और अकथनीय है–उन सबको समेट कर क़लम की नोक पर ले आता है जिस पर हर शब्द छलनी होता हुआ टपाटप ख़ून की तरह बहता है–जिसे मैं सुनता हूँ-किताब पर सिर टिकाये।

और वह किताब से सिर उठाता है–क्या कोई ऊपर आ रहा है? किसी ने घण्टी बजायी है? कोई सीढ़ियाँ चढ़ रहा है, तभी तो रोशनदान से उठकर कबूतर उड़ता है क्योंकि वह तभी उड़ता है जब किसी की आहट सुनता है... कोई मित्र, कोई पत्र? हलकी-सी फुसफुसाहट, दरवाज़े पर झिझके-से पैर नहीं, यह पड़ोस का लड़का है, जो इस छत पर अपनी गिरी हुई गेंद उठाने आया है। नहीं, कोई नहीं। आज कोई नहीं आयेगा...

और फिर वह अपनी डेस्क पर रखी किताब पढ़ने लगता है, वहीं से, जहाँ से कबूतर की फड़फड़ाहट ने उसकी शाम को तोड़ा था। क्या किसी हिन्दी कविता के पाठ का ऐसा अनुशंसन कहीं पढ़ा है? याद नहीं आता।

प्रसंगवश हर शब्द टपाटप ख़ून की तरह बहता है पर सहसा ग़ालिब का वह शेर ज़बान पर आ रहा है–"रगों में दौड़ने-फिरने में हम नहीं कायल। जो आँख ही से न टपका तो फिर लहू क्या है?"

ज़बान से शब्द तो सब के टपकते हैं और क़लम की नोक से भी। लेकिन कुछ भाग्यशाली ऐसे भी होते हैं, जिनकी आँख से शब्द टपकते हैं और वह भी ख़ून की तरह-पानी की तरह नहीं।

यह एक कोलाज है। सिर्फ़ कोलाज। व्यवस्थित भाषण नहीं।

(यह व्याख्यान 3 अप्रैल 2009 को स्वर्गीय निर्मल वर्मा स्मृति व्याख्यान माला में दिया गया था।)

दामन को टुक हिला कि दिलों की बुझी है आग

(अशोक वाजपेयी का विशेष सन्दर्भ)

यहाँ इस काव्य चर्चा में यह पाया गया कि कुछ कवियों को अपने समकालीन कवियों के बारे में कहते हुए धर्म-संकट का अनुभव हो रहा है। यह सुखद आश्चर्य की बात होगी की आलोचना में किसी आलोचक को अपने समकालीन के बारे में कहते समय किसी प्रकार का धर्म-संकट अनुभव नहीं होता है। सच्चाई तो यह है कि एक आलोचक, दूसरे आलोचक से भिड़ कर ही आलोचना शुरू करता है। इसके बिना आलोचना होती ही नहीं है। कभी-कभी तो रचना इन्तज़ार करती रह जाती है और पूरी प्रक्रिया आलोचकों की आपसी बहस और आलोचना की चर्चा में ही सिमटकर रह जाती है। यह माहौल यहीं नहीं है, बल्कि इंग्लैंड-अमेरिका में इस समय जब से थियरी का बहुत ज़ोर हुआ है, उससे पहले वे 'लिटरेरी' शब्द लगाना भी ज़रूरी नहीं समझते हैं, तो जब से इसकी चर्चा शुरू हुई है, पिछले दो दशक से, तो यह ख़तरा ज़्यादा बढ़ गया है कि आलोचना ही आलोचना का विषय बन गयी है। साहित्य में रुचि और रस लेना लगभग छूट-सा चला है। इसलिए मैंने कहा कि यहाँ अशोक जी के बारे में कहते हुए मुझे कोई धर्म-संकट नहीं है। हम लोग पहले से ही एक-दूसरे से विवाद-संवाद करते आ रहे हैं। इस गोष्ठी में सिर्फ़ कठिनाई है, तो यही कि अशोक जी को बोलने से मनाही कर दी गयी है। और यह संवाद न हो करके, एकतरफ़ा ही रहेगा; कम-से-कम इस सत्र के लिए। सवाल यह है कि, 'कैसु बजे एक हाथ सौं ताली'। भारतेन्दु जी ने तो इसका एक रास्ता बता दिया था कि, 'माधो के सीस चटाक से मारी, औ ऐसे बजै एक हाथ सौं ताली।'

अब वह माधव हम कहाँ से ढूँढ़ कर लायें कि ताली बज जाये। सच्चाई यह है कि चाहे-अनचाहे अशोक और मैं दोनों अपने समय में बन्द हैं। जैसे हम तुम एक कमरे में बन्द हैं। इस समय में एक साथ रहने के लिए अभिशप्त हैं। अशोक

समय से बाहर जाने की बात करते हैं, तो समय के बाहर जाने पर हो सकता है कि वे जन्नत में जायें, मैं अपने जहन्नुम में जाऊँ; उसका तो कोई पता नहीं है। लेकिन यहाँ जो हमारा समय है, साहित्य का, आलोचना का, उसमें हम दोनों साथ हैं। साथ रहने के लिए अभिशप्त हैं। यह नियति है और इस नियति को देखते हुए, मैं अपने एक समकालीन की हैसियत से, उम्र में भले ही फ़ासला हो, मैं उन्हें अपना 'मम्' भी मानता हूँ और 'ममेतर' भी मानता हूँ। और शायद समकालीनों के बीच भी यही रिश्ता होता है। जो आलोचना कर रहे हों, लिख रहे हों, रचना कर रहे हों। हम नहीं जानते हुए भी एक साथ 'ममत्व युक्त' हैं। उसके साथ ही एक इतर का भी भाव है, यदि यह न हो तो फिर लिखने की कोई ज़रूरत नहीं रह जाती है। कालिदास ने दूसरे सन्दर्भ में कहा है कि, "हन्ति कस्मिन् चंडी सादृस्वति"। जब बाहर हम देखते हैं, तो तुम्हारे जैसा कोई, यानी हमारे मन में जो प्रिय बसा हुआ है, जो मनोविलसित जन है, उसका ज्यों-का-त्यों मिलता दूसरा कहीं नहीं दिखाई पड़ता। यह हर लेखक महसूस करता है, तभी तो लिखता है। अगर जो हमारे मन के भीतर है, जैसा हम चाहते हैं, वह दूसरी जगह लिखा मिल जाये, तो फिर लिखने की ज़रूरत ही क्या है? इस अर्थ में, मैं कहता हूँ कि अक्सर अशोक की रचनाओं में अपनी मनोविलसित, अपनी छवि दिखाई पड़ती है और उससे भिन्नता भी दिखाई पड़ती है। और यही वह एहसास है जो संवाद के लिए, बातचीत के लिए उकसाता रहता है।

मैं जो 'ममेतर' है, उस पक्ष पर भी कहूँगा, लेकिन जो 'मम्' है, उसके बारे में भी कुछ कहना चाहता हूँ। जो चीज़ मुझे, जैसी आजकल की आलोचना लिखी जा रही है, उससे रचनाकारों को तो शिकायतें हैं ही, ख़ुद हम लोगों को भी बहुत-सी शिकायतें हैं; घोर असन्तोष है। कभी अशोक ने 'धन्धई आलोचना' की बात की थी; पेशेवर आलोचना की बात की थी। कठिनाई यह है कि हमारे यहाँ उस हद तक वह 'आलोचना धन्धई' भी नहीं हुई है। अंग्रेज़ी में जिस अर्थ में 'प्रोफ़ेशनल क्रिटिसिज़्म' है, यह 'प्रोफ़ेशनलाइजेशन' शायद हमारे भारतीय परिवेश या सार्वजनिक जीवन में भी, हम 'प्रोफ़ेशनलाइजेशन' को ज़्यादा ऊँची चीज़ नहीं समझते, जितनी कि कम-से-कम पश्चिमी दुनिया के लोग 'प्रोफ़ेशनलाइजेशन' को समझते हैं। वहाँ यह गुण समझा जाता है और कोई शर्म की बात नहीं है। शायद इसलिए भी कि हमारे यहाँ पर 'पेशा' और 'धन्धा' शब्द ऐसे हैं। यह हमारे यहाँ कुछ वह अर्थ नहीं रखता, जो पश्चिम में 'प्रोफ़ेशन', 'प्रोफ़ेशनलिज़्म' और 'प्रोफ़ेशनलाइजेशन' का होता है।

किसी औरत से हम कहें कि 'पेशा' करती है या धन्धा करती है; वह प्रोफ़ेशन नहीं है। धन्धा कहते हुए हमारे दिमाग़ में गोरखधन्धा ज़्यादा आता है। प्रोफ़ेशनल

में अपनी एक टेकनीक है (जिस क्षेत्र में उसकी महारत है)। इसलिए पश्चिम में आलोचना का विकास अगर विश्वविद्यालयों में भी हुआ तो एक 'प्रोफ़ेशनलिज़्म' के रूप में हुआ। यह संकट है, ज़रूर बहुत गहरा है कि बहुत से आलोचक, एक पेशेवर आलोचक, दूसरे पेशेवर आलोचक के लिए लिखता है, लगभग एक कूट भाषा हो गयी है जिसको फागरमास कहते थे कि, 'आलोचना पब्लिक डिस्कोर्स या पब्लिक स्फेयर की चीज़ नहीं रह गयी है, जो सार्वजनिक रूप में पढ़ी जायी।' ऐसे दौर में थोड़े से जो आलोचक हैं, अशोक उनमें से एक हैं, जो केवल पेशेवर लोगों के लिए नहीं लिखते हैं।

एक 'मैन्स ऑफ़ लैटर' जिस रूप में हो, जो पश्चिमी दुनिया में भी एक लम्बी परम्परा है। एडम्न विल्सन जब लिखते थे या कैन. एच. वर्ग, बलेक्मर; पुरानी परम्परा तो डॉ. जानसन और मैथ्यू ऑर्नल्ड की है, जो उन तमाम श्रोताओं या सार्वजनिक लोगों के लिए लिखते थे, जो इसमें गहरी रुचि लेते थे। सौभाग्य से हमारे यहाँ भी हिन्दी में आलोचना की लम्बी न सही, छोटी-सी, जो परम्परा है, जो भारतेन्दु से शुरू हुई और रामचन्द्र शुक्ल व हज़ारी प्रसाद द्विवेदी तक आयी, उस आलोचना को देखते हुए, जो विश्वविद्यालय के लोगों के लिए नहीं लिखते थे (जो टीका, कुंजी और व्याख्या पढ़ाने वाले लोग हैं) बल्कि उनकी गुफ़्तगू अवाम से थी। ऐसी आलोचना आज भी जो थोड़े से लोग लिख रहे हैं, जो कूट भाषा में कुछ लोगों को (जो बाल की खाल निकालने में रस लेते हैं, उनके अलावा), जो सार्वजनिक, शिक्षित, विदग्ध लोग हैं, उनको सम्बोधित करते हुए लिखी जा रही है, अशोक उनमें से एक हैं।

इस रूप में मैं देखूँ तो सारी चीज़ों के बावजूद, जिसको 'क्लोज़ रीडिंग' कहते हैं, वह अशोक नहीं करते। मैं भी नहीं करता। एक-एक पंक्ति और एक-एक शब्द को लेकर लिखने वाले लोग भी हैं। हो सकता है यह हमारी कमज़ोरी भी मानी जाये, लेकिन इस मामले में मैं कहूँगा कि वो एक जर्नलिस्ट हैं, (जनर्लिस्ट नहीं), जो सामान्यीकरण करने की क्षमता रखते हुए और उन सामान्य वक़्तव्यों-स्थापनाओं-मान्यताओं और विचारों के द्वारा साहित्य में हस्तक्षेप करते हैं। लेकिन इन तमाम चीज़ों के मूल में जो अच्छी बात लगती है, (मैं तो रूपवादी होने के लिए कुख्यात हूँ) वह यह कि आलोचना लगभग ऐसी होती है, जो एक निबन्ध का रस और आस्वाद देती है। जो कुछ अच्छे आलोचनात्मक लेखों में पायी जाती है। बल्कि नयी आलोचना विकसित ही इस तरह हुई है, जिसकी ख्याति 'क्लोज़ रीडिंग' के लिए

है। यदि आप प्रसिद्ध आलोचकों को पढ़ें, तो आमतौर पर उन्होंने निबन्ध लिखे हैं। एलन टेट ने 'फ्लाई' का ज़िक्र करते हुए लेख लिखा है या 'इमनडिटिज़्म' पर लेख लिखा है। वह सभी निबन्ध हैं। ताज़ा उदाहरण है, जिसका कल भी मैंने ज़िक्र किया था, 'पाव भर जीरे में ब्रह्मभोज', यह निबन्ध जो लिख सकता हो। यानी आलोचना एक अच्छे रूप में किस फार्म में लिखी जाये, यह उदाहरण है। बहुत अच्छे लेख किसी ज़माने में, चाहे लूकाच ने बाद में शास्त्रीयता का सहारा लिया हो, इसी फ़ार्म में कोई लिख सकता है। बल्कि उन्होंने 'निबन्ध' पर ही एक निबन्ध लिखा है, 'sole of form' में आप पढ़ें। यह आलोचना का एक दूसरा विधान है। आलोचना भी कुल मिलाकर शास्त्र नहीं है, विज्ञान नहीं है; साहित्य ही है। राइटिंग है। और उसे लेखन के रूप में जो लोग लेते हैं और उसी रूप में गद्य रचते हैं, बहुत कम आलोचक हैं। अब आलोचना अपठनीय हो गयी है। ऐसे दौर में आलोचना, रचनात्मक आलोचना (यह रचनात्मक आलोचना नहीं है, इसे मैं स्पष्ट कर दूँ), होनी चाहिए, जो पठनीय हो, पाठक को, श्रोता को पकड़ सके। मैं यह कुछ समानताएँ अशोक में पाता हूँ। शायद दूसरों को यह न दिखाई पड़ें। मुझे अशोक में यह प्रीतिगत समानता और साम्य दिखाई पड़ता है, जो मुझे अच्छा लगता है।

इन तमाम चीज़ों के होते हुए इस आलोचना में जिस हद तक समानता है, उसे मैं मानूँगा कि जिस आलोचना को पढ़ते हुए लगे कि मनुष्य को छूने का अहसास हो। विटन ने कहा था कि, 'One who touches the book touches the man.' मैं मानता हूँ कि आलोचना व्यक्तिगत होती है या फिर नहीं होती। अगर आलोचक अपनी समूची सत्ता के साथ, समूचे व्यक्तित्व के साथ प्रकट नहीं होता, तो एक नितान्त निर्वैयक्तिक ढंग की शास्त्रीय सिद्ध, सम्पादित आलोचना को मैं आलोचना नहीं मानता। रचना से उसकी यही समानता है कि वह भी उतनी ही पर्सनल होती है। वह अपने विवेचन में, अपने विश्लेषण में, अपनी पहचान में और अपने मूल्य निर्णय में पर्सनल होती है। अशोक की आलोचना को पढ़ते हुए यह पर्सनल टच महसूस होता है। उन लोगों को पढ़ते हुए अहसास होता है कि जैसे आप जीते-जागते इन्सान की, जिसमें मानवीय अर्थवत्ता धड़कती-सी दिखाई पड़ती हो, वो ऊष्मा हो और ऊष्मा के साथ वो विकिरण करती हो कुछ ऐसी आकांक्षाएँ, अभिलाषाएँ, कामनाएँ करती हो, (विशेष अर्थ में मैं कामना शब्द का प्रयोग कर रहा हूँ, जिस अर्थ में अंग्रेज़ी में Desire शब्द है) से उसका सम्बन्ध है। इस तरह की आलोचना महत्त्वपूर्ण है। इसीलिए मैं मानता हूँ कि सैद्धान्तिक मान्यताओं के साथ हर अच्छी

आलोचना का एक पहलू होता है और उसे हिन्दी में हम आस्वाद कह लेते हैं, लेकिन वह अंग्रेज़ी के 'टेस्ट' का पर्याय नहीं है। अक्सर होता है कि हमारे अपने आस्वाद में बहुत सारी चीज़ों की साझेदारी होती है, लेकिन हम साहित्यिक सिद्धान्तों में बिल्कुल भिन्न मत रखते हैं। कुछ तो है, जिसके कारण मुक्तिबोध में, मैं और अशोक दोनों, उन चीज़ों के साझीदार हैं। कुछ तो है, जिसकी वजह से हम शमशेर में कुछ चीज़ों की साझेदारी करते हैं। कुछ तो है समकालीन कवियों में। यह जो साझेदारी होती है, वही शायद आलोचना का एक जातीय परिवेश बनाती है। यह साझेदारी, जिस भाव की बात मैं कर रहा था, वह भाव बनाती है, वो टेस्ट बनाती है। यह निर्मित होता है या नहीं, यह ज़्यादा बुनियादी चीज़ें हैं। उस आस्वाद को रेसनलाइज करने के लिए जो सिद्धान्त हम गढ़ते हैं, वह सिद्धान्त शायद भिन्न हो सकते हैं। वह क्या चीज़ है कि कुन्तक 'वक्रोक्ति' को मानते हुए भी और आनन्दवर्धन 'ध्वनि' को मानते हुए भी, ध्वनि और वक्रोक्ति जैसे नितान्त भिन्न काव्यसिद्धान्तों के होते हुए भी, कुछ रचनाओं का कुन्तक और आनन्दवर्धन समान आस्वाद लेते हैं? लेकिन एक वक्रोक्ति के मार्ग से चलकर के लेता है और उसे अपने सिद्धान्त के अनुरूप ढालने की कोशिश करता है, दूसरा ध्वनि के अनुसार करता है। यह जो साझेदारी है, इसकी पड़ताल बहुत कम की जाती है।

जब आज की आलोचना पर लेख लिखा जाता है तो ज़ोर इस पर ज़्यादा होता है कि दो आलोचक आपस में कैसे लड़ते हैं। यह नहीं देखने की कोशिश की जाती कि दो आलोचक कितने गुणों की साझेदारी करते हैं। वह क्या चीज़ थी, जिसके बावजूद छायावादी दौर में निराला और रामचन्द्र शुक्ल बहुत-सी चीज़ों में मतभेद रखते हुए, छायावाद में कुछ ऐसा था, जिसकी साझेदारी करते थे? बावजूद इसके कि निराला ने शुक्ल जी के ख़िलाफ़ लिखा है और शुक्ल जी ने निराला के ख़िलाफ़। यह हर दौर की आलोचना में हुआ है। इसलिए मैं कहना चाहता हूँ (और यह अवसर के अनुरूप ही बात है) कि इन दोनों चीज़ों की पहचान आवश्यक है। यही मेरी मार्क्सवाद की डायलेक्टिस की समझ है, द्वन्द्ववाद के अनुसार ही है। इस दुनिया को हम नफ़रत भी करते हैं, लेकिन इस दुनिया में रहना भी चाहते हैं। लड़ते-झगड़ते हुए रहना चाहते हैं। बाहर नहीं जाना चाहते। इसलिए यह जो एक द्वन्द्ववाद है, जो रचनाओं में भी मौजूद है, आलोचना यदि इस द्वन्द्व की प्रवृत्ति को व्यवहार में ले आती हो, लेकिन अपनी सैद्धान्तिकी और वैचारिकी में न लाती हो, तो मैं समझता हूँ कि आलोचना स्वयं अपने धर्म को या अपने कर्म के प्रति आत्म-सजग नहीं है।

इस क्रम में मैं, (मैं तो संस्कृत का विद्यार्थी हूँ, फिर भी विचित्र विडम्बना है कि अपभ्रंश कह रहा हूँ। कल पण्डित विद्यानिवास मिश्र जी ने अपभ्रंश के दोहे सुनाये। बदक़िस्मती से मैं उस समय नहीं था) अशोक के बारे में सोचता हूँ तो मुझे अपभ्रंश का एक दोहा याद आता है। वह दोहा है तो, जिस तरह की कविताओं के लिए विख्यात है, शृंगारी है थोड़ा-सा–

वित्तीय ओख जैय विदयू तौते आगही अजू।
अगर कथा जैवी धर तौते अगिण कजू।।

प्रिय यद्यपि विपर्यय कारक है, फिर भी हे सखी! आज उसी को ले आओ। आग से घर जलता है, लेकिन आग के बिना काम भी तो नहीं चलता। प्रिय अशोक विपर्यय कारक हैं, लेकिन अग्नि हैं। आज आलोचना जहाँ बुझी हुई राख की ढेरी के समान दिखलाई पड़ रही है, वहाँ आग की कोई चिनगारी दिखाई पड़ती हो, तो देखकर अच्छा लगता है। थोड़ी गरमाहट अपने भीतर भी महसूस होती है। मीर ने कहा था कि–'दामन को दो टुक हिला कि दिलों की बुझी है आग।' जिस दौर से हम लोग गुज़र रहे हैं, दिलों की बुझी हुई आग को मैं देखता हूँ तो यह कहने को जी चाहता है कि कोई तो हो जो थोड़ा-सा दामन को हिलाये। मुश्किल यह है कि लोग दामन समेटे बैठे हैं। जिसे कहना चाहिए कि दामन खैंचे बैठे हैं। इस दौर में हमारा सम्बन्ध इस प्रकार का रहा है और मैं उन समानताओं को महसूस कर सकता हूँ। इस पृष्ठभूमि में जो महत्त्व और लगाव अशोक के साथ महसूस होता है, वह यह प्रस्थान है, जिस प्रस्थान बिन्दु से हमारा रास्ता अलग होता है।

वह मुख्य प्रस्थान है। आज बहुत कम आलोचक हैं। मैं सार्थक आलोचना की पहचान मानता हूँ, जो शुरू होती है–'सेंस ऑफ़ क्राइसिस' से। संकट-बोध से। हम-आप सभी जानते हैं कि आचार्य रामचन्द्र शुक्ल ने जब 'कविता क्या है' लेख लिखा था, तो लिखा था, 'जैसे-जैसे सभ्यता का विकास होता जायेगा, कवि-कर्म कठिन होता जायेगा।' और सन्दर्भ में कवि-कर्म को परिभाषित करने के लिए पहले 'कविता क्या है' शीर्षक निबन्ध लिखा। वह भामह-दण्डी-मम्मट-आनन्दवर्धन की पुनरावर्ती करने के लिए नहीं लिखा था कि शब्दार्थ कविता है। वह सभ्यता के संकट-बोध के साथ, जिसमें कविता की ज़रूरत है की अभिव्यक्ति के लिए लिखा था।

हम-आप जानते हैं कि अंग्रेज़ी की पूरी नयी आलोचना (अशोक के शब्दों में अनेक लोग चतुर-सुजान हैं) उत्तरी अमेरिका के दक्षिणी भाग में, जहाँ के फॉकनर थे, जो एग्रेटियन सोसायटी थी, जहाँ दास-प्रथा थी, जिसमें औद्योगीकरण का ताज़ा-

ताज़ा हमला हुआ था, उस एक कृषि-समाज के गहरे संकट-बोध के साथ (एलन टेट, रावत बेरन) शुरू हुई थी। पुराने सामुदायिक जीवन को विच्छिन्न करने वाली एक नयी सभ्यता ने प्रवेश किया था; पूँजीवाद का प्रवेश हुआ था। इस अर्थ में वह कंजर्वेटिव थी। लेकिन उस गहरे संकट-बोध से प्रभावित थी। उसी गहरे संकट बोध से टी.एस. इलियट ने 'ट्रेडिशन एंड इंडिविजवल टेलेंट' लिखा था। पूरी नई आलोचना की शुरुआत एक संकट-बोध से हुई थी। इसलिए आज कुछ लोग तो कोई पुस्तक छपी और उसकी समीक्षा लिख कर तुष्ट हो गये या परम्परा के मूल्यांकन के नाम पर कोई लेख लिख दिया, उसको भी आलोचना कहते हैं। आलोचना की शुरुआत और सार्थक आलोचना इस सभ्यता के संकट-बोध की चिन्ता से शुरू होती है। आज का मौजूदा समय सभ्यता के गहरे संकट-बोध का है। भारत जिस दौर से गुज़र रहा है, पोस्टकलोनियल भारत, उत्तर-उपनिवेश युग का भारत, जिस दौर में आन्तरिक तनाव और बाहरी हस्तक्षेप, हज़ारों साल की पुरानी सभ्यता के उत्तराधिकार से एक दौर में बहुत कुछ से वंचित कर दिया जाने वाला, फिर उसको नये सिरे से खोजने वाला–धर्म में, मिथकों में और साथ ही पश्चिमी दुनिया से आने वाले अनेक आधुनिक चुनौती देने वाले विचारों के साथ तालमेल बैठाने की चिन्ता के साथ। इस गहरे संकट-बोध का मुक़ाबला करने की इच्छा और इस चिन्ता से कितनी आलोचना उद्भूत हुई है, यह हम-आप सभी पड़ताल करें-देखें। हम यह भी देखें कि किस आलोचक की आलोचना इस चिन्ता से प्रस्थान कर रही है। कौन इससे एकदम बेख़बर होकर लिखे जा रहे हैं। मैं समझता हूँ, मेरी यही चिन्ता है। यह चिन्ता मैं अशोक में भी पाता हूँ।

इस चिन्ता से अशोक की आलोचना शुरू होती है। हम में समानता यह है। सुविधा है अशोक को कि विश्वविद्यालय में पढ़ने के बावजूद, वि.वि. में अध्यापक बनकर बहुत दिनों तक नहीं रहे। यह उनको प्रोविलेज है। मेरा अभिशाप कहिए कि उस सभ्यता के संकट से जूझने का समय मुझे कम मिला। मेरा अपना जहन्नुम या जन्नत वि.वि. ही था। मुझे वि.वि. में रहने के कारण विश्वविद्यालयी आलोचना लिखने के प्रलोभन ज़्यादा थे। एक तरह से वह प्रोफ़ेशन डिमांड भी थी। अशोक सहज भाव से विश्वविद्यालयी चिन्तन/आलोचना की दीवारी से मुक्त हो सकते थे। मुझे इसके लिए संघर्ष करना पड़ा। शायद हमारी आलोचना एक ज़मीन पर मिलती है तो उसका यह भी आधार है कि उस विश्वविद्यालयी या प्रोफ़ेशनलाइजेशन या टेक्निकल आलोचना से मुक्त रह सके।

अब इस संकट का सामना करते समय अशोक की जो मुख्य चिन्ताएँ थीं कि आज के समाज में कि यह कविता विरोधी समाज है। बार-बार अशोक ने यह कहा है, ख़ासतौर से हिन्दी समाज के बारे में। यह कभी-कभी लोगों को भड़काने वाला विक्षोभकारी वक़्तव्य लगता है कि देखिए यह हिन्दी का रहते हुए भी कह रहा है कि समाज कविता विरोधी है। साहित्य विरोधी है। मेरा ख़याल है कि स्थिति में थोड़ा ही अन्तर है, आप इस मामले में भारतीय समाज को भी कह सकते हैं और यदि अगर नक्शा फैलाएँ तो बृहत् जगत् भी कोई कविता प्रेमी नहीं है। आज का संसार कविता विरोधी ही है। आप देखें कि हफ़्तों चलने वाले बजट सत्र में साहित्य, संस्कृति और कला को लेकर कितनी बहसें होती हैं। इन चीज़ों पर ज़्यादा चर्चा होती है–विकास पर और वित्तीय समस्याओं और अपने मोहल्ले/ इलाक़े में पुल नहीं बनवाये या रेलवे स्टेशन नहीं खोला। देखें लगभग यही संकट है। और यह संकट काव्य विरोधी है। आप देखें कि इस संकट की पहचान अशोक ने की है। मैं केवल तीन-चार बातों की ओर ध्यान दिलाना चाहता हूँ। इस पूरे क्रम में 'समय से बाहर' का जो पहला लेख है, 'दूसरा समय', इस समय को पहचानने में (निदान करने/समाधान करने में) जो स्थापनाएँ की हैं, जिनमें मुख्तसर कुल मिलाकर मुझे लगा कि अशोक को एक चिन्ता दिखाई पड़ती है। उसमें उन्होंने लिखा है, "यह दोटुकपन आग्रह आजकल बढ़ता जा रहा है जबकि शंका और सन्देह को एक मूल्य के रूप में माना जा रहा है।' उन्होंने आगे कहा है, "साहित्य तो मनुष्य की स्थायी गोधूलि है।" समाधान के रूप में उनके मन में यही सवाल बराबर उठता रहा है। यह कुछ टुकड़े हैं, जिनसे सिद्धान्त निकलते हैं। मैं आपका ध्यान उनकी ओर दिलाना चाहूँगा। "क्या ऐसा साहित्य सम्भव है, जो अपने समय से उदासीन हो, लेकिन काल से आक्रान्त?" और एक ऐसी धारा होनी चाहिए जो अपने समय और समाज की शर्तों और दबावों से ऊपर कुछ शाश्वत प्रकट कर सके।

यह सारी की सारी चीज़ें दो दिखाई पड़ती हैं, इनको मैं अपने ढंग से समझने की कोशिश करूँ। पहली चिन्ता स्वाभाविक है–शंका और सन्देह। मित्रो हम सभी जानते हैं कि दूसरे महायुद्ध के बाद और ख़ासतौर से साठ के दशक के बाद एक ऐसा दौर आया है, जिससे काल-चिन्तन में, साहित्य के दर्शन में एक सबेक्टिकल टर्म या एक सन्देहपरक परिवर्तन आया है। ऐसा लगता है कि अब तक हम जिन मान्यताओं में, मूल्यों में जीते रहे हैं, एक लम्बे अरसे से लगा कि अब इन सब पर प्रश्नचिह्न लगाने की ज़रूरत है। उसमें एक मार्क्सवाद भी है और मार्क्सवाद के

अलावा भी। यह एक ऐसा दौर था, जिसमें सब पर प्रश्नचिह्न लगा। इस पर डी-कंस्ट्रक्शन और पोस्ट-डी-कंस्ट्रक्शन वाले लोगों ने ज़ोर दिया। निर्मल जी ने लिखा है कि हम लोग तो आधुनिकता का ही एक अरसे तक गुणगान करते रहे। सही बात निर्मल जी ने उठाई है कि आधुनिकता भी एक छल है। एक छलावा है इसलिए चाहे जितने प्रकार के छल हों, विचारधारा के छल हों, भाषा स्वयं एक छल है; छलती है। यह एक रेडिकल स्क्रेप्टिज्म दिखाई पड़ा। हर तरह के छल की पहचान और उससे मुक्त होने की कोशिश। इस छल का एक सैद्धान्तिक रूप डिकंस्ट्रक्शन में दिखाई पड़ता है। अब इस छल की पहचान बहुत ही सृजनात्मक साबित हुई है। कठिनाई यह है कि (और जहाँ से फ़र्क़ होता है) अशोक ने यह समझा है कि यह सारा छल मार्क्सवाद ही में है और साहित्य (हिन्दी का) यदि दूषित हुआ है, तो मार्क्सवाद की आइडियोलॉजी ही छल है।

शीतयुद्ध के दौरान तो यह बात सही हो सकती थी लेकिन शीतयुद्ध के बाद साबित हुआ कि कम्युनिज़्म एक छल है तो एंटी-कम्युनिज़्म भी उतना ही बड़ा छल है। दोनों छल हैं। और इसलिए हर तरह के छल से यदि मुक्त होना है और स्वयं यदि भाषा छलती है; भाषा स्वयं सन्दिग्ध हो उठी है। सारा का सारा चिन्तन, इस रूप में कहा जाये कि सारे छल की जड़ भाषा है। पहले के लोग शब्द और अर्थ की एकता में विश्वास करते थे। नये आलोचक 'ऑर्गेनिक यूनिटी' की बात करते थे। (contant of form)। हम भूल जाते हैं कि नयी आलोचना में भी इसके बीज थे। शब्द और अर्थ की अन्विती तो होती है, वस्तु और अन्तर्वस्तु की भी अन्विती होती है। लेकिन हमें नहीं भूलना चाहिए कि नये आलोचक भी पेराडोक्स, इंग्विटी पर उतना ही ज़ोर देते थे। और आज हमारा ज़ोर बात पर, अन्तर्विरोध पर है कि अन्तर्विरोध सर्वत्र है। यही बात भले कुछ मार्क्सवादी भी भूल जाते हैं। यहाँ तक कि अन्तर्विरोध समाजवादी व्यवस्था में भी है और हो सकता है। माओ से जितनी मुगालफत लोगों की हो, लेकिन ऑन कांस्टिट्युशन किताब लिखते हुए उन्होंने कहा कि 'internal law history of tradition' में बच नहीं सकते आप। आख़िर देरिदा, बाल्डीमान कहते क्या हैं? पहले हम कृति पढ़ते थे, तो कथ्य क्या है लेखक का, वस्तु और रूप की अन्विती में से एक समग्र अर्थ निकाला करते थे। अब डी-कंस्ट्रक्शन वाले देखते हैं कि उसमें अन्तर्विरोध क्या है। तनाव कहाँ है और यदि ज़रा-सी फाँक दिखाई पड़ती है, तो उस फाँक में सुरंग लगाकर विस्फोट करने की कोशिश की जाती है।

कल भी कुछ लेख पढ़े गये थे। उन लेखों में आपको लगा होगा कि अशोक का विश्लेषण करते हुए लोगों ने वही अपने ढंग का जी-कंस्ट्रक्शन इस्तेमाल करने की कोशिश की है। इसलिए एक चीज़ तो यह सही है, सवाल यह है कि इसका इस्तेमाल हम कैसे करते हैं। किसलिए करते हैं। किस-किस रूप में करते हैं। भाषा यदि छल है, तो इस सिद्धान्त के आधार पर हम 'शब्द प्रमाण' को चुनौती दे सकते हैं कि कोई चीज़ वेद नहीं है। मथॉरिटी कोई चीज़ नहीं है। इसलिए यह रेडिकल डी-कंस्ट्रक्टशिज्म विस्फोटक विद्रोही क्रान्तिकारी होता है। यह किसी भी प्रकार के प्रामाणिक अथॉरिटी अधिकार को चुनौती देता है। चाहे वो राजनीति अधिकार हो, हर मथॉरिटी को चुनौती देना, इसी का निर्वाह करते हुए रोलां बार्थ ने बुर्जुआ मिथ, मॉयथोलॉजी को सेलिब्रेट करने के लिए नहीं लिखी थी। मॉयथोलॉजी किताब बुर्जुआ जीवन के तमाम मिथकों को बेनक़ाब करने के लिए लिखी थी। मैं यह जानना चाहता हूँ कि अशोक ने यह जानते मानते हुए या निर्मल जी ने अंशत: निर्वहन किया है। यह इनके लेखों में दिखाई पड़ता है।

उस छल का जो केन्द्र है, आधार है, वह सब को चुनौती दे लेकिन आप जानते हैं कि हम में से सब का कोई न कोई वाटरलू होता है। हम लोग कम्युनिज़्म के छल को तो बहुत तीव्रता और गहराई से देखते हैं, लेकिन पश्चिमी दुनिया की क्रिस्चेनिटी के छल को भी निर्मल जी देख लेते हैं। लेकिन अपना एक ऐसा मनोवांछित हिन्दुत्व है, वो हिन्दुत्व, उसमें कोई छल है या हो सकता है यह हमें नहीं दिखाई पड़ता। चाहे वो ऐसा ही नहीं है जैसा किसी फंडामेंटलिस्ट को क़ुरान में दिखाई पड़ता है कि छल हो ही नहीं सकता क़ुरान में। इसलिए ईश्वरवाद का विरोध करते हुए भी हम समझते हैं कि हमारे यहाँ ईश्वर का स्थान नहीं था, तो हम बड़े अच्छे थे, क्योंकि हमारे यहाँ देवता थे। हम भूल जाते हैं, स्वयं ऋग्वेद को ही पढ़ें, तो उसको पढ़ने से मालूम होता है कि यह ग्रन्थ एक ऐसे अतीत की स्मृति है, जब कहीं इन्द्र-वरुण आदि मानवोचित व्यवहार करने वाले ही रहे होंगे। अब आकर उनकी जैसी स्थिति बन गयी है कि शायद वे देवता हो गये हैं। यह वेद को पढ़ते हुए मालूम होता है कि जैसे एक ऐसे युग की बात की जा रही है जब इन्द्र-वरुण आदि इस धरती पर घूमते रहे हों। वहाँ फाँक दिखाई पड़ती है और फिर लगता है कि यह कोई प्रमाण नहीं है, अथॉरिटी नहीं है। यदि छल यह न भी हो, मिथ हो, तो यह मिथ भी इस बात की सूचना देता है कि हम इन तमाम चीज़ों को ख़ुशदिली में सेलिब्रेट करें, किन्तु यह फिटिस नहीं है। इस शब्द की सीमा होती है।अशोक के यहाँ शब्द के बारे में गहरी चिन्ता मिलती है। यह बहुत अच्छा है। हमारी परम्परा में भी डी-कंस्ट्रक्शन वालों ने

भी या देरिदा ने कोई नया नहीं खोजा है। यह अलग बात है कि देरिदा को पढ़ते हुए हमें याद आता है कि यह तो भर्तृहरि ने कहा था 'सर्वं शब्देन् भाषते'। यह दुनिया के बारे में जो कुछ भी हमारा ज्ञान है, जिसे हम दुनिया कहते हैं, समाज कहते हैं, वास्तविकता कहते हैं, यथार्थ कहते हैं, वह एक तरह का वाक्-विकल्प ही है। संसार की जो भी हमारी समझ है, यह सब 'शब्देन भाषते' अर्थात् शब्द की निर्मिति है, जिसे कंस्ट्रक्शन कहते हैं। इसलिए शब्द की प्रगति को मानने के बाद फिर यह कोई अलग चीज़ नहीं रह जाती। लेकिन यही पर्याप्त नहीं है। मैं इस अमूर्तता के रूप नहीं जाना चाहता। मैं सिर्फ़ कहना चाहता हूँ कि इससे अशोक ने जो एक समझ बनायी, वह समझ उसका एक लम्बा इतिहास है, वह अशोक को इस काव्य विरोधी छल से भरे समाज में ले जाता है। कविता ही ऐसी चीज़ है, पवित्र है, और वह जितने पवित्र हो सामाजिक न हो, सामाजिक शर्तों आदि के दबाव से मुक्त शुद्ध कविता जैसी चीज़ हो तो इनका जवाब हो सकती है। यानी 'प्योर पोइट्री' की परिकल्पना। यह काम सिम्बोलिस्ट लोगों ने एक लम्बे अरसे तक किया था। यह आलोचकों की भी धारणा थी। यही नहीं बल्कि मार्क्सवादियों में फ्रैंकफर्ट स्कूल के अडार्नो ने भी कहा था। उन्होंने कहा कि कविता का होना ही काफ़ी है। यह पूरे बुर्जुआ समाज को चुनौती देती है। उसकी शर्तों पर नहीं है, अपनी शर्तों पर है। एक विद्रोह का यह रुख़ था, लेकिन इसका एक दूसरा पहलू भी है जिसकी ओर ध्यान जाना चाहिए कि यह जो पवित्र गन्ध, गर्भगब्बार, धूल आदि से रहित व्योम को देखते तो हो, लेकिन लेकिन धुएँ की एक चिमनी का धुआँ भी उसमें पहुँचता है, वह भी तो है। हम नहीं चाहते कि धुआँ हो, लेकिन पहुँचता है, तो है। और उस धुएँ का मुक़ाबला कैसे करोगे तुम। इसलिए पूरी की पूरी चीज़ अशोक को, जिसे मैं कहूँ कि एस्थेटाइजेशन की ओर ले जाती है। और यह सौन्दर्यीकरण जो है, वह दुधारी तलवार है। शायद वो जिसे मैं गुलेरी जी के पुराने शब्दों में कहूँ तो 'कछुआ धर्म' है। मुठभेड़ नहीं है, बल्कि ऐसे दूषित वातावरण में स्वयं को बचा ले जाने की कोशिश है।

प्लेग आने पर सफ़ाई अभियान चलाने के नाम पर, यह सही है कि उस दूषण से मुक्त रहें, लेकिन शायद लेखक उस डॉक्टर के काम के ज़्यादा नज़दीक है, जहाँ उसे गन्दगी में जाते हुए ख़तरा उठा करके भी, हमें उनके बीच तो जाना ही पड़ेगा। मुझे लगता है कि कहीं अशोक का विद्रोह इस पूरी काव्य विरोधी, सौन्दर्य विरोधी, कला विरोधी, इन चीज़ों से मुठभेड़ की बजाये, मुठभेड़ का रास्ता छोड़कर कछुआ धर्म की ओर जाता है। जिस एस्थेटाइजेशन का रूप, सौन्दर्यीकरण का रूप, गहरे फ़ासिज़्म की ओर ले जाता है, वह फ़ासिस्ट आइडियोलॉजी थी और वॉल्टर

बेंजामिन ने इस पर बहुत लिखा है। मैं उस ब्योरे में नहीं जाऊँगा। वह रास्ता ले जाता है, उस तरफ़ जो अशोक कहते हैं। शायद यही चीज़ अशोक को बार-बार कविता के सन्दर्भ में हैं, भारतीय कला पर जब वह बात करते हैं, तो संगीत, जो आज भी आधुनिक दौर में भी भारत में कृषि की पवित्रता के साथ मौजूद है। अशोक का कला प्रेम, कला में भी क्लासिकी कला का, आज के समय की गर्द और गुब्बार से अछूत रह जाने वाली चीज़ की ताक़त आकृष्ट करती है। लगभग यह ऐसी ही है, जो अशोक करते हैं। उनका दृष्टिकोण देखते हुए मुझे आश्चर्य होता है। लगता है, हमारे देश में ही कहीं इसके समानान्तर बीज हैं।

हम लोग बड़े विचित्र ढंग से क्लासिकी प्रेमी हो गये हैं। सहसा आजकल लोग संस्कृत के विद्यालय-पाठशालाओं को पुन: उद्धार करने के, संस्कृत-विद्या का अध्ययन होना चाहिए, (क्यों होना चाहिए?) इसके तर्क देते हैं, लेकिन तमाम उन क्सालिकी चीज़ों का दर्शन, क्योंकि शाश्वत है, सनातन है, यही अशोक को इन कलाओं की ओर ले जाता है। यह जो आकर्षण है, वो निरन्तर बदलते-टूटते-परिवर्तित होते दौर में कुछ है, जिस पर हम टिकना चाहते हैं और टिकाव ढूँढ़ने के लिए क्लासिक से बढ़कर क्या होगा। संस्कृत उसका प्रतीक है। क्लासिक संगीत उसका प्रतीक है और उसे होड़ लेती है हमारी आज की कविता, जो वैसा ही क्लासिक हो जाना चाहती है। वह अपने पवित्र रूप में ही क्लासिक हो सकती है, अगर अशुभ हुई तो फिर वो नितान्त समकालीन होकर रह जायेगी। फिर वह क्षणभंगुर चीज़ होगी। यह सम्भवत: एस्थेटाइजेशन का एक दूसरा रूप है, जो दिखाई पड़ता है। और शायद इसी का एक रूप है–अध्यात्म। अशोक ने कहा है कि क्या ऐसा नहीं हो सकता जो शाश्वत है, वह समय से तो गूँथा हो, लेकिन काल से आक्रान्त न हो। और उनकी यह जो कोशिश है, वह प्रिय अध्यात्म की ओर, ईश्वर की ओर से झुकी हुई है। निर्मल जी के लेख को पढ़ने से मुझे जो आभास हुआ, उन्होंने जो कहना चाहा कि अशोक की तथाकथित आध्यात्मिक कविताएँ न पश्चिमी दृष्टि से आध्यात्मिक हैं और न भारतीय दृष्टि से ही।

श्री अरविन्द के आध्यात्मिक दर्शन के बारे में मुझे तनिक भी सन्देह नहीं है। रमण महर्षि के आध्यात्मिक दर्शन के बारे में मुझे तनिक भी सन्देह नहीं है। रामकृष्ण परमहंस देव के आध्यात्मिक अनुभवों के बारे में तो सन्देह की बात सोचना भी गुस्ताखी है। लेकिन एक कहानी मैंने सुन रखी है। सच है या झूठ कि परमहंस देव ने विवेकानन्द को साधु समाज की उस ऊँची भूमि तक पहुँचने नहीं दिया। उन्होंने कहा कि तुमसे मुझे काम लेना है। यह सच है या झूठ, किन्तु किंवदन्ती प्रचलित है। इससे

मालूम होता है कि विवेकानन्द वहाँ तक नहीं पहुँचे थे। इस किंवदन्ती को दूसरे ढंग से भी डी-कंस्ट्रक्ट किया जा सकता है। लेकिन मैं फ़िलहाल नहीं करूँगा, इसलिए किसी भी जो काव्यकर्मी है, रचनाकार है, इन तमाम चीज़ों से ऊपर उठकर काव्य रचना के कर्म में लगा हुआ है, उसे एक ऐसी अनुभूति होती है, जो आध्यात्मिक स्तर सी होती है। सम्भवत: मैं उसका अनुमान लगा सकता हूँ। शायद इसीलिए हमारे यहाँ साहित्य का, अभिनवगुप्त जो स्वयं साधक थे, उस भूमि पर पहुँचे थे, लेकिन अभिनवगुप्त ने जब रस की परम भूमि की परिकल्पना की तो कहा गया कि ब्रह्मानन्द नहीं है, वह ब्रह्मानन्द का सहोदर है और इसकी तुलना जब लोगों ने की तो रति-कर्म की अनुभूति के समीप तक मानी। लेकिन हमें नहीं भूलना चाहिए उन्होंने रति-कर्म की अनुभूति भी आलंकारिक रूप में ग्रहण की। उर्दू के बहुत से लोग कह चुके हैं कि प्रेम की अनुभूति ऐसी होती है, जो आध्यात्मिक सी मालूम होती है।

किसी का शेर है कि–

बेख़द थे, महफ थे, दुनिया का ग़म न था।
जीना विशाल में भी तो, मरने से कम न था।।

तो ऐसी अनुभूति होती है, जो मृत्यु जैसी मालूम होती है। और शायद वह परम अनुभूति होती है, जो अध्यात्म जैसे ही मालूम होती होगी। इसीलिए अशोक की तड़प को तो मैं समझ सकता हूँ। लेकिन उनकी कविता का जो ध्वन्यार्थ है, जो आकृष्ट करता है, यह उनकी यह तड़प ही है, जो वास्तविक है। आध्यात्मिक अनुभूति की प्राप्ति आध्यात्मिकता नहीं हो सकती हो, लेकिन अनुभूति होने के बाद तो हमारे यहाँ जो समाज की स्थिति हो समाधि शब्द है उसके लिए। जो आध्यात्मिक अनुभूति में, जिस प्रकार की आनन्द की अनुभूति जिस रूप में परिभाषित की गयी है, सम् की दशा होती है। उसमें तनाव नहीं है। यदि है तो वह समाधि नहीं है, ऐसा माना है लोगों ने और फिर कहूँगा कि मैं इस बारे में तो अज्ञेय ही हूँ। मैं नहीं जानता यह, केवल जिसको कहूँ कि यह मेरी बौद्धिक समझ है, अनुभूतिपरक नहीं है। मैं इस बात की ओर इशारा कर रहा था कि इसलिए मेरा कहना यह है कि अशोक की आध्यात्मिकता न तो पाश्चात्य दृष्टि से आध्यात्मिकता है, न भारतीय दृष्टि से। मैं इसके आधार पर कहना चाहता हूँ कि आज के युग में वह आध्यात्मिकता काव्य में सम्भव है ही नहीं।

इसीलिए अशोक यदि चाहें भी और अशोक का समानधर्मा कवि कोई चाहे भी, तो उसमें आज मीरा की तन्मयता नहीं मिल सकती। तुलसी की तन्मयता नहीं मिल सकती; नहीं मिलती है। कबीर की तन्मयता नहीं मिलती। इसलिए अशोक जब काल से आक्रान्त होने की बात करते हैं, तो मुझे कबीर कि वो पंक्तियां याद आती हैं :

कहत कबीर सोई सन्तान सूरमा काल निचोड़ अमृत पीवे।

कबीर समय से बाहर जाने की बात नहीं करते हैं। कबीर काल से आक्रान्त नहीं हैं। जब धर्म और काव्य में इस हद तक तादात्म्य में हो गया है, और एक ऐसा असम्भव सामुदायिक जीवन हमारा था, ग्रामीण जीवन, एक ऐसा कृषि समाज था, जहाँ इस प्रकार का, जहाँ कला और धर्म में विभेद नहीं था। कोई कला धर्म का साधन नहीं थी। भक्तों के लिए कविता इंस्ट्रूमेंट रूप में नहीं थी। साधन नहीं थी। उनके लिए भक्ति ही कविता थी, कविता ही भक्ति थी। वही आध्यात्मिक अनुभूति थी। अडार्नो ने कहा है कि तब सामुदायिक जीवन का विखण्डन नहीं हुआ था और व्यक्तिवाद का उदय नहीं हुआ था। 'रीज़न' या 'रेशनल' नाम की कोई एक अलग पावरफुल चीज़ नहीं विकसित हुई थी। यूरोप में जो इनलाइटमेंट के बाद विकसित हुई। हमारे यहाँ जो 19वीं शताब्दी के तथाकथित बंगाल की संस्कृतिवाद से जन्मा। तब एक विवेकवान या बुद्धिवाद पैदा हुआ था। मैं समझता हूँ उसके बाद भक्ति या आध्यात्मिकता, जहाँ धर्म, कला, और काव्य इतने तदाकार हो जायें कि अध्यात्म के समान लगें, यह स्थिति समाज में पैदा नहीं हुई थी। मैं यह नहीं कहता कि ऐसा समय नहीं आयेगा और नहीं होगा या हो सकता है; नहीं भी हो सकता है। मैं भविष्यवक्ता नहीं हूँ। लेकिन जिस दौर से अशोक गुज़र रहे हैं, यह एनेसस मन, ये चित्त, ये हृदय, यह चिन्ता और सभ्यता, यह समय का दबाव, जिससे आप मुक्त होना चाहते हैं, यह आपमें वह इतना तन्मयता आने ही नहीं देगा। सम्भव ही नहीं है। अब जो सम्भव नहीं है, कवि का यह भी काम है कि जो सम्भव नहीं है, उसको सम्भव करके दिखाये। जैसा वात्स्यायन जी ने आइकेरस के माध्यम से कहा है कि आप आसमान को ज़रूर छुइए, लेकिन इस प्रक्रिया में इसके लिए भी तैयार रहिए कि पंख टूट सकते हैं और ज़मीन पर गिर भी सकते हैं।

आप इस टूटने और गिरने की कहानी कहने के लिए अभिशप्त हैं। आरक्षण सिसिफस की तरह चट्टान को चढ़ाने और उसके साथ लुढ़कने के लिए अभिशप्त हैं। यहाँ तमाम कोशिशों के बीच मैं कहना चाहता हूँ कि यह आध्यात्मिकता की जो तड़प है, इसका प्रयास और गुणगान है, जो समाधान वो पेश करते हैं, देखना होगा कि कविता में सम्भव हो पाता है या नहीं हो पाता। इसलिए यह एक दूसरा भ्रम पैदा करता है। वो यह भ्रम की बजाय आप उसके बाहर जाने के अध्यात्म की ओर मोड़ने के, बेहतर यह है कि हम उसी समय के अगल-बगल, इर्द-गिर्द, वही अनुभूतियाँ आप देखें ऐसे आध्यात्मिक क्षण आपको मिलेंगे जहाँ मनुष्य तन कर खड़ा होता है, तो कहीं ज़्यादा वह अपनी नैतिक प्रयास में भी उदात्त दिखाई पड़ता

है। वह उदात्त रोज़मर्रा की ज़िन्दगी, घर में चूल्हे के पास बैठी हुई औरत में भी किसी को आध्यात्मिकता मिल सकती है। और जो लोहा पीटने वाला हाथ में जो हथौड़ा उठाता है, मार्क्स ने कहा है कि मज़दूर जब गर्म लोहे पर एक हथौड़ा पीटता है तो चिनगारी निकलती है वह एक स्प्रिचुअल स्पाइल जैसी उसे दिखाई पड़ती है। मैं कहना चाहता हूँ कि इस चोट में, इस संघर्ष में, लड़ाई में, मुझे आज की बहुचर्चित कविताओं में, अशोक की तथाकथित आध्यात्मिक कविताओं की अपेक्षा एक छोटी-सी चीख या पुकार व लड़कर-तनकर खड़े होने की कोशिश ज़्यादा दिखाई पड़ती है। अशोक की ठोस और ठस आध्यात्मिक कविताओं की अपेक्षा लगता है कि उसमें अधिक जान है।

यह विचित्र संयोग है कि डी-कंस्ट्रक्शन वाले कहेंगे कि अशोक का काव्यशास्त्र और सौन्दर्यशास्त्र उनकी अपनी कविता का नहीं है, बल्कि उनकी कविताएँ उस काव्यशास्त्र से उदासीन होकर बल्कि इनोसंट रहकर के लिखी गयी हैं। शायद यह हर कवि-आलोचक के साथ हुआ है। इलियट भी अपनी आलोचनाओं से बँधे नहीं हैं। मिल्टन पर हथौड़ा चलाने वाला आदमी फॉर क्वाटर से लिखता है और यह हाल अनेक बड़े कवियों का हुआ है। प्रसंगवश मुझे एक और बात याद आ गयी जिसका कल निर्मल जी ज़िक्र कर रहे थे, जो अडार्नो उसी लेख में हैं, जिनकी वजह से कभी रिल्के जैसे कवि के डुइनो एलिजीज की तारीफ़ की गयी थी। आप कह सकते हैं कि वह अन्धा था और यह रिल्के का सुडो मिस्टिसिज़्म है।

उन्होंने पास्कल के मिस्टिसिज़्म को सूडो नहीं कहा लेकिन रिल्के की डूइनो एलिजीज सूडो मिस्टिसिज़्म है; छद्म रहस्यवाद है। वह एलिजीज इतनी ही लौकिक दिखाई पड़ती है बल्कि और भी आश्चर्य होगा लोगों को देखकर कि मार्सल पूस के रिमेंबर समथिंग पास्ट उन स्मृतियों से लौटकर के आने के बाद जीते-जागते इन्सान आये दिखाई पड़ते हैं। उसमें कहीं गहरी आध्यात्मिकता दिखाई पड़ती है। मैंने यह बात इसलिए की कि अशोक शाश्वत सनातन और शुद्ध काव्यशास्त्र, कविता का काव्यशास्त्र लिखने की बजाय यदि समितियों के रंगमंच की गाथाकार होते जैसी कि उनकी कविता है, तो उन स्मृतियों के द्वारा शायद वे उस आध्यात्मिकता के तथाकथित रास्ते पर बढ़ते ज़्यादा दिखाई पड़ते हैं। उस मठ में झलक मारने वाले ईश्वर के, जिसके अस्तित्व के बारे में भी स्वयं कभी आश्वस्त नहीं हैं और न उस शास्त्रकार को ही आश्वस्ति है।

(इस व्याख्यान का लिप्यन्तरण अंकित नरवाल ने किया है।)

खण्ड-3

वह हँसी बहुत कुछ कहती थी

"आज का बुद्धिजीवी देशज चिन्तन से कटता जा रहा है। साधारण जन से उसकी दूरी बढ़ती जा रही है। वह अधिकांशत: विदेशी भाषा में लिखता और छपता है। भारतीय भाषाओं में लिखने वाले की या तो अनदेखी की जाती है या उसे दूसरे या तीसरे दर्जे का बुद्धिजीवी मान लिया जाता है।" ये शब्द हैं प्रोफ़ेसर श्यामाचरण दुबे के उनकी अन्तिम पुस्तक 'समय और संस्कृति' से मरणोत्तर प्रकाशित। मूलत: हिन्दी में लिखित। अन्तिम दिनों में दुबे जी अधिकांशत: हिन्दी में ही लिखते थे। इस गुनाह की सज़ा भी मिली। दूसरे दर्जे के 'बुद्धिजीवी' माने जाने लगे। इन शब्दों में कहीं-न-कहीं उनकी अपनी पीड़ा भी है। 'भारतीय ग्राम' मूलत: अंग्रेज़ी में लिखी गयी थी। यह दुबे जी की पहली पुस्तक थी। देश के साथ-साथ विदेश में भी सराही गयी। आज भी दुबे जी उसी पुस्तक के लिए याद किये जाते हैं। इस प्रशंसा में भी एक दंश है। उसे दुबे जी ख़ूब समझते थे।

सवाल सिर्फ़ भाषा का नहीं है। असली मुद्दा है देशज चिन्तन। दुबे जी यदि इस पथ से विचलित नहीं हुए तो इसलिए कि उनके सामने और भी मिसालें थीं। धूर्जटि प्रसाद मुखर्जी ने भी अपना बहुत-सा महत्त्वपूर्ण लेखन बंगला में किया था। ये समाजशास्त्री पर लिखा संगीत पर, साहित्य पर और संस्कृति पर भी। ऐसे ही समाजशास्त्री थे अक्षय कुमार देसाई। अंग्रेज़ी के साथ-साथ गुजराती में भी लिखने वाले। साधारण जन के संघर्षों से सम्बद्ध ऐसे देशज चिन्तन करने वाले बुद्धिजीवी और भी होंगे। लेकिन फ़िलहाल दुबे जी के साथ धूर्जटि बाबू और अक्षय भाई ही याद आ रहे हैं। आकस्मिक नहीं कि इन तीनों समाजशास्त्रियों की दृष्टि में संस्कृति प्रधान थी और सांस्कृतिक संवेदना उनके समाजशास्त्रीय चिन्तन के केन्द्र में थी। फिर वह सांस्कृतिक संवेदना ही क्या जिसमें अपनी भाषा, साहित्य और कला की पहचान का कोई प्रमाण न हो!

हिन्दी को दुबे जी ने वरण किया था। स्वेच्छा से। किसी प्रलोभन से नहीं। बड़े प्रलोभनों को ठुकराकर। इसलिए जो हिन्दी लिखी वह मातृभाषा मानकर बायें हाथ से नहीं, बल्कि गद्य को एक कला समझकर। प्रांजल, सायास। लेकिन अंग्रेज़ी का अनुवाद नहीं। भाषा की मौलिक प्रकृति का सम्मान करते हुए। दुबे जी को पढ़ते हुए और सुनते हुए भी, बराबर यह अहसास होता रहा है कि यह समकालीन साहित्य से रची-बसी वाणी है। अच्छी भाषा लिखना और बोलना भी उनकी दृष्टि में एक संस्कृति है।

वैसे, वे अपने आपको सिर्फ़ एक पाठक मानते थे। यह उनकी विनम्रता थी। इस प्रसंग में उनकी दो आत्मस्वीकृतियाँ याद आती हैं। एक तो यह कि "साहित्य किसी चोर दरवाज़े से मेरी ज़िन्दगी में आया और जमकर बैठ गया है। सुख-दुख के इस साथी को मैंने कभी अपने से अलग करने की कोशिश नहीं की।" और दूसरा यह जो अधिक मार्मिक है : "साहित्य मेरे अन्तर्मन में कितनी गहराई तक उतर गया है, इसका अहसास उस दिन हुआ जब 1962 में एक के बाद एक कठिन ऑपरेशनों के बाद, ज़िन्दगी और मौत के बीच अनिश्चय की घाटियों में भटकते हुए, मूर्च्छा से चेतना की ओर मैं हिन्दी कविता पंक्तियों के साथ लौटता था।"

ये दोनों ही आत्मस्वीकृतियाँ 'साहित्य की मेरी पहचान' शीर्षक लेख में हैं जो परम्परा, इतिहास-बोध और संस्कृति नामक पुस्तक में संकलित हैं। यह लेख मूलतः उनके एक भाषण का आलेख है जो उनके प्रकाशक मित्र स्वर्गीय ओमप्रकाश की स्मृति में आयोजित एक सभा में दिया गया। संयोग से उस आयोजन में मैं भी एक वक़्ता था, लेकिन यादगार भाषण तो दुबे जी का ही है। बहरहाल, उन आत्मस्वीकृतियों से स्पष्ट है कि दुबे जी साहित्य के सच्चे पाठक थे: वर्जीनिया वुल्फ के 'सामान्य पाठक', जिसकी तलाश हर लेखक को होती है, लेकिन जो दिन-पर-दिन दुर्लभ होता जा रहा है। हिन्दी में इस अहैतुक पाठक के अभाव की शिकायतें तो अक्सर सुनाई पड़ती हैं, लेकिन उस अलक्षित पाठक के अनुभव की एक झलक दुबे जी ने ही पहली बार दी थी। शास्त्र में साधारणीकरण के द्वारा संप्रेषण-ग्रहण की समस्या भले ही सरल ढंग से सुलझा दी गयी हो, लेकिन अनुभव के स्तर पर पाठक की प्रतिक्रियाओं में अनेक परतें होती हैं। इसका एहसास दुबे जी ने ही पहली बार कराया। इस प्रसंग में उनका यह अनुभव-सत्य आज भी स्मरणीय है : "अन्ततः साहित्य की पहचान एक व्यक्तिगत अनुभव है, बेहद अपना, बहुत निजी।"

यह अनुभव-सत्य साधारणीकरण के प्राचीन काव्यशास्त्र के लिए भी चुनौती

है और साहित्य के आधुनिक समाजशास्त्र के लिए भी। साहित्य के अपने निजी अनुभव से प्रेरित होकर ही दुबे जी साहित्य के माध्यम से समाज के अध्ययन की ओर प्रवृत्त हुए। उन्होंने स्वयं स्वीकार किया है कि समाज के "प्रत्यक्ष अध्ययन का हिमायती होते हुए भी मैं साहित्य के माध्यम से भी भारतीय समाज में होने वाले परिवर्तनों को समझने की कोशिश कर रहा हूँ।" इस कोशिश का निष्कर्ष यह है कि प्रेमचन्द, रेणु, श्रीलाल शुक्ल, राही मासूम रज़ा आदि के उपन्यास साहित्यिक रचनाएँ भी हैं और समाज-वैज्ञानिक दस्तावेज़ भी। इतना ही नहीं, बल्कि "भारतीय ग्रामीण जीवन को उन्होंने साहित्यकार की तीसरी आँख से देखा है और उसके कुछ ऐसे पहलुओं के सूक्ष्म तत्त्वों की मार्मिक विवेचना की है जो हमारी शुष्क वैज्ञानिक दृष्टि और कष्टसाध्य सांख्यकीय विश्लेषण की पकड़ में नहीं आते।" इस प्रसंग में 'राग दरबारी' का उल्लेख करते हुए दुबे जी ने तो यहाँ तक कह दिया कि विराट समाजशास्त्रीय कल्पना वाले बीस विद्वान ग्रामीण यथार्थ के बारे में जो नहीं कह सकते, वह इस एक उपन्यास में श्रीलाल शुक्ल ने कह दिया है।

साहित्य का कोई समालोचक ऐसा वक्तव्य देता तो वह अतिशयोक्ति कहलाती, लेकिन दुबे जी की यह उक्ति साहित्य के प्रति समाजशास्त्र का समुचित सम्मान है। खेद है कि तीन-चार फुटकल लेखों के अलावा दुबे जी ने हिन्दी उपन्यासों के समाजशास्त्र पर कोई व्यवस्थित ग्रन्थ प्रस्तुत नहीं किया। फिर भी इसमें कोई शक नहीं कि इस दिशा में उन्होंने कुछ महत्त्वपूर्ण संकेत-सूत्र छोड़े हैं।

सच पूछिए तो 'उपन्यास का समाजशास्त्र' और 'साहित्य का समाजशास्त्र' उनके अध्ययन की मुख्य विषय-सूची में था भी नहीं। हिन्दी की कविता, कहानी, उपन्यास आदि पढ़ना दरअसल उनके शौक़ में शामिल था। यह और बात है कि इन साहित्यिक कृतियों ने उनकी समाजशास्त्रीय कल्पना को प्रीतिकर विस्तार दिया। साहित्यानुशीलन को सीधे-सीधे इससे क्या मिला, यह बताना तो फ़िलहाल थोड़ा मुश्किल है, पर समाजशास्त्र को निश्चय ही संस्कृति का एक नया आयाम मिला। अहसास हुआ कि संस्कृति में अप्रत्याशित प्रतिशोधात्मक शक्ति है और इस प्रत्यय का प्रयोग एक आलोचनात्मक औज़ार के रूप में हो सकता है। 'विकास' की आलोचना भारतीय सन्दर्भ में दुबे जी ने इसी सांस्कृतिक औज़ार से की। उपलब्धि है 'विकास का समाजशास्त्र'।

और अब अन्त में एक नज़र उस दुर्लभ व्यक्तित्व पर : विविध भूमिकाओं के साथ मनोहर श्याम जोशी के उपन्यास 'कुरुकुरु स्वाहा' में दुबे जी को जोशी जी के व्यक्तित्व की तिमंजिली इमारत का प्रतिरूप बहुत दिलचस्प लगा था। उनके ख़याल

के उपन्यास की कथावस्तु और शिल्प में तीन से अधिक व्यक्ति दबे पड़े थे। क्या दुबे जी के व्यक्तित्व की इमारत में भी कहीं ज़्यादा मंज़िलें नहीं थीं?

दुबे जी को एक और 'मॉडल' या प्रतिरूप पसन्द है? 'कंथा' की संस्कृति को वे पेड़ या नदी की अपेक्षा एक 'कंथा' के रूप में देखते हैं। कंथा अर्थात् 'कन्थरी' जिसका निर्माण अलग-अलग रंगों, आकारों और बुनावटों के कपड़ों को जोड़कर किया जाता है। प्रसाद जी को भी कभी अपना जीवन 'कंथा' की तरह लगा था और उनका यही अनुरोध था कि "सीवन को उधेड़कर देखोगे क्यों मेरे कंथा की!" क्या दुबे जी का भी व्यक्तित्व एक रंग-बिरंगी कंथा नहीं था?

आज उस कंथा की सीवन उधेड़कर देखने का न अवसर है, न आवश्यक अवकाश। फिर भी बनावट, बुनावट और रंगाभेज़ी पर एक नज़र तो डाली ही जा सकती है। देखने में अत्यन्त आधुनिक, लेकिन साथ ही परम्परा के परम पक्षधर। बुनावट में शहर की सभ्यता का ताना और गाँव की संस्कृति का बाना, कहीं-कहीं आदिवासियों की विलक्षण कारीगरी भी।

विवेचन-विश्लेषण में एक प्रशिक्षित मानव विज्ञानी की वैज्ञानिक दृष्टि के साथ ही साहित्य के अवलोकन से अर्जित संवेदनशीलता।

सत्ता-संस्थानों से निरन्तर सम्बद्ध रहते हुए भी असहमति और विरोध की हिमायत।

संगोष्ठियों-सभा-सम्मेलनों का अभ्यस्त प्राणी होते हुए भी कहीं-न-कहीं अपने आप में रहने की क्षमता।

हर तरह से पर्याप्त सफल, फिर भी विफलता के एक दंश से पीड़ित।

सर्वथा सुरक्षित, फिर भी असुरक्षा से आशंकित।

कहना न होगा कि यह कोई वस्तुगत व्यक्तित्व-विश्लेषण नहीं, बल्कि एक ऐसे व्यक्ति का शुद्ध मनोगत और नितान्त निजी आकलन है, जो दुबे जी के सम्पर्क में पहली बार 1959 में सागर में आया और तब से छोटे-मोटे अन्तराल के बावजूद लगातार सम्पर्क में रहा है। आज भी मेरी आँखों के सामने ओठों में दबी पाइप के साथ ईषत् स्मिति वाली छवि है जो लगभग दुबे जी की स्थायी छवि थी। इस छवि के साथ जाने क्यों निराला की वे दो पंक्तियाँ अनायास याद आ जाती हैं :

वह हँसी बहुत कुछ कहती थी
फिर भी अपने में रहती थीं।

(यह लेख प्रख्यात समाजशास्त्री डॉ. श्यामाचरण दुबे पर उनके निधन के बाद लिखा गया है।)

जिसकी रग-रग में गंगा का पानी था

राही मासूम रज़ा का नाम हिम्मत ग़ाज़ीपुरी होना चाहिए था, बतर्ज़ हिम्मत जौनपुरी लेकिन इस समय मेरे ज़ेहन में राही का वह ताविल नहीं, बल्कि गंगा और महादेव शीर्षक कविता का यह टुकड़ा है मेरा नाम मुसलमानों जैसा है। मुझको क़त्ल करो और मेरे घर में आग लगा दो लेकिन मेरी रग-रग में गंगा का पानी दौड़ रहा है

'हर-हर महादेव' का नारा लगाकर हमला बोलने वालों को इस तरह ललकारना हिम्मत का काम है और कबीर के बाद ऐसी हिम्मत मुझे सिर्फ़ राही में दिखाई पड़ी। राही में यह हिम्मत इसलिए है कि वे इसी तरह अल्लाह ओ अकबर के नारेबाज़ जेहादियों को भी चुनौती देते हैं। एकदम कबीर की तरह। यह हिम्मत राही को मिली है अपने गाँव गंगौली की धरती से।

'आधा गाँव' उपन्यास में कहानी कहते-कहते तीन सौ पृष्ठों के बाद अचानक कहानी छोड़कर राही 'भूमिका' के रूप में एक इक़बालिया बयान देते है : "मैं सैयद मासूम रज़ा आब्दी वल्द सैयद बशीर हसन आब्दी बहुत परेशान हूँ। अक्सर सोचता हूँ कि मैं कहाँ का रहने वाला हूँ। जनसंघ का कहना है कि मुसलमान यहाँ के नहीं हैं। मेरी क्या मजाल कि उसे झुठलाऊँ मगर यह कहना ही पड़ता है कि मैं ग़ाज़ीपुर का हूँ। गंगौली से मेरा सम्बन्ध अटूट है। वह एक गाँव ही नहीं है, वह मेरा घर भी है क्यों चला जाऊँ साहब? मैं तो नहीं जाता।" यह अकड़, यह तेवर राही का अपना है। यही है सच्चा देशप्रेम।

अब तो देशप्रेम के क़िस्म-क़िस्म के दावेदार मैदान में आ गये हैं। वे अर्थशास्त्र से ज़्यादा दुहाई धर्म की देते हैं। कुछ देशप्रेमी ऐसे भी हैं, जो अपने आपको सेकुलर कहना पसन्द करते हैं। कहना न होगा कि राही का देशप्रेम इन सबसे अलग था। वे जिस मिट्टी से बने थे, वह और ही है। राही का परिचय ख़ुद राही के ही शब्दों में, "मैं उस गढ़ई का हूँ। जिसने गंगा की तरह गंगौली को अपनी गोद में ले रखा है। मैं

पाँचवीं और आठवीं मोहर्रम के गश्त का हूँ। मैं करघों की उन आवाज़ों का हूँ जो दिन-रात चलते रहते हैं। कभी नहीं रुकते। मैं गया अहीर-हरिया बढ़ई और कोमिला चमार का हूँ, ये वाक्य आधा गाँव के है जो कहने को तो एक 'आधा गाँव' है लेकिन हक़ीक़त में पूरा हिन्दुस्तान है।"

'आधा गाँव' लिखा गया उर्दू में लेकिन उसे छापने के लिए उर्दू का कोई प्रकाशक तैयार नहीं हुआ। हिन्दी में प्रकाशित तो हुआ लेकिन बड़ी मुश्किल से। एक विश्वविद्यालय के पाठ्यक्रम में लगा तो हंगामा खड़ा हो गया। उसे अश्लील और साम्प्रदायिक कहक़र पाठ्यक्रम से निकलवा दिया गया।

उनका ख़याल था कि अगर हिन्दी, उर्दू बुनियादी तौर पर एक ही भाषा है तो फिर वह दायें से लिखी जाये, चाहे बायें से, फ़र्क़ नहीं पड़ता। उर्दू की दुनिया ने इस 'गद्दारी' के लिए राही को कभी माफ़ नहीं किया। उर्दू की अदबी दुनिया में राही के बारे में मुकम्मल ख़ामोशी का आलम है, जबकि उनकी ग़ज़लों और नज़्मों की किताबें ज़्यादातर उर्दू में ही छपी हैं। 'अठारह सौ सत्तावन' नामक लम्बी नज़्म उर्दू शायरी में अपने ढंग की अकेली कविता है जिसे उर्दू शायरी को राही की देन के रूप में तस्लीम किया जाना चाहिए था, लेकिन किसी ने उसका ज़िक्र तक नहीं किया। वैसे, यह कविता नागरी लिपि में भी छपी है, लेकिन हिन्दी वालों ने यह समझकर इसे छोड़ दिया कि यह तो उर्दू की है।

डॉ. राही मासूम रज़ा सही मायने में एक उस्ताद थे और यूनिवर्सिटी को ही अपनी सही जगह समझते थे, बदक़िस्मती राही से ज़्यादा यूनिवर्सिटी की है जो उन्हें 'परछाइयों के शहर' बम्बई में पनाह लेनी पड़ी। उस्ताद को लाचार 'फेरीवाला' होना पड़ा। राही ने गहरे दर्द के साथ यह नज़्म लिखी है :

नित नये हाथों में और नित नयी दुकानों पर,
रोशनाई के लिए अपने को बेचा किये हम...

लेकिन बेचा भी तो 'रोशनाई के लिए' जिसका मतलब सिर्फ़ स्याही नहीं, बल्कि रोशनी भी है।

यदि यह दुर्भाग्य सौभाग्य में बदल गया तो इसे राही का कमाल समझना चाहिए। अपनी ज़िन्दगी के महाभारत को राही ने छोटे परदे के 'महाभारत' धारावाहिक में बदल दिया और आज उसी की बदौलत राही मासूम रज़ा पूरे हिन्दूस्तान के लिए एक घरेलू नाम हो गया। 'महाभारत' धारावाहिक जितना व्यास का है, उतना ही राही का। अपने इस 'समय' को राही ने बड़े जतन से आत्मा के कोने में अन्त तक बचाये

रखा, सँजोये रखा–इस तरह कि उसे बम्बई का फ़िल्मी बाज़ार भी न ख़रीद सका। अपने हिन्दी कविता-संग्रह 'मैं एक फेरीवाला' की भूमिका में राही ने लिखा : "मैंने ख़्वाब में भी नहीं सोचा था कि मेरा लड़कपन जिस भविष्य के लिए संघर्ष कर रहा है, वह वर्तमान बनकर ऐसा निकलेगा। मैं इस वर्तमान को स्वीकार नहीं करता। मेरा बस चले तो मैं अपने संघर्ष को वापस ले लूँ लेकिन मैं अपने आपको जानता हूँ। मैं घर वापस नहीं जाऊँगा।" और अब तो राही उस मंज़िल पर पहुँच गये है जहाँ से वापसी का सवाल ही नहीं।

(यह आलेख स्व. राही मासूम रज़ा के निधन के बाद उनकी पुण्य स्मृति में लिखा गया। साभार 5 अप्रैल 1992, इंडिया टूडे।)

डॉ. विवेकी राय
भारतीय गाँवों का रचनाकार

डॉ. विवेकी राय नहीं रहे। अब सिर्फ़ उनकी स्मृतियाँ और रचनाएँ शेष रह गयी हैं। डॉ. विवेकी राय से मेरा सम्बन्ध साहित्यिक सरोकारों तक सीमित नहीं था, बल्कि वह आत्मीय था। हम दोनों लगभग हमउम्र थे, हमारा जनपद आसपास था, हमारी मातृभाषा भोजपुरी थी, हम दोनों शिक्षक थे और लेखक भी। इतनी सारी व्यक्तिगत और सामाजिक-सांस्कृतिक समानताएँ व्यक्तिगत प्रगाढ़ता के लिए पर्याप्त थीं।

डॉ. विवेकी राय महानगर के नहीं हुए। वे अपने जनपद से आबद्ध और प्रतिबद्ध थे। इस कारण डॉ. विवेकी राय से मेरी मुलाक़ातें ग़ाज़ीपुर में ही हुईं। ग़ाज़ीपुर की मैंने असंख्य यात्रा की हैं और मेरी उन यात्राओं के आत्मीय पड़ावों में एक विवेकी राय भी थे। हमारा प्रारम्भिक औपचारिक साहित्यिक परिचय उत्तरोत्तर सहज मित्रता में रूपान्तरित होता गया।

डॉ. विवेकी राय अपनी मिट्टी और उसकी संस्कृति से सहज रूप से एकाकार थे। अपनी मिट्टी और संस्कृति से लगाव और उसके प्रति स्वाभिमान के कारण ही विवेकी राय ने अपनी मातृभाषा भोजपुरी में भी काफ़ी लिखा है। कहना न होगा कि डॉ. विवेकी राय ने प्रचार, महत्त्वाकांक्षा और प्रसिद्धि के लाभ से अप्रभावित रहने के कारण ही हिन्दी के साथ मातृभाषा भोजपुरी की भी सेवा की।

डॉ. विवेकी राय अपने कृतित्व के साथ-साथ अपने व्यक्तित्व में भी अनुकरणीय थे। वे सहज, सरल, निष्कलुष और महत्त्वाकांक्षा रहित व्यक्ति थे। उनमें सही-ग़लत तरीक़े से आगे निकल जाने की बेचैनी और प्रतिस्पर्धा नहीं थी। डॉ. विवेकी राय में किसान जीवन जैसी सादगी, धैर्य और निरन्तरता दिखती थी। बड़े साहित्यकार तो बहुत होंगे पर विवेकी राय जैसा सरल और सहज चरित्र पाना दुर्लभ होगा।

डॉ. विवेकी राय प्रेमचन्द और रेणु की परम्परा में ठहरते हैं। गाँव और उसका जीवन इनके साहित्य का जीवन स्रोत रहा है। गाँव कथा का जब भी उल्लेख किया जायेगा, विवेकी राय जी हमेशा स्मरणीय और प्रासंगिक रहेंगे। कविता के साथ उन्होंने कहानियाँ भी लिखीं, उपन्यास भी, ललित निबन्ध भी और समीक्षाएँ भी। उनकी सभी रचनाएँ ग्राम केन्द्रित हैं। इस प्रकार प्रेमचन्द और रेणु की क्षीण होती परम्परा को उन्होंने आजीवन अपना साक्ष्य बनाये रखा।

डॉ. विवेकी राय के चर्चित उपन्यास 'सोना-माटी' को मैं 'गोदान' और 'मैला आँचल' जैसे ग्रामीण उपन्यासों की परम्परा की महत्त्वपूर्ण उपलब्धि मानता है। उन्होंने अपने जनपद की 'करइल माटी' को अपनी कथा में सोना बनाने का श्रम साध्य एवं कलापूर्ण उपयोग किया है। जनपदीय मिट्‌टी का सोंधापन उनके कथा-साहित्य में फैला हुआ है। ऐसा प्रतीत होता है कि समग्र रूप से उनके लेखन की पृष्ठभूमि ग्राम-जीवन है। वास्तव में वही उनका जीवन था। उनके अंचल की भाषा, संस्कृत, रहन-सहन का उनके ऊपर भरपूर असर था।

डॉ. विवेकी राय के सन्दर्भ में आज मैं अपने पूर्व कथन को दुहराना चाहता हूँ कि प्रेमचन्द के कथ्य गँवई सच का डॉ. विवकी राय के साहित्य में पूरी तरह साक्षात् दर्शन किया जा सकता है, जहाँ स्वातन्त्र्योत्तर भारतीय गाँवों का सच चित्रित तो है ही, साथ ही नवसृजनवादी सोच को पर्याप्त प्रोत्साहन तथा प्रगतिशील सामाजिक ढाँचे को मज़बूत करने का प्रयास भी मुखर है।

उपन्यासों की भाँति ही विवेकी राय की प्रत्येक कहानी का उद्‌देश्य तत्कालीन भारतीय गाँवों की दुर्दशा को सम्मुख करते हुए व्यवस्था के खोखलेपन को उजागर करना है। विवेकी राय की सभी कहानियाँ विशेषकर 'कालातीत' संग्रह की कहानियाँ पाठकों को उद्वेलित कर कुछ सोचने को विवश करने की क्षमता रखती हैं। डॉ. विवेकी राय की इन कहानियों में ललित चिन्तन के साथ-साथ काव्यात्मक सरसता भी है, जो कहानीकार की सर्वपालक क्षमता के साथ-साथ संवेदना को प्रत्यक्ष करती है।

इनकी कहानियों की भाषा और भाव, ग्रामीण परिवेश की अपेक्षा के अनुरूप हैं। ये कहानियाँ अलग-अलग कोणों से, गाँवों से हमारा भावात्मक सम्बन्ध जोड़ती चलती हैं। प्रेमचन्द अपनी कहानियों में महाजनी सभ्यता से लड़ते-जूझते नज़र आते हैं, तो डॉ. विवेकी राय भी अपनी कहानियों में छद्‌म और भ्रष्ट राजनीति व विकास के नारों से दो-दो हाथ करते दिखाई देते हैं। मैंने पहले भी कहा था कि फणीश्वरनाथ रेणु ग्रामीण परम्पराओं और अन्त:सम्बन्धों की संवेदनाओं को व्यक्त करते हैं, जहाँ

एक-दूसरे के प्रति संवेदना, आपसी उत्साह व विनोद प्रचुर व प्रगाढ़ हैं, वहीं डॉ. राय अपनी रचनाओं में इन तत्त्वों के साथ-साथ विकास के प्रति व्याकुलता रखते हैं और दुर्व्यवस्थाओं पर तीखा प्रहार भी करते हैं।

मैंने महसूस किया है कि ग़ाज़ीपुर शहर डॉ. विवेकी राय का कुछ नहीं बिगाड़ सका, नगरीय संस्कृति के भी नहीं पड़े उन पर। हाँ, एक फ़ायदा अवश्य हुआ कि उन्होंने शहर में रहकर साहित्य में प्रयुक्त गँवईपन को बचाने-बढ़ाने तथा उन्हें आम लोगों तक पहुँचाने का नया अस्त्र खोज निकाला था। नयी और पारम्परिक दृष्टि से एक साथ तत्कालीन गाँवों को देखने का तरीक़ा डॉ. राय को ख़ूब मालूम था।

अब मिट्टी का रचनाकार उसी मिट्टी से सदैव के लिए एकाकार होकर चिरनिद्रा में निमग्न हो गया है...इस मिट्टी से उठती हर सोंधी हवा में विवेकी राय की स्मृति सदैव सुवासित होती रहेगी।

(यह स्मृति-शेष डॉ. विवेकी राय के निधन के बाद लिखा था।
साभार यथावत पत्रिका 1-15 दिसम्बर, 2016)

आईना क्यों न दूँ

विश्वनाथजी की एक कविता है : एक प्राध्यापकीय अनुभूति। सन् 67 की 'आलोचना' में छपी थी। कविता कुछ इस तरह है : एक प्राध्यापक की गर्दन में फूलों का मौसम जयमाल बनकर गिर पड़नेवाला ही था कि उसे अपने एम.ए. पास विद्यार्थी का चेहरा याद आ गया। निराशा को दबाती हुई चेहरे की असहायता। वह बेधुला-काले से भूरा होता हुआ कोट। फटी चप्पलों को घसीटने के कारण लँगड़ाना। जो वाद-विवाद प्रतियोगिताओं में कई पुरस्कार जीत चुका है उसी का एम. ए. पास करने के बाद हक़लाने लगना। जब यह सब याद आया तो सहसा वह जयमाल नियुक्ति पत्र बनकर ऊपर आसमान में फड़फड़ाने लगी!

15 फ़रवरी 1996 को विश्वनाथजी दिल्ली विश्वविद्यालय की सेवा से 65 वर्ष पूरे करने के बाद निवृत्त हो गये। जल्द ही किसी दिन विदाई भी होगी ही। गर्दन में जयमाल भी शायद पड़ेगी। क्या उस समय की उन्हें यह अपनी कविता याद आयेगी? चार साल पहले मैं भी इसी तरह जे.एन.यू. से सेवानिवृत्त हुआ था। तब मुझे विश्वनाथजी की यह कविता बेसाख्ता याद आयी थी।

अध्यापन के पेशे में ऐसी ही 'प्राध्यापकीय अनुभूति' बचे रहने की ताक़त देती है।

बात 1967 की होगी। विश्वनाथजी दिल्ली विश्वविद्यालय के एक कॉलेज में प्राध्यापक थे और मैं विश्वविद्यालयों की दुनिया से बाहर। वे मॉडल टाउन में रहते थे, मैं मॉडल टाउन छोड़कर तीमारपुर के एक कमरे में आ बसा था। वे सुबह टहलने निकलते तो अक्सर मुझसे मिलने आ जाते। एक दिन कुछ ऐसा हादसा हुआ कि दरवाज़े पर अचानक पड़ोसी के कुत्ते की ज़ोर-ज़ोर से भूँकने की आवाज़ सुनाई पड़ी। दरवाज़ा खोला तो देखा कि विश्वनाथजी बदहवास खड़े हैं : कपड़े फटे हुए और पाँव लहूलुहान! सन्न रह गया! हौं ही सब अनरथ कर हेतू।

कुत्ता अल्सेशियन था। उसके मालिक ने आश्वासन दिया कि वह पागल नहीं।

लेकिन विश्वनाथजी क्योंकर आश्वस्त होने लगे। सबसे ज़्यादा चिन्ता उन्हें अपनी बच्चियों की थी, पत्नी की थी। किसी तरह घर गये। हम उन्हें हर रोज़ लगभग हफ़्ते भर फ़ोन पर उस कुत्ते की आवाज़ सुनवाते रहे—यह बताने के लिए कि वह मरा नहीं बल्कि ज़िन्दा है। एकाध बार उन्हें वहम हुआ कि कहीं वह आवाज़ किसी दूसरे कुत्ते की न हो। इसलिए वे बीच में दो बार उस कुत्ते को अपनी आँखों देखने भी आये। इसके बावजूद एहतियात के तौर पर उन्होंने पेट में चौदह ज़ालिम सुइयाँ भी लगवायी।

दुर्घटना के शिकार वे हुए थे, लेकिन अपराध-बोध की पीड़ा मुझे भी कम न थी। 'आलोचना' के ग़ालिब विशेषांक की तैयारी चल ही रही थी। संयोग से एक दिन ग़ालिब का दीवान उलटते हुए इस शेर पर नज़र पड़ी :

पानी से सग-गज़ीदा डरे जिस तरह असद
डरता हूँ आइने से कि मर्दुम-गज़ीदा हूँ।

उस ग़मे दौरों में डरते-डरते एक शाम विश्वनाथजी को यह शेर सुनाया—बिना यह जोड़े कि 'आप तो कुत्ते के ही काटे हुए हैं, मैं तो आदमी का काटा हुआ हूँ।' तब मुझे पता न था कि किसी आदमी के काटे हुए वे भी हैं। आख़िर इस दिल्ली के काटे कौन बचा है?

विश्वनाथजी याद आयें और तुलसीदास याद न आये—यह हो ही नहीं सकता! बाबा उनके तो बाबा ही हैं, मेरे भी सिर माथे पर हैं। काशी में कवितावली के छन्द रचते हुए कभी उन्होंने 'कलियुग' को चुनौती देते हुए कहा था :

बाम्हन ज्यों उगिल्यो उरगारि हौं त्योंही तिहारे हिए न हितैहौं।

गरुड़ ने भ्रमवश ब्राह्मण को निगल लिया था, लेकिन पेट में ऐसी ज्वाला हुई कि विवश होकर उसे उगल देना पड़ा था।

हम जैसों के लिए शायद दिल्ली ही वह गरुड़ है—ऐसे 'बाम्हन' कम ही होंगे जिन्हें यह गरुड़ हज़म न कर सका हो। आज भी विश्वनाथजी को साबुत और सही-सलामत देखकर बाबा याद आ जाते हैं और साथ ही अपने भी होने का एहसास।

और अन्त में, बल्कि सबसे पहले ही, विश्वनाथजी के साथ पण्डितजी को तो याद आना ही है। पण्डितजी अर्थात् आचार्य हज़ारीप्रसाद द्विवेदी। हम दोनों के गुरु।

संदीपन गुरु। सच तो यह है कि हम दोनों मिलते हैं तो ज़्यादातर बातें पण्डितजी को लेकर ही होती हैं। विश्वनाथजी जब निरुत्तर हो जाते हैं तो हारकर कहते हैं : 'गुरु ने ज्ञान की गठरी तो आप ही के सामने खोली थी !'

खोली होगी मेरे सामने, लेकिन आज मैं कहना चाहता हूँ कि दी वह गठरी उन्होंने विश्वनाथजी को ही। यह सच है। लेकिन उस गठरी में ज्ञान के साथ धड़कते हुए अत्यन्त संवेदनशील हृदय का एक टुकड़ा भी था। विश्वनाथजी के पास वह अमूल्य गठरी आज भी सुरक्षित है। वह निधि अन्ततः अधिकारी को ही मिली ! अन्तेवासी भी तो वही थे!

विश्वनाथजी ने हक़ अदा कर दिया। यह मैं आज निःसंकोच कह सकता हूँ। तुलसीदास पर पण्डितजी लिखना चाहते थे, लिख न पाये। विश्वनाथजी ने 'लोकवादी तुलसीदास' लिख दिया। फिर उन्होंने मीरा पर लिखा और हरिशंकर परसाई पर भी। सब पर उसी तन्मयता के साथ जिस तन्मयता से पण्डितजी ने 'कबीर' लिखा था। गरज कि वह सब किया जो न गुरु से हो सका और न उनके इस शिष्य से। इसी क्रम में मैं यह भी जोड़ना चाहूँगा कि रेणु की 'तीसरी कसम' की मार्मिक व्याख्या भी वही मानस कर सकता है जिसमें 'पुनर्नवा' की चन्द्रा के साथ अपनापा हो!

परन्तु अभी विश्वनाथजी की साहित्यिक उपलब्धियों का लेखा-जोखा पेश करने का समय नहीं आया है, इसलिए आज तो उन्हें सिर्फ़ यह छोटा-सा 'आईना' देना चाहता हूँ इन शब्दों के साथ–

ऐसा कहाँ से लाऊँ कि तुझसा कहें जिसे।

(यह संस्मरण विश्वनाथ त्रिपाठी के बारे में है। साभार इतिहास और आलोचना के वस्तुवादी सरोकार पुस्तक राधाकृष्ण प्रकाशन।)

खण्ड-4

गोर्की के पत्र

गोर्की की मौत पर प्रेमचन्द ने कहा था कि जब घर-घर शिक्षा का प्रचार हो जायेगा तो तुलसी-सूर की तरह गोर्की भी चारों ओर पूजे जायेंगे। अभी शिक्षा का प्रचार उतना नहीं हो सका है, फिर भी गोर्की के लिए आम लोगों में बहुत प्यार है। मेहनतकश जनता में ऐसे बहुत से लोग हैं जो गोर्की की 'माँ' को अपनी माँ समझते हैं। ऐसे दलित और अनाथ किशोरों की संख्या कम नहीं है जिन्हें गोर्की की आत्मकथा त्रयी 'मेरा बचपन', 'जीवन की राहों में' और 'मेरे विश्वविद्यालय' से अँधेरे में रोशनी मिली है और मिली है विपरीत परिस्थितियों से लड़ने की ताक़त।

मक्सीम गोर्की उन महान लेखकों में से हैं जिन्होंने जीवन में स्वयं तो विष पिया लेकिन दुनिया को अमृत दिया। रूसी भाषा में 'गोर्की' शब्द का अर्थ है तिक्त, तीखा, कटु। जीवन में इतने कटु अनुभव हुए कि अलेक्सेइ मक्सी मोविच पेश्कोव ने अपना नाम ही 'गोर्की' रख लिया और अब दुनिया में वे मक्सीम गोर्की के नाम से ही विख्यात हैं। हमारे देश के ऋषियों ने मुनष्य को 'अमृत सन्तान' के नाम से सम्बोधित किया है और यह अमृत सन्तान मनुष्य गोर्की के साहित्य का महान नायक है। गोर्की के प्रसिद्ध नाटक 'तलछट' का नायक सातिन एक स्थल पर कहता है–

"इन्सान...कितना शानदार है इन्सान...कितनी गर्वीली गूँज है इस शब्द में।"

गोर्की वस्तुत: मानव-गरिमा के अमर साहित्यकार हैं।

मक्सीम गोर्की ऐसे विशिष्ट साहित्यकार हैं जिनके पत्र भी साहित्य हैं–एक साहित्यिक कृति के समान ही प्रेरणाप्रद और जीवन्त। पत्रों में उनका व्यक्तित्व और भी निखरकर सामने आता है–ऐसा व्यक्तित्व जो अपनी आत्मीयता से और भी प्रेरणा प्रदान करता है।

अन्तोन चेखोव को लिखे एक आरम्भिक पत्र में गोर्की कहते हैं : "दस वर्ष की आयु से ही मैं अपने पैरों पर खड़ा हूँ। मेरे पास पढ़ने और लिखने के लिए समय

ही नहीं था। सिवाय जीवन और कार्य को अपने में समाविष्ट करने के मैंने कुछ भी तो नहीं किया है–जीवन ने अपनी ठोकरों से तथा जीवन-प्रवाह ने अपने मुक्कों से मुझमें हरारत बरकरार रखी है और मुझे भला-बुरा जो कुछ कहा है, उसे खिलाने-पिलाने के बाद जीवन ने मुझमें भरपूर ऊर्जा डाल दी–फिर मुझे धक्का देकर चालू कर दिया और अब यह हाल है कि मैं तीव्रगति से चला जा रहा हूँ। लेकिन मेरे पैरों तले पटरियाँ नहीं हैं। मेरी अनुभूतियाँ तथा मेरे भाव काफ़ी ताज़ा और सशक्त हैं परन्तु मुझे यह नहीं मालूम कि मैं चिन्तन कैसे करूँ? और मेरा विश्वास है कि मैं अपने सामने आने वाली किसी चीज़ से टकरा जाऊँगा। हे भगवान! यह बुरी तुलना नहीं है। वह क्षण जब मेरी नाक धरती का सीना चीर डालेगी अभी कहीं निकट नहीं दीखता, परन्तु यदि वह क्षण कल ही आ जाये तो भी मेरे लिए इसमें कोई अन्तर नहीं। मैं किसी चीज़ से डरता नहीं और न ही किसी चीज़ से शिकायत करता हूँ।"

चेखोव से इस तरह खुलकर अपने दिल की बात गोर्की इसलिए कर सकते थे कि उन्हें मालूम था कि "चेखोव ऐसे व्यक्ति हैं जिनके लिए केवल एक शब्द, एक बिम्ब की रचना के लिए पर्याप्त है और एक वाक्य कहानी लिखने के लिए काफ़ी है-ऐसी उत्कृष्ट कहानी जो जीवन के अन्तस्तल को असीम गहराई तथा उसके वास्तविक अर्थ एवं रहस्य तक पहुँच जाती है–उसी प्रकार जैसे बर्मा धरती की पर्तों को चीरकर अन्दर घुस जाता है।"

यह पत्रांश आईने का एक छोटा-सा टुकड़ा है। इस टुकड़े में दो प्रतिबिम्ब हैं। एक ओर गोर्की, दूसरी ओर चेखोव। बिम्ब-प्रतिबिम्ब भाव से आमने-सामने खड़े। तस्वीर मुकम्मल नहीं है। फिर भी जो झलक मिलती है, वह थोड़े में ही बहुत कुछ कह जाती है। यह है अपने से बड़े लेखक के प्रति एक युवा लेखक का रिश्ता।

इसी तस्वीर का दूसरा पहलू वह है, जब स्वयं एक बड़े लेखक की हैसियत से गोर्की उम्र में अपने से छोटे लेखक कोंस्तातिन फेदिन को एक पत्र में लिखते हैं–

"तुम्हारा कहना है कि 'कैसे लिखा जाये' यह प्रश्न तुम्हारे लिए एक यन्त्रणा बन गया है। पचीस वर्षों से मैं देखता आ रहा हूँ कि यह प्रश्न लोगों को किस प्रकार यन्त्रणा पहुँचाता है और अधिकांश लोगों को किस प्रकार ग्रसित रखता है। निस्सन्देह यह गम्भीर प्रश्न है। मुझे भी इस यन्त्रणा का शिकार होना पड़ा, आज भी मैं इस यन्त्रणा को झेलता हूँ और जीवन के अन्तिम दिनों तक यह यन्त्रणा झेलता रहूँगा। लेकिन मेरे लिए इस प्रश्न का अर्थ कुछ इस प्रकार है : "मैं कैसे लिखूँ जिससे मानव मेरी कहानी के पन्नों में अपने दैनिक अस्तित्व के पूरे सन्दर्भ में उसी भौतिक

वास्तविकता के साथ उभरकर सामने आ जाये, उभर आये जैसा कि वह वास्तव में है, एकदम उसी रूप में जिससे उसके अर्द्ध-चमत्कारी यथार्थ का पूरा बोध हो सके जैसा कि मैं उसे देखता और महसूस करता हूँ। मेरे सामने यही है पूरे मामले का केन्द्र बिन्दु और यही है गूढ़ रहस्य। शैतान ले जाये आदमी की सभी बुराइयों को और साथ ही उसकी अच्छाइयों को भी–मेरे लिए इन्सान इन कारणों से महत्त्वपूर्ण नहीं है-मेरे लिए वह प्रिय है अपनी 'जीने की संकल्प शक्ति' के कारण, अपने से कुछ अधिक महान बनने की भयंकर दुस्साहसिकता तथा उद्दण्डता के लिए, विगत इतिहास के कठोर शिकंजे को तोड़कर बाहर निकलने और गले में बँधे फन्दे को झटककर बाहर आने की शक्ति के लिए, स्वयं अपने सिर से भी ऊपर छलाँग लगाने की शक्ति के लिए।...मानव का वास्तविक इतिहास कलाकार लिखता है इतिहासकार नहीं।"

यह है मानव में अपनी आस्था की घोषणा। साथ ही एक युवा लेखक को सन्देश भी, किन्तु आत्मीयता के साथ।

गोर्की के पत्रों में इस प्रकार के अनेक अमूल्य रत्न जगह-जगह बिखरे पड़े हैं। पत्रों को पढ़ने पर गोर्की हमारे हृदय के और भी निकट आते हैं; लगता है, गोया ये पत्र हमें ही लिखे गये हैं।

हिन्दी में मक्सीम गोर्की के पत्रों का यह पहला प्रकाशन है। अंग्रेज़ी में उनके चुने हुए 102 पत्रों का प्रकाशन मास्को से 1966 में हुआ था। किन्तु उन्हें हिन्दी पाठकों तक पहुँचाने का प्रयास अभी तक किसी ने नहीं किया। लोगों की दिलचस्पी स्वभावतः गोर्की की कहानियों, उपन्यासों और नाटकों में अधिक है, क्योंकि ये लोकप्रिय भी हैं और बिकाऊ भी। मुझे ख़ुशी है कि मेरे मित्र और साथी नज़ीरुल हसन अंसारी ने इतने दिनों बाद यह साहस किया। श्री अंसारी ने बस्ती में गोर्की-प्रेमचन्द के नाम पर रूसी भाषा और संस्कृति का एक संस्थान स्थापित किया है और उस संस्थान की ओर से वे समय-समय पर साहित्यिक-सांस्कृतिक अनुष्ठान करते रहते हैं। इस प्रकार वे पूर्वांचल के पिछड़े इलाक़े में कबीर के साथ-साथ प्रेमचन्द और गोर्की के विचारों की मशाल जलाये हुए हैं। यह पुस्तक उसी दिशा में उनका साहसिक प्रयास है। इस प्रयास के लिए मैं भाई नज़ीरूल हसन अंसारी को हार्दिक बधाई देता हूँ और आशा करता हूँ कि हिन्दी जगत इस पुस्तक को अपनाकर उनका उत्साह बढ़ायेगा।

(अनुवादक : नज़ीरुल हसन अंसारी की पुस्तक 'गोर्की के पत्र'
की यह भूमिका 28 दिसम्बर 1987 को लिखी थी।)

निकोलाइ अस्त्रोव्सकी की 'अग्निदीक्षा'

निकोलाइ अस्त्रोव्सकी में मेरी दिलचस्पी पहले-पहल जवाहरलाल नेहरू की प्रसिद्ध पुस्तक 'भारत की खोज' से पैदा हुई और वह भी कुछ अजीब ढंग से। 'भारत की खोज' का अन्त इस उद्धरण से होता है :

"मनुष्य की सबसे प्यारी सम्पत्ति ज़िन्दगी है, और वह जीने के लिए उसे सिर्फ़ एक बार ही मिलती है। इसलिए वह जिये तो ऐसे जिये कि अपने टुच्चे और कायरतापूर्ण अतीत के लिए शर्म की आग में झुलसना न पड़े; ऐसे जिये कि वर्षों निरुद्देश्यता की आत्मपीड़ा न हो; ऐसे जिये कि मरते समय कह सके : 'मेरी सारी ज़िन्दगी और मेरी सारी शक्ति संसार के सबसे बड़े उद्देश्य–मानवजाति की मुक्ति के लिए समर्पित थी।"

ये शब्द यों तो अपने आप अर्थपूर्ण हैं, पर प्रस्तुत सन्दर्भ में इनकी सार्थकता और भी बढ़ जाती है। पण्डित नेहरू ने 'भारत की खोज' तब लिखी जब 'भारत छोड़ो' आन्दोलन छेड़ने के कारण अंग्रेज़ सरकार ने अन्य राष्ट्रीय नेताओं के साथ उन्हें भी अहमदनगर के क़िले में क़ैद कर रखा था और संसार में फ़ासिज़्म के विरुद्ध जीवन-मरण का संघर्ष चल रहा था। इस प्रकार 'भारत की खोज' के अन्त में आने वाला यह उद्धरण यदि एक ओर एक ग़ौरवशाली इतिहास के निष्कर्ष की हैसियत रखता है तो दूसरी ओर एक महान स्वाधीनता सेनानी के जीवन का निचोड़ भी प्रतीत होता है। साथ ही एक अतिरिक्त किन्तु दिलचस्प पहलू यह है कि इस उद्धरण के नीचे पाद टिप्पणी में लेनिन का नाम छपा था। (वैसे, बाद के संस्करणों में यह भूल ठीक कर दी गयी)

मुझे यह उद्धरण इतना अच्छा लगा कि इसे मैंने 'जीवन की सार्थकता का मूल मन्त्र' समझकर अपनी डायरी में नोट कर लिया। बहुत दिनों तक मैं इसे लेनिन की ही उक्ति समझता रहा कि अचानक एक दिन आदरणीय डॉ. महादेव साहा ने,

जो आज भी अपने सही तथ्यज्ञान के लिए साथियों तथा मित्रों के बीच विख्यात हैं, बताया कि वह कथन वस्तुतः निकोलाइ अस्त्रोव्सकी का है, जो लेनिन के देश का ही एक जाना-माना लेखक है। यह बात तब की है, जब हमारे यहाँ उस लेखक की कोई पुस्तक पहुँची न थी और क्वचित-कदाचित पहुँची भी हो तो कम-से-कम मेरे देखने में न आयी थी।

लेकिन वह दिन भी आया और जल्द ही आया जब निकोलाइ अस्त्रोव्सकी के उपन्यास का अंग्रेज़ी अनुवाद 'हाउ द स्टील वाज़ टेम्पर्ड' मास्को से सुलभ हुआ। जहाँ तक मुझे याद है, यह घटना स्वाधीनता-प्राप्ति के पहले दशक के आरम्भ की है। युवा पीढ़ी के प्रगतिशील लेखकों और पाठकों में इस उपन्यास के प्रति कितना उत्साह था, इसका अनुमान सिर्फ़ इस बात से लगाया जा सकता है कि तुरन्त ही भारतीय भाषाओं में इसके अनुवाद का कार्य आरम्भ हो गया और उस दशक के अन्दर ही भारत की प्रमुख भाषाओं में वे अनुवाद प्रकाशित भी हो गये। हिन्दी में पहला अनुवाद 1954 में 'अग्निदीक्षा' नाम से प्रकाशित हुआ, जिसका श्रेय प्रसिद्ध प्रगतिशील लेखक अमृत राय को है। कहने की आवश्यकता नहीं कि यह अनुवाद आस्था और निष्ठा का कार्य है, क्योंकि उस समय तक ऐसे ग्रन्थों के लिए भाड़े पर अनुवाद कराने का ढर्रा नहीं चला था।

जैसा कि 'अग्निदीक्षा' शीर्षक से स्पष्ट है, जीवन की परिस्थितियों की आग में तप कर एक मुनष्य के दीक्षित होने का भाव तो प्रकट होता है, किन्तु फ़ौलाद या इस्पात का अहसास नहीं हो पाता जो कि कृति के अंग्रेज़ी शीर्षक में विद्यमान है। फिर भी इसमें सन्देह नहीं कि इस उपन्यास के नायक पविल कोचांगिन के रूप में एक ऐसे फ़ौलादी व्यक्तित्व का परिचय प्राप्त होता है जो समाजवाद के निर्माण की प्रक्रिया में तैयार होने वाला नया इन्सान है।

इससे पहले स्वाधीनता संघर्ष के दौरान भारतीय पाठक एक और पावेल–पावेल व्लासोव से परिचित हो चुके थे जो मकसीम गोर्की की विश्व विख्यात कृति 'माँ' का युवा चरितनायक है। यही नहीं बल्कि 'माँ' के पावेल व्लासोव ने अदालत में जो भाषण दिया था, वह अक्षरशः अनेक भारतीयों की ज़बान पर रहा है। इसलिए अस्योव्सकी के पावेल कोर्चागिन को पहचानने में यहाँ कोई कठिनाई नहीं हुई; क्योंकि सच पूछिए तो यह गोर्की के पावेल का ही एक तरह से सुयोग्य वंशज है–ऐसा वंशज जिसे एक नये युग का नया इन्सान कह सकते हैं। स्वयं अस्त्रोव्सकी ने अपने नायक को 'हमारे युग का चरितनायक' कहा है।

ऐसे समय जब पश्चिम के पतनशील साहित्यकार जीवन से हताश और पराजित चरितनायकों की मूर्तियाँ गढ़ कर पेश कर रहे थे, अस्त्रोव्सकी के पावेल कोर्चागिन ने भारतीय युवकों के सम्मुख मनुष्य की एक नयी प्रतिमा प्रस्तुत की। पावेल कोर्चागिन यदि साहस, दृढ़ता, कष्ट, सहिष्णुता, संघर्ष और कर्मठता में फ़ौलाद की तरह सख़्त है तो मित्रता, सौहार्द, स्नेह, सहानुभूति और करुणा में कुसुम के समान कोमल है। यह सही है कि शुरू में वह संघर्ष के मार्ग में स्त्री प्रेम को बाधक समझ कर कुछ दिनों तक उससे बचने की कोशिश करता है किन्तु परिपक्व होने पर वह अपनी भूल स्वीकार करता है और भूल-सुधार भी। उपन्यास के आख़िरी हिस्से में एक जगह वह अपनी पूर्व प्रेमिका रीता उस्तिनोविच से कहता है : "इसमें दोष अकेले मेरा न था। इसमें 'गैड-फ्लाइ' का भी दोष था, उसके क्रान्तिकारी रोमांस का। उन दिनों मुझ पर ऐसी किताबों का बड़ा गहरा असर था, जिनमें तपे हुए साहसी क्रान्तिकारियों का सजीव चित्रण होता था, ऐसे लोगों का जिन्होंने अपने पवित्र लक्ष्य के लिए अपने को न्योछावर कर दिया। ऐसे लोगों का मुझ पर बड़ा गहरा असर पड़ता था और मैं भी उन्हीं की तरह बनना चाहता था। तुम्हारे प्रति मेरे मन में जो भाव थे, उन पर मैंने उस 'गैड-फ्लाइ' नाम की किताब का असर पड़ने दिया। अब वह बात बड़ी बेवकूफी की मालूम होती है।"

इसी क्रम में वह आगे फिर कहता है कि "अपनी इच्छाशक्ति की बार-बार परीक्षा लेने की कष्टदायी प्रक्रिया और उससे पैदा होने वाली अनावश्यक ट्रेजेडी की व्यर्थता को मैंने समझ लिया है। मैं अब भी उस किताब की सबसे अहम बातों का हामी हूँ, उसके साहस का, उसकी असीम सहन-शक्ति का। मैं उस तरह के क्रान्तिकारी होने का समर्थक हूँ जो पूरे समाज की ज़िन्दगी के सामने अपनी निजी ज़िन्दगी को कुछ नहीं समझता।"

वस्तुतः सामाजिकता की यह नयी भावना ही 'अग्निदीक्षा' का विशेष पक्ष है। 'अग्निदीक्षा' समाज के विरुद्ध एक व्यक्ति के वीरत्वपूर्ण कार्यकलाप की कहानी नहीं बल्कि वह पावेल कोर्चागिन जैसे दर्जनों पुराने-नये बोल्शेविक इन्सानों के सामूहिक संघर्ष की गाथा है। अस्त्रोव्सकी ने बड़ी सूक्ष्मता से दिखाया है कि समाजवादी समाज के निर्माण की प्रक्रिया में सक्रिय रूप से भाग लेने पर ही नये ढंग के मानव-सम्बन्धों का विकास होता है। यह आकस्मिक नहीं है कि रेल की पटरियाँ बिछाने के प्रसंग में ही लेखक की क़लम से यह वाक्य निकलता है–"ऐसी ही हालतों में लोहा आग में तपकर फ़ौलाद बनता है।" इस प्रकार 'अग्निदीक्षा'

वस्तुतः सामूहिक साहस और वीरता की गाथा है। इसीलिए इस उपन्यास में गहरी देशभक्ति का भी मार्मिक चित्रण मिलता है।

'अग्निदीक्षा' का एक अतिरिक्त आकर्षण यह भी है कि यह स्वयं निकोलाइ अस्त्रोव्सकी की बहुत कुछ आत्मकथा है। पावेल कोर्चागिन भी अस्त्रोव्सकी के समान ही निरन्तर कर्म करते-करते भरी जवानी में ही एकदम अन्धा और अपंग हो जाता है, फिर भी हार कर चुप बैठने की जगह 'जीवन को कुछ सार्थकता देने के लिए' अन्ततः अपने अनुभवों को एक सर्जनात्मक कृति-उपन्यास का रूप देता है। इस प्रकार चरितनायक के जीवन की यह वास्तविकता और घटना-प्रसंगों की ऐतिहासिकता दोनों मिलकर इस उपन्यास को और भी अधिक विश्वसनीय और सच्चा बनाते हैं।

जैसा कि अस्त्रोव्सकी ने एक बार अपने एक साथी लेखक से कहा था, "कोई आदमी तभी सच्चा इन्सान बनता है, जब किसी सच्चे आदर्श के प्रति अपने आप को न्योछावर कर देता है; क्योंकि तब वह टुकड़ों में नहीं जीता, बल्कि एक साबुत इन्सान की शक्ल में जीता है।" कहने की आवश्यकता नहीं कि 'अग्निदीक्षा' 'मानव जाति की मुक्ति' के महान आदर्श के प्रति पूरी तरह समर्पित एक 'साबुत इन्सान' की रोमांचक कहानी है।

'अग्निदीक्षा' के इस उच्च नैतिक आदर्श से निश्चय ही भारत में अनेक लेखक प्रेरित और प्रभावित हुए हैं, किन्तु जीवन के समान ही साहित्य में भी प्रभाव का स्वरूप इतना सूक्ष्म होता है कि उसका सप्रमाण विवरण देना हर समय सम्भव नहीं हो पाता।

उदाहरण के लिए जिन दिनों हिन्दी में 'अग्निदीक्षा' का प्रकाशन हुआ, उन्हीं दिनों प्रगतिशील कवि केदारनाथ अग्रवाल की यह कविता भी प्रकाशित हुई, जिसमें 'लोहा' के रूप में उसी तरह के इन्सान का चित्र खींचा गया है :

मैंने उसको
जब जब देखा
लोहा देखा
लोहा जैसा
तपते देखा
गलते देखा
ढलते देखा
मैंने उसको

गोली जैसा
चलते देखा।

अब यह सिर्फ़ एक संयोग भी हो सकता है, किन्तु यह तथ्य है कि हिन्दी में अस्त्रोव्सकी के उपन्यास से पहले ऐसे 'लोहा जैसे इन्सान' के दर्शन न हुए थे।

जो हो, इतना तो हुआ कि इस छोटी-सी कविता ने उस लोहे की शान रख दी, जिसकी कमी 'अग्निदीक्षा' में खटक रही थी।

अस्त्रोव्सकी के देहावसान के आज पचास वर्ष हो रहे हैं, किन्तु उसके उपन्यास 'हाउ द स्टील वाज़ टैम्पर्ड की धार और चमक अब भी वैसी ही बनी हुई है।

(यह लेख 19 जनवरी 1986 को लिखा गया था।)

‘सन्त कवि भीम भोई : एक नव अन्वेषण’ में नया क्या है?

हो सकता है, कुछ लोगों के लिए नया यही हो कि भीम भोई जन्म से ‘अन्ध’ नहीं थे और यह भी कि वे ‘अयोनिसम्भूत’ नहीं थे अर्थात माँ-बाप को कहीं से पड़े हुए नहीं मिल गये थे। कुछ और लोग इसे भी नयी खोज मान सकते हैं कि भीम भोई ने पुरी के जगन्नाथ मन्दिर पर कभी आक्रमण किया ही नहीं।

लेकिन मेरे लिए नयी बात यह है कि अब भीम भोई जैसे विद्रोही सन्त कवि को जन्म देने वाली जनजाति अपने आपको अन्धा और गूँगा मानने के लिए तैयार नहीं है और अपना सच्चा इतिहास लिखने के लिए सन्नद्ध हो गयी है। ‘सन्त कवि भीम भोई : एक नव अन्वेषण’ वस्तुतः इसी प्रतिक्रिया की परिणति है और डॉ. मिर्द्धा उसी जनजाति के एक मुखर प्रतिनिधि।

भीम भोई ने कभी कहा था : “मैं सत्य में मरूँ, सत्य में ही तरूँ, ऐसी ही आज्ञा मेरे लिए है।” भीम भोई कहता है कि “इस मर्त्यमण्डल में यश या अपयश बना रहे।”

सत्य रे मरिबि, सत्य रे तरिबि, एहि आज्ञा मोते हेड।
मणे भीम मोइ ए मर्स मण्डले, यश अपयश रहूँ

डॉ. मिर्द्धा का आग्रह भीम भोई के उसी सत्य पर है। आज वह ‘सत्य’ ही दाँव पर लगा हुआ है क्योंकि जनजातियों के लिए सत्य का अर्थ है आत्म सम्मान–मनुष्य की तरह जीने का अधिकार।

विडम्बना यह है कि सत्य की प्रतिष्ठा के लिए संघर्ष करने वाले अधिकांश सन्त कवि तरह-तरह की किंवदन्तियों के शिकार हो गये। ख़ासतौर से वे सन्त जो किसी दलित जाति या जनजाति से आते हैं या फिर स्त्री हैं। हिन्दी के युगान्तरकारी सन्त कवि कबीर भी दर्जनों किंवदन्तियों से घिरे हुए हैं। किंवदन्ती के बारे में भी और मृत्यु के बारे में भी। इन किंवदन्तियों के गढ़ने वाले शत्रु वर्ग के भी हैं और मित्र वर्ग के भी।

किंवदन्तियों के इस माया जाल को छिन्न-भिन्न करना सरल नहीं है क्योंकि इन पर वर्षों की गहरी परतें पड़ी हुई हैं।

किंवदन्तियों से लड़ने का एक तरीक़ा तो यह है कि उन्हें ठोस ऐतिहासिक तथ्यों के आधार पर मिथ्या सिद्ध किया जाये, जैसा कि डा. मिर्द्धा ने इस पुस्तक में किया भी। किन्तु अनुभव यही बताता है कि यह पद्धति वैज्ञानिक होते हुए भी व्यवहार में बहुत कारगर नहीं होती। विज्ञान के इस युग में भी अनेक प्राचीन 'मिथ' चल रहे हैं–यहाँ तक कि स्वयं विज्ञान के भी अपने 'मिथ' बन चले हैं।

इसलिए विकल्प के रूप में इस मिथ गढ़ने वाली प्रवृत्ति की जड़ों में जाने की आवश्यकता है। इस प्रसंग में मुझे संस्कृत और हिन्दी के प्रकाण्ड पण्डित और सर्जक साहित्यकार पं. चन्द्रधर शर्मा 'गुलेरी' का यह वर्षों पुराना कथन याद आ रहा है : "कहते हैं पीर स्वयं नहीं उड़ते, मुरीद पर लगा देते हैं।" पाणिनि ने कहीं स्वयं दावा नहीं किया है कि जिन चौदह सूत्रों में वर्णमाला का क्रम बदलकर मैंने इतना संक्षेप और क्रम-सौकर्य पाया है, उनका मुझे इलहाम हुआ है, किन्तु बात चल गयी कि महेश्वर के डमरू के चौदह बार बजने से पाणिनि ने इन्हें पाया। करामातों पर लोगों का विश्वास हो जाता है, पुरुष परिश्रम पर नहीं। कण-कण जोड़ने से लखपति होते हैं यह कोई नहीं मानता, किन्तु बाबाजी मन्त्र बल से हड़िया में भरे गहने को दूना कर देते हैं या एक नोट के दो कर देते हैं। यह मानने को गाँव का गाँव तैयार हो जाता है।

इस लोक मनोवृत्ति की रोशनी में भीम भोई के इर्द-गिर्द गढ़ी हुई किंवदन्तियों की छान-बीन करें तो लोक-प्रचलित अन्धविश्वासों की जड़ पर कुठाराघात करने के और विकल्प मिल सकते हैं। दरअसल, देखने की जो चीज़ है वह है किंवदन्तियों के निर्माण की प्रक्रिया।

उदाहरण के लिए अन्ध भीम भोई को अन्ध भीम भोई कहने में अनुप्रास का प्रलोभन तो है ही, अपने अन्दर की खुली आँखों का दावा करने वाले सन्त को 'प्रज्ञा चक्षु' कहना भी सहज है जिसका एक अर्थ 'अन्धा' भी होता है। ज़रूरी नहीं कि भीम भोई को अन्ध कहने वालों के इरादे इतने ही नेक रहे हों क्योंकि लोगों ने तो वह कुआँ भी ढूँढ़ निकाला है जिसमें अन्धेपन के कारण भीम भोई गिर पड़े थे।

इसी प्रकार भीम भोई के जन्मान्ध न होने के लिए यह प्रमाण बहुत दमदार नहीं है कि वे बार-बार प्रत्यक्ष आँखों से देखने की बात करते हैं। हिन्दी के प्रसिद्ध कवि सूरदास की रचनाओं में भी आँखों के साथ ही देखने की क्रिया का प्रयोग प्रचुर है। इससे न तो भीम भोई आँख वाले साबित होते हैं न सूरदास। कहने वाले यह भी तो

कह सकते हैं कि अन्धे होने के कारण ही अपनी कविता में वे आँखों का उल्लेख और देखने की क्रिया का इतना अधिक प्रयोग करते हैं।

तात्पर्य यह कि भीम भोई जैसे जनजाति-जन्मा सन्त कवि से जुड़ी हुई किंवदन्तियों के विरुद्ध संघर्ष करने के लिए कविता को पढ़ने और व्याख्या करने के लिए अभी और अधिक सूक्ष्म पद्धति पर काम करने की आवश्यकता है। आशा है, डॉ. मिर्द्धा यह अन्वेषण कार्य आगे भी चालू रखेंगे।

फ़िलहाल मैं इस 'नव-अन्वेषण' का हृदय से स्वागत करता हूँ और भीम भोई को सम्मान के साथ पुन:प्रतिष्ठित करने के लिए उन्हें बधाई भी देता हूँ।

(डॉ. हाड़िबन्धु मिर्द्धा की पुस्तक 'सन्त कवि। भीम भोई : एक नव अन्वेषण' का पुरोवाक् है यह आलेख। 15 जुलाई 2002 को लिखा था।)

मलयज की संघर्ष-मीमांसा

आचार्य रामचन्द्र शुक्ल के बारे में एक और किताब नहीं, यह एक नयी 'रस-मीमांसा' है। यदि "आज की रसमीमांसा कविता की पंक्तियों में लिखी जा रही संघर्ष-मीमांसा है" तो आलोचना में यह मलयज की 'संघर्ष-मीमांसा' का ख़ाका है। संघर्ष में 'मलयज' के हीरो रामचन्द्र शुक्ल हैं और रामचन्द्र शुक्ल का हीरो 'सामान्य मनुष्य'। मोर्चे पर दूसरी तरफ़ है आज की भोगवादी संस्कृति की कविता।

मलयज को इस भोगवादी संस्कृति का तीखा अहसास पहले-पहल 1975 की 'इमर्जेंसी' में हुआ। शुक्ल जी की 'रसमीमांसा' पढ़ते हुए। ख़ासतौर से काव्य के विभाग के अन्तर्गत 'आनन्द की साधनावस्था' और 'आनन्द की सिद्धावस्था' वाले प्रकरण में। अपनी डायरी में मलयज ने अंकित किया :

"आज का परिवेश उपभोगमय हो रहा है।

"राजनीतिक स्तर पर 'उपलब्धि के वर्ष' (The decade of achievements : Gains of Emergency) की सारी शब्दावली पुकार-पुकारकर कह रही है कि हमने चौतरफ़ा उपलब्धियाँ हासिल कीं...आपात्काल की उपलब्धियों के हवाले से एक ओर आपात्काल की व्यवस्था को लागू रखने का तर्क दिया जा रहा है। तो दूसरी ओर...साहित्यिक पत्रिकाओं के पृष्ठ यह बताने लगे हैं कि 'साहित्य में सन्नाटा' नहीं है–एक के बाद दूसरे शहर यही सिद्ध करने में लगे हैं।...

"ऐसे में कला की बारीक कतरन और सूक्ष्मातिसूक्ष्म संवेदना की कलात्मक हरक़तें उस उपभोग पक्ष को ही रेखांकित करती हैं। क्योंकि यह कलाचेष्टा चीज़ों को सजाकर, सँवारकर रखने पर बल देती है तो यह मानकर कि कला अपनी बुनियादी ज़रूरत-जन-चेतना में हिस्सेदारी पूरा कर चुकी है, मूल्यों के परीक्षण, अनुवीक्षण, अन्वेषण का क्रम पूरा हो चुका है और महल के कँगूरे रचने और नक़्क़ाशी करने की फ़ुरसत का समय आ गया है।...ख़तरनाक सवाल पूछने का क्रम थम गया है,

बल्कि अब उन सवालों को लेकर आराम से मसखरेबाज़ी करने का रवैया आम होता जा रहा है।"

"ऐसा उस सुविधाभोगी वर्ग में हो रहा है जो विश्वविद्यालय की कुर्सियों पर है, प्रशासनिक सेवाओं में है, साहित्य-कला संस्थानों में है, हर जगह है, जहाँ कला का मूल्य वसूला जा सकता है, जहाँ कला से खाने-पीने और ओढ़ने-बिछाने का काम लिया जाता है। ऐसी जगहों पर सन्तुष्टि है, सवालों से बचाव है, उपभोग पर बल है।"

मलयज के इस अहसास का ठोस तात्कालिक आधार है अशोक वाजपेयी का उन्हीं दिनों दिया हुआ एक वक़्तव्य। इसका स्पष्ट उल्लेख करते हुए वे इसी क्रम में लिखते हैं :

"इस परिप्रेक्ष्य में अशोक वाजपेयी के ये शब्द कितने सार्थक हो उठते हैं : "पहले के मुक़ाबले शायद अब ऐसे नागरिक अधिक हैं जिनके लिए उनका समय सिर्फ़ राजनीतिक गतिविधियों, राजनेताओं और आर्थिक उथल-पुथल का नहीं है, बल्कि वह ऐसा समय है जिसमें कुमार गन्धर्व गाते हैं, उस्ताद अली अकबर सरोद बजाते हैं, यामिनी कृष्णा मूर्ति 'अन्तरिक्ष को संक्षिप्त अनन्त में ढालते हुए' नाचती हैं, सत्यदेव दुबे या हबीब तनवीर नाट्य करते हैं, डी.जे. जोशी और रुद्र हाँजी कलाकृतियाँ बनाते हैं और शमशेर, त्रिलोचन और श्रीकान्त वर्मा कविताएँ करते हैं।...बात मध्य प्रदेश कला परिषद, भोपाल के उत्सव 73 से उत्सव 75 की उपलब्धियों का जायज़ा लेते हुए कही गयी है।"

इस वक़्तव्य पर मलयज अन्त में यह टिप्पणी जड़ते हैं : "कलाओं का स्वाद लेने की जो शैली, जिस भाषा में बयान की गयी है वह मंगलेश डबराल के शब्दों में 'क्या मसनद से उठँगकर आँख मूँदकर कला से आनन्दित होने की' शैली नहीं है?...शायद इसी स्थिति को महसूस कर शुक्ल जी को लगा था कि 'आनन्द' कला के रसास्वादन की प्रक्रिया को व्यक्त करने के लिए ठीक शब्द नहीं है। अशोक वाजपेयी कलाकर्म की जो भव्य तस्वीर पेश कर रहे हैं, उसमें लगता है, कला संघर्ष के अनुभव से प्राप्त होने वाली वस्तु नहीं बल्कि 'नाच-तमाशे' की वस्तु-सी सुलभ है।"

मलयज का नैतिक साहस देखिए कि उन्होंने ये सारी बातें एक लेख की शक्ल में उन्हीं दिनों अशोक वाजपेयी के पास 'पूर्वग्रह' में प्रकाशनार्थ भेज दीं। यह और बात है कि उसे लेख से 'इमर्जेंसी', अशोक वाजपेयी और मध्य प्रदेश कला परिषद, भोपाल के नाम हटा दिये गये। कारण स्पष्ट है। वह लेख है 'मिथ में बदलता

आदमी।' 'पूर्वग्रह' के जुलाई-अगस्त और सितम्बर-दिसम्बर, 77 के दो अंकों में प्रकाशित। यह संघर्ष की शुरुआत थी। भोगवाद की कविता के ख़िलाफ़। आपात्काल की राजनीति के ख़िलाफ़ भी। क्योंकि दोनों के बीच कहीं-न-कहीं एक रिश्ता है।

भोगवाद की कविता के ख़िलाफ़ आचार्य शुक्ल ने भी संघर्ष किया था–स्वाधीनता आन्दोलन के दौरान। उस समय वह कलावाद के रूप में प्रकट हुआ था। इस कलावाद पर आक्रमण करते हुए शुक्ल जी ने घोषणा की थी : "काव्य को हम जीवन से अलग नहीं कर सकते। उसे हम जीवन पर मार्मिक प्रभाव डालने वाली वस्तु मानते हैं। 'कला, कला के लिए' वाली बात को जीर्ण होकर मरे बहुत दिन हुए। एक क्या कई क्रोचे उसे फिर जिला नहीं सकते।"

लेकिन मलयज को साफ़ दिखाई दे रहा था कि "यहाँ शुक्ल जी की भविष्यवाणी सत्य न हुई। कलावाद को पुनर्जीवित किया गया–उनकी नाक के नीचे छायावाद में ही और आगे चलकर प्रयोगवाद-नयी कविता में भी कलानुभूति को एक स्वायत्तता का दर्जा दिया गया और जिन्होंने नहीं दिया, उन्हें सीधे-सीधे 'प्रचारवादी' (यानी प्रतिबद्धतावादी) कहने की राजनीतिक मुहिम भी चलायी गयी।"

इसलिए कलावाद के ख़िलाफ़ संघर्ष आज भी ज़रूरी है। काव्य सिद्धान्त के स्तर पर देखें तो "कला-संसार और काव्यलोक की चर्चा में कविता को जीवनानुभूति से अलग विशिष्ट स्वायत्त मान लेने का विचार उतना नहीं है जितना बाह्यतत्त्व तो प्रगतिवाद के ज़माने से ही मौजूद था, पर अन्तःतत्त्व की अवहेलना हुई थी। दूसरे नयी परिस्थितियों–में-व्यक्तिवाद के विकास के साथ–अन्तःतत्त्व की माँग बढ़ने लगी थी और अब उसकी अवहेलना न की जा सकती थी। नयी समीक्षा की अगली चेष्टा इस बाह्यतत्त्व और अन्तःतत्त्व को एक नये समीकरण में बाँधने की है। शुक्ल जी की समीक्षा में भी बाह्य और अन्तःतत्त्व को बराबर वज़न मिला है और उन्होंने इनका एक नया समीकरण भी दिया है। इनके इस समीकरण का नाम 'रसवाद' है।... अब जबकि स्थितियाँ पुनः बदली हुई हैं, हम शुक्ल जी के 'रसवाद' को ज्यों-का-त्यों स्वीकार नहीं कर सकते। हमें एक नया समीकरण रचना है।"

इस समझ के साथ मलयज शुक्ल जी की आलोचना-आलोचनात्मक व्याख्या की ओर प्रवृत्त हुए।

शुक्ल जी के पास कलावाद का एक स्पष्ट विकल्प था। लोकमंगल की साधनावस्था का सिद्धान्त। सिद्धान्त भोगभूमि है तो साधनावस्था कर्मभूमि। कर्मभूमि में कर्म का सौन्दर्य है, प्रयत्न का सौन्दर्य है। प्रयत्न की गति में सुन्दरता रहती है, वह

आगे चलकर सफल हो या विफलता में भी एक निराला ही सौन्दर्य होता है। करुणा इसका बीज भाव है। "शुक्ल जी के प्रयत्न पक्ष में एक टकराहट है एक गति, एक द्वन्द्व है। यह द्वन्द्व और टकराहट शुभ और अशुभ के बीच है और इससे उत्पन्न होने वाला सौन्दर्य कर्मक्षेत्र का सौन्दर्य है और इस सौन्दर्य की गति स्थिर नहीं गत्यात्मक है। इसमें भावों का रूप सिर्फ़ कोमल, मधुर शान्त नहीं है, उसकी छवि केवल रूप की दीप्ति, मधुरता और कोमलता तक ही सीमित नहीं है, उसमें एक प्रचण्डता है। उसमें एक शान्त समवाय नहीं, कुछ सामंजस्य है। प्रयत्न पक्ष की कविता का केन्द्र सिर्फ़ व्यक्ति-मन की एकतान, एकात्म स्थिति नहीं है, बल्कि उसके बाहर के सम-विषम ताने-बाने से बुने हुए संघर्षमय भाव-जाल में है। उसमें भाव-व्यापार की विविधता है, असमानता है, ऊबड़-खाबड़पन है, एक बाह्योन्मुख संघर्ष चेतना है। एक उदग्र बेचैनी, एक कशमकश; स्थिर लयात्मकता नहीं। कुछ पाने की व्यग्रता; पा लेने पर अपने-अपने तन्मय-डूब जाने की तन्द्रा नहीं।"

आचार्य शुक्ल के इस प्रयत्न पक्ष और कर्म सौन्दर्य की संक्षिप्त रूपरेखा प्रस्तुत करने के बाद मलयज ने इसके आधार पर अपनी मनोवांछित कविता का स्वरूप भी स्पष्ट किया–अपनी ख़ास शैली में : "भाषा के भीतर जो अनुभूति है, भाषा के बाहर वही कर्म है। कविता इन दोनों की सन्धि पर है। कविता सच्ची बनती है, भाषा के भीतर की अनुभूति से और बड़ी बनती है भाषा के बाहर के कर्म से। बौने जीवन से बड़ी कविता नहीं पैदा होती। पर जीवन बौना कर्म की असिद्धि से नहीं, कर्म क्षेत्र की विविधता का अनुसन्धान न करने से बनता है। कर्म-विस्तार का हर रेशा एक नयी सम्पृक्ति से जीवन के राग को वस्तु से बाँधता है, जो सिर्फ़ एक बिम्ब है, उसे सत्य जो महज़ एक चमकता अहसास है, उसे प्रखर किरणों वाला सूर्य बनाता है। कविता सीधा-सीधा कर्म नहीं, पर हमने जीवन में कर्म की जो दिशाएँ खोजी हैं, उनका वह फलक है।...कर्म की दिशाएँ, दिशाहीन कर्म नहीं। अनुभूति में से ही वे दिशाएँ अपने साथ कर्म को लेकर फूटें, फूटें और अनुभूति की सीमाओं को खोल दें ताकि वह जो स्मृति में बन्द है पिघले, पिघले और बहक़र यथार्थ की धरती को चूमे...।"

कविता का यह चित्र आचार्य शुक्ल के कर्म-सौन्दर्य का पुनर्कथन-मात्र नहीं है। नया सृजन है। आज के सन्दर्भ में। मलयज का कर्म शुक्ल जी के 'कर्म' का अगला क़दम है, क्योंकि इसमें कर्म की दिशाओं की ओर भी संकेत है। बीज वही है, लेकिन वृक्ष और है।

कविता के लिए इस कर्म-सौन्दर्य का महत्त्व इस बात में है कि उससे कविता में सम्भावनाएँ बढ़ती हैं, जब कि कर्म-च्युत भोगवादी कविता निरन्तर संकुचित होते जाने के लिए अभिशप्त है। मलयज ने स्पष्ट कहा है कि कविता बड़ी बनती है, भाषा के बाहर के कर्म से। इस बात को और स्पष्ट करते हुए उन्होंने फिर कहा है कि कविता बड़ी होगी, महज अनुभूति की चरितार्थता से नहीं, बल्कि अनुभूति की सम्भावना से; और अनुभूति की सम्भावना कर्म-क्षेत्र में है।

किन्तु कर्म की दिशा निश्चित करने के लिए उसे यथार्थ की ठोस भूमि पर उतारने की ज़रूरत है। सर्वविदित है कि आचार्य शुक्ल ने कलावाद के विरोध के साथ व्यक्तिवाद का भी विरोध किया था, क्योंकि उनकी दृष्टि में व्यक्तिवाद ही कलावाद का मूल स्रोत है। इसलिए आचार्य ने व्यक्ति के विकल्प में लोक को, व्यक्ति धर्म के विरुद्ध लोक धर्म को और व्यक्ति हित के ऊपर लोकमंगल को प्रतिष्ठित करने का प्रयास किया था। मलयज ने प्रस्थान के रूप में आचार्य के मत को स्वीकार करते हुए अपना सूत्र लिखा : "उपभोग की कविता का बीज भाव 'व्यक्ति' है और संघर्ष की कविता का 'जन'।" उल्लेखनीय है कि भाष्य-क्रम में कर्म 'संघर्ष' हो गया और लोक 'जन'।

आज इस 'जन' और 'संघर्ष' को लेकर इतने प्रकार का शोर हो रहा है कि इन शब्दों के वास्तविक अर्थ धूमिल पड़ गये हैं। यहाँ तक कि 'व्यक्ति' भी 'जन' के मुखौटे लगाकर सामने आ रहा है। यह धोखा मलयज से अनदेखा न गया। उन्होंने सावधान करते हुए कहा कि व्यक्तिराग के ऐश्वर्य में आकण्ठ डूबी हुई कविता जन-क्रान्ति के मंच से तीन सौ तीन बार नारे लगवा रही है। दोनों ही शब्दों का भोग लगा रहे हैं।...शब्द की जड़ें अर्थ के ख़ूब भीतर ख़ामोश उस हाहाकार तक नहीं पहुँच पातीं जो सामान्यजन है। शब्द शब्द तक ही रह जाता है। शब्द शब्द को ही चुनता है; उसे ही बजाता है। यह शब्द-बाजा कब तक बजेगा?

यह चिन्ता की बात है। स्थिति काफ़ी जटिल है। कविता में 'व्यक्ति' और 'जन' का भेद पहले की तरह स्पष्ट नहीं है। व्यक्तिवादी व्यक्ति का चेहरा तो साफ़ पहचाना जा सकता है, लेकिन एक चेहरा जानवादी व्यक्ति का भी है और जहाँ तक कविता में शब्दों का भोग लगाने का सवाल है, दोनों प्रकार के 'व्यक्ति' एक ही मंच से बोल रहे हैं।

कविता में इस 'जन' की जड़ों की तलाश के लिए मलयज पुन: आचार्य शुक्ल के लोक आधार की पड़ताल करने को अग्रसर होते हैं। कवि मलयज यह पड़ताल शब्द से आरम्भ करते हैं—शुक्ल जी की भाषा से; क्योंकि भाषा ही वह दर्पण है

जो कवि या आलोचक के विचारों को ठीक-ठीक प्रतिबिम्बित करती है। किसी आलोचक के विचार कितने अनुभूत हैं, इसका बोध उसकी भाषा से ही होता है : अनुभूत चिन्तन प्रक्रिया के हर दबाव, तनाव, क्रमभंग आदि का सूक्ष्मतन अंकन उसके वाक्यों के विन्यास और पद-रचना पर स्पष्ट देखा जा सकता है।

सबसे पहले शुक्ल जी को चिन्ता यह थी कि "अपनी भाषा की प्रकृति की पहचान न रहने के कारण कुछ लोग उसका स्वरूप ही बिगाड़ चले हैं। वे अंग्रेज़ी के शब्द, वाक्य और मुहावरे तक ज्यों-कि-त्यों उठाकर रख देते हैं, यह नहीं देखने जाते कि भाषा हिन्दी हुई या और कुछ।" मलयज के अनुसार शुक्ल जी की चिन्ता भाषा के प्रति एक शुद्धतावादी की चिन्ता नहीं, बल्कि अपनी अस्मिता बनाये रखने वाले तत्त्वों की चिन्ता है। स्वतन्त्र चिन्तन पराश्रित अथवा आरोपित भाषा में नहीं हो सकता।

'प्रकृत' शब्द पर शुक्ल जी का बहुत ज़ोर है। 'प्रकृत' उनके मन को समझने की एक अच्छी कुंजी है जिस साहित्य को वे फलता-फूलता देखना चाहते हैं, उसमें उन्हें 'देश के असली सामाजिक और गार्हस्थ जीवन' के चित्र होने चाहिए। 'असली', 'सामाजिक', 'गार्हस्थ'–इन शब्दों के भीतर झाँककर देखिए। असली-नक़ली के वज़न पर नहीं है, उसका मतलब है वास्तविक, तथ्यपरक, इस देश की मिट्टी-पानी से बना, कल्पना प्रसूत नहीं। सामाजिक व्यक्तिवाद के विरोध में खड़ा है, विस्तीर्ण और व्यापक, ज़िम्मेदार और नैतिक मूल्यों से सम्पृक्त। गार्हस्थ में एक सामान्य साधारण जन के मूल्य निहित हैं। यह है मलयज की पहचान।

निष्कर्ष यह कि अपने समय को भरपूर, पूरी सम्पृक्ति के साथ जीने की आकांक्षा उनकी भाषा में बोलती है। भाषा में सम्पृक्ति है, मुहावरा है, ठोसपन है। प्रत्यय जो आते हैं वे एक निश्चित अर्थक्रम लिये हुए, एक स्पष्टता और पकड़ लिये हुए। एक देशीपन सर्वत्र है और वह देशीपन अपने समय के साथ–अपने समय के देश के साथ–होने का सबूत है।

इस भाषा का आधार है लोक जीवन से सम्पृक्ति। प्रकृत भाषा प्रकृत जीवन से ही सम्भव है। 'लोक' आचार्य शुक्ल के लिए एक अवधारणा या विचार मात्र नहीं। उनका संस्कार है, अनुभूत सत्य है। इसका श्रेय बहुत कुछ उन्नीसवीं सदी के अन्त और बीसवीं सदी के आरम्भ के उस गँवई परिवेश को है जिसमें शुक्ल जी पले और बड़े हुए। यह एक ऐसा स्थिर समाज था जिसमें सम्बन्ध–मनुष्य के मनुष्य के साथ, मनुष्य प्रकृति के साथ–सम्पुष्ट, दृढ़ और एकजुट होते हैं। आज के औद्योगिक एवं

अनस्थिर समाज की तरह विषमता-मूलक खण्ड-खण्ड और अस्त-व्यस्त नहीं। समय एक तरह से स्तब्ध था। जीवन की गति की लय वही थी। संस्कारशील लय। यह लय बनी थी परम्परा से, समाज व्यवस्था से; यह लय जुड़ी थी प्रकृति से, प्रकृति और मनुष्य के सहज सम्बन्ध से। मलयज को इन बातों का अहसास चन्द्रशेखर शुक्ल की लिखी हुई आचार्य शुक्ल की जीवनी पढ़ने पर हुआ। और लगा कि उनका प्रसिद्ध प्रकृति-प्रेम वस्तुतः इस जीवन-पद्धति से लगाव का सूचक है। इसलिए मलयज यहाँ तक कहने के लिए प्रस्तुत हैं कि "शुक्ल जी की काव्य सम्बन्धी अनेक धारणाओं का मूल और फल प्रकृति के विभिन्न व्यापारों का निरीक्षण और उनकी रागात्मक सम्पृक्ति ही है। प्रकृति उनकी साहित्य चिन्ता का संस्कार है, यह संस्कार उनमें दृढ़ हुआ अपने समय में उपलब्ध मनुष्य और प्रकृति के उसी सहज एकात्म और परस्पर निर्भर सम्बन्ध से।"

लेकिन इसका यह अर्थ नहीं कि शुक्ल जी गँवई गाँव के एक किसान थे। मिर्जापुर की रमई पट्टी उनके व्यक्तित्व का एक पहलू है, दूसरे पहलू का सम्बन्ध काशी से है और उनके जीवन का काशी खण्ड किसी तरह कम महत्त्वपूर्ण नहीं है। सच तो यह है कि जीवन का अधिकांश समय उन्होंने काशी में ही बिताया। उनकी समस्त प्रौढ़ कृतियों की सृजन भूमि तो काशी ही है। मलयज ने ठीक ही लक्षित किया है कि जीवन और चिन्तन के क्षेत्र में जो घात-प्रतिघात उन्हें काशी काल में झेलने पड़े उनसे ही उनकी वास्तविक प्रतिभा का निर्माण हुआ।

किन्तु यह नहीं भूलना चाहिए कि "उस ज़माने को शिक्षा का प्रसार, नये ज्ञान-विज्ञान का उदय, मध्यवर्गीय जाग्रत समाज को खींचता था, पर उसे जड़ों से उच्छिन्न नहीं कर देता था। उसके सामने एक ओर पश्चिम का नया ज्ञान था, दूसरी ओर अपनी विपुल संस्कृत परम्परा का शास्त्रीय भण्डार। अपने विद्यानुरागी स्वभाव (कर्म की निष्ठा; शिक्षक है तो शिक्षक का कर्म, आलोचक है तो आलोचक का कर्म, कवि है तो कवि का कर्म) के कारण वह दोनों का लाभ उठाता था। रामचन्द्र शुक्ल उस ज़माने के ऐसे ही मध्यवर्गीय युवक थे। विद्वान, कर्मवीर, तत्त्वान्वेषक।"

इस प्रकार शुक्ल जी का व्यक्तित्व एक संश्लिष्ट व्यक्तित्व था, अपने संस्कारों से प्राप्त और परिवेश-अर्जित तत्त्वों का अनोखा समवाय। इसमें गाँव भी था और शहर भी। पूर्व भी और पश्चिम भी। लेकिन कुल मिलाकर था यह मूलतः देसी ही। इसीलिए मलयज का सबसे ज़्यादा ज़ोर शुक्ल जी के इस ठेठ देसीपन पर है। उनके

काग़ज़ों में एक जगह यह टीप है : प्रस्तावित लेख का शीर्षक रामचन्द्र शुक्ल : एक भारतीय आत्मा।

वह लेख उन्होंने नहीं लिखा, लेकिन जो लिखा उसका शीर्षक है–'मिथ में बदलता आदमी'। यह मिथ में बदलता आदमी कौन है? वही 'भारतीय आत्मा' तो नहीं जिसकी एक छवि स्वयं रामचन्द्र शुक्ल हैं तो दूसरी छवि उनकी कृतियों से उभरने वाला 'सामान्य मनुष्य'?

मलयज ने किंचित् खीझ के साथ लिखा है कि शुक्ल जी के रसवाद पर दुर्भाग्य से शास्त्रीयता की इतनी मोटी पर्त चढ़ चुकी है कि उसके भीतर छिपे सामान्य मनुष्य के चेहरे को टटोलना एक दुस्साहसिक कार्य ही माना जायेगा। जो शुक्ल जी के लोक-जीवन, लोकधर्म, लोकमंगल आदि का अक्सर हवाला दिया करते हैं। उनकी दृष्टि में भी लोक अमूर्त और अस्पष्ट है; उन्हें भी इस लोक की अवधारणा में निहित जीता-जागता 'सामान्य मनुष्य' नज़र नहीं आता। यह 'सामान्य मनुष्य' तो उसे ही नज़र आ सकता है, जिसमें पोथी से बाहर आकर प्रत्यक्ष लोक-जीवन में शुक्ल जी के मनुष्य को खोजने का साहस हो। आकस्मिक नहीं कि मलयज को इस आदमी के दर्शन 'रस-मीमांसा' पढ़ने के बाद आज़मगढ़ में टोंस के किनारे हुआ–यह वही आज़मगढ़ है, जहाँ शुक्ल जी अक्सर गर्मियाँ बिताने जाया करते थे।

यह 'सामान्य मनुष्य' क्या है? मलयज के शब्दों में "धरती शुक्ल जी के सामान्य मनुष्य का संस्कार है, आकाश उसका कर्म। अपने संस्कारों से वह धरती की ही तरह ठोस है, अपनी संवेदना में मूर्त्त और वस्तुन्मुखी। अपने कर्म से वह उड़ता है, आदर्श के पक्ष में हाथ उठाता है। उसके कर्म की उड़ान उसे धरती के गोचर रूपाकारों से परे नहीं ले जाती, बल्कि उसकी सूक्ष्म रसवत्ता से बाँधे रहती है। उसकी धरती का संस्कार उसे जड़, अतीतोन्मुख, गतिहीन नहीं बनाता बल्कि भाव-क्षेत्र में चीज़ों को मज़बूती से पकड़ने और उन्हें उनके सही नामों से पुकारने की ऊर्जा देता है। धरती के सन्दर्भ में जो कुछ ज्ञानातीत और अमूर्त है, उसे वह सन्दिग्ध मानता है। आकाश के सन्दर्भ में जो कुछ ज्ञानातीत और अमूर्त है, उसे वह सन्दिग्ध मानता है। आकाश के सन्दर्भ में जो कुछ ज्ञानातीत और अलौकिक है, उसे वह शक की निगाह से देखता है। प्रत्यक्ष यथार्थ से अलग अध्यात्म उसके लिए एक फरेब है, जैसे दूर कहीं धरती और आकाश का मिलन जो जब नज़र आता है। तब धुँधलके में ही। यह धुँधलका ही वह छायावाद-रहस्यवाद है जिसके ख़िलाफ़ शुक्ल जी ने अपनी लड़ाई लड़ी।"

साहित्य में सामान्य मनुष्य की खोज नयी नहीं है। 60-61 के दिनों में मलयज के विद्यागुरु विजयदेव नारायण साही ने भी 'लघु मानव के बहाने हिन्दी कविता पर एक बहस' के दौरान 'साधारण परिवेश में साधारण मनुष्य' की खोज की थी। लेकिन वह 'साधारण मनुष्य' भगवतीचरण वर्मा, बच्चन, नवीन, दिनकर आदि का फक्कड़ और अलमस्त नौजवान था। शुक्ल जी के सामान्य मनुष्य की प्रतिमा गढ़ते समय मलयज को अपने गुरु के 'साधारण मनुष्य' की याद थी या नहीं, नहीं पता। लेकिन इस घटना के स्मरण से यह सत्य तो प्रकट हो ही जाता है कि 'साधारण' 'साधारण' में भी अन्तर होता है। अभी कुछ दिन पहले, बल्कि उन्हीं दिनों जब मलयज शुक्ल जी के सामान्य मनुष्य की खोज में प्रवृत्त थे 'समानान्तर' कहानी वाले आम आदमी का नारा लगा रहे थे। क्या मलयज के ध्यान में यह आदमी भी था? जो हो, सामान्य मनुष्य के इतने रूपों को देखकर यही कहना पड़ता है कि ये सभी 'मिथ' हैं।

ऐसा प्रतीत होता है कि मलयज को शुक्ल जी के 'सामान्य मनुष्य' की नियति का अहसास था, इसीलिए उन्होंने उसे एक 'मिथ' की संज्ञा दी थी। शुक्ल जी का 'सामान्य' मनुष्य वैसे ही एक 'मिथ' था, जैसे कलावाद का 'व्यक्ति'। एक 'मिथ' के विरोध के लिए गढ़ा गया दूसरा 'मिथ'। लेकिन 'मिथ' कह देने मात्र से ही सभी 'मिथ' एक से नहीं हो जाते। 'मिथ' की शक्ति उसकी अन्तर्वस्तु पर निर्भर है–यथार्थ या तथ्य की उस गुठली पर जो बीज रूप में अन्तर्निहित होता है। उदाहरण के लिए छायावादी 'व्यक्ति' पर शुक्ल जी का 'सामान्य मनुष्य' यदि प्रबल पड़ा तो इसलिए कि उसमें तथ्य पुष्ट थे। इस सन्दर्भ में शुक्ल जी का यह सूत्र वाक्य विशेष रूप से अर्थपूर्ण है : "सत्य सबकी सामान्य सम्पत्ति होता है, झूठ हर एक का अलग-अलग होता है।" इस वाक्य को मलयज ने एक से अधिक स्थानों पर उद्धृत किया है।

हर 'मिथ' की तरह शुक्ल जी के 'सामान्य मनुष्य' के 'मिथ' में भी यथार्थ और आदर्श दोनों का योग था। यथार्थ और आदर्श के इस संयोग की प्रक्रिया में, जैसा कि मलयज का कहना है, "अपनी आदर्श-प्रेरित सामाजिकता के बावजूद उन्होंने इस समाज का सरलीकरण नहीं किया; वे उसे वह जैसा था, वैसा ही करके देखते थे, उस पर अपनी आदर्शकामी दृष्टि आरोपित नहीं करते थे। यह तय है कि उनके समय का समाज (मध्यकालीन मूल्यों के दब-दबे के बावजूद) स्थिर समाज न था, उसमें परिवर्तन हो रहा था, मूल्यों में उलट-फेर शुरू हो चुकी थी, यद्यपि प्रधानता उन्हीं मूल्यों की थी जो परम्परा-पोषित थे। वे मूल्य अभी भी वैध थे और

उनके आधार पर आचरण का विवेक बनाये रखा जा सकता था। पर एक परिवर्तन आ रहा था। विदेशी विचारधाराएँ देश के मानस को, उसके तौर-तरीक़ों को प्रभावित करने लगी थीं–पूँजीवाद का उदय हो चुका था। अत: जीवन पद्धति सरल मूल्यों के प्रति समर्पित न रह गयी थी। पर मूल्य बोध के फ्रेम में जो सद्-असद् के खाते होते हैं, वे बहुत कुछ बरकरार थे। शुक्ल जी अपने समय के सारे मूल्यगत बदलाव को अब भी उन खातों के तहत विवेचित और व्याख्यायित कर सकते थे। जिस हल्के कटाक्ष और व्यंग्य-विनोद से वे 'आज के समय में', 'आज की सभ्यता में', 'आजकल' की चर्चा करते हैं, उससे यह लगता है कि 'आज' वास्तव में उनके लिए कोई गम्भीर चुनौती नहीं पेश करता था। उस 'आज' से–मूल्य स्तर पर–उनकी कोई सीधी टक्कर न थी, क्योंकि वह 'आज' अभी भी हाशिये पर ही था, पूरे जनमानस को पूर्णत: घेरे हुए न था।"

इस पर्यवेक्षण का आधार है शुक्ल जी का 'घृणा' और 'ईर्ष्या' सम्बन्धी विवेचन।

यह सही है कि "शुक्ल जी सामाजिक बदलाव के लक्षणों से आँख मूँदे हुए न थे, पर भावनात्मक रूप से उसे पूरा समर्थन नहीं दे सके थे।" इसके बावजूद मलयज की दृष्टि में शुक्ल जी का जीवन "अन्तर्विरोधों का जीवन नहीं, विरुद्धों के सामंजस्य का जीवन था।"

ऐसा प्रतीत होता है कि मलयज शुक्ल जी के इस पक्ष पर कुछ असमंजस में थे। यह 'द्वन्द्वात्मकता का अन्तर्विरोध' है अथवा 'अन्तर्विरोध की द्वन्द्वात्मकता'– निश्चय नहीं कर पाते थे। इस असमंजस के बावजूद 23.7.77 की टिप्पणी में उन्होंने अपने मन की बात अन्तत: लिख ही दी–

"शुक्ल जी ने अपने भीतर की कशमकश को खुलकर प्रकट होने नहीं दिया, उसे अपने व्यक्तित्व की दृढ़ता से दबाये रखा, पर उस भीतरी गड़गड़ाहट को वे नज़रअन्दाज़ भी न कर सकते थे। वे बुद्धि से अपने अन्दर-बाहर के असामंजस्यपन का समाधान नहीं कर सके–व्यक्तित्व की दृढ़ता के बावजूद। शायद यही बात है कि उनका काव्य-सिद्धान्त इतना पुख्ता नहीं है और उसमें दरारें रह गयी हैं। इन दरारों में शुक्ल जी की भावना बोलती है, उनका कवि-हृदय स्वर भरता है। आदर्श और यथार्थबोध के बीच की इस दरार से उनका काव्य चिन्तन एक राह भविष्य के लिए छोड़ देता है, उसे बुद्धि के साँचे में कसे रखकर सिर्फ़ वर्तमान के लिए एकजुट पुख्ता नहीं छोड़ता।"

निष्कर्ष यह कि "यह अन्तर्विरोध दरअसल शुक्ल जी की शक्ति है, इसी से वे आज के काव्य चिन्तन के लिए भी प्रासंगिक हो उठे हैं।"

मिथ का अन्तर्विरोध वस्तुतः यथार्थ से मुठभेड़ में प्रकट होता है। आज का यथार्थ ही शुक्ल जी के 'सामान्य मनुष्य' के 'मिथ' का अन्तर्विरोध उद्‍घाटित करने में समर्थ है। मलयज की आँखों के सामने वह यथार्थ स्वयं आचार्य शुक्ल के नाती के रूप में प्रकट हुआ। बनारस में अस्सी का चौराहा। बोसीदा कपड़ों में मुख्तसर-सा एक आदमी बैसाखियों पर खड़ा भीख माँग रहा था। यह थी आचार्य की तीसरी पीढ़ी यानी मलयज की अपनी पीढ़ी। देखते ही मलयज के मन में प्रश्न उठा : क्या वही शुक्ल जी के सामान्य आदमी का 'रफ़' था? खण्डित और छिन्नमूल। आचार्य शुक्ल ने सामान्य आदमी का 'अखण्डित वर्तमान' देखा था। मलयज के सामने उसका 'खण्डित भविष्य' वर्तमान था? इस चुनौती का मुक़ाबला शुक्ल जी के सामान्य आदमी को गुहार लगाकर नहीं किया जा सकता। इसके लिए तो फिर एक नये सामान्य आदमी की मूर्ति रचनी पड़ेगी। मलयज ने यहाँ इसी संकल्प के साथ 'जन' को पुकारा है। यह वह 'जन' है जिसकी एकमात्र पूँजी उसके बेरोज़गार हाथों का जाँगर है।

मलयज की इस पुकार में सचाई है और ताक़त भी। सचाई का स्रोत है तन्मयता और ताक़त का आधार है जनशक्ति की सही पहचान। लेखों और डायरी के पन्नों को पढ़ते समय कोई भी आदमी यह अनुभव किये बिना नहीं रह सकता कि शुक्ल जी के साथ मलयज जैसे एकाकार हो गये हैं। गाँव और शहर का वही मिला-जुला परिवेश, देशीपन का वही आग्रह, पश्चिम की चुनौती से जूझने की वही कोशिश, प्रकृति-प्रेम भी वही और चित्रकारी का शौक़ भी वैसा ही–यहाँ तक कि स्वास्थ्य के मामले में भी श्वास-रोग की समानता। इस विषय में मलयज इतने आत्मचेतस् हो गये थे कि वे शुक्ल जी की तरह अक्सर पेंसिल से ही अपने लेखादि लिखने लगे थे। इस भृंग-कीट न्याय से मलयज का जन्म हुआ। आत्मकेन्द्रित व्यक्ति लोकवादी आचार्य की अँगुली पकड़कर जन-संघर्ष में शामिल होने आया। इस दृष्टि से यह पुस्तक मलयज के आत्मसंघर्ष का भी आलेख है। आत्मसंघर्ष युक्त जनसंघर्ष की प्रकिया में मलयज ने आलोचना की एक नयी भाषा का विकास किया जो आचार्य शुक्ल की ही परम्परा में वस्तु-मुखी, यथातथ्य, तर्कनिष्ठ, भावसंवलित, सघन और सान्द्र है।

शुक्ल जी की निबन्ध शैली के बारे में मलयज ने लिखा है कि उनके छोटे निबन्ध भी पुष्ट, दृढ़बन्ध और कसाव का परिचय देते हैं और उनके छोटे कलेवर

में एक क्लासिक सघनता, लाघव और चुस्ती है। कहने की आवश्यकता नहीं कि स्वयं मलयज के निबन्ध और संक्षिप्त टिप्पणियाँ इसी आदर्श के निर्वाह की दिशा में प्रयत्नशील हैं। इन गुणों के साथ ही कहीं-कहीं उस कवि-हृदय की भी झलक मिल जाती है जिससे शुक्ल जी के चिन्तन प्रधान निबन्ध रससिक्त प्रतीत होते हैं।

मलयज ने आलोचना के शास्त्रीय प्रत्ययों के अन्दर जाकर आचार्य शुक्ल के सामान्य मनुष्य की जिस प्रतिमा का निर्माण किया है, वह निश्चित रूप से हिन्दी आलोचना के क्षेत्र में एक मौलिक सृष्टि है, किन्तु इससे भी अधिक महत्त्वपूर्ण वह पद्धति है, जिससे उस प्रतिमा के उपादान और तत्त्व खोजे गये हैं। इस अध्यवसाय को देखकर अनायास कुँवर नारायण की एक कविता 'अध्यवसायी था' की ये पंक्तियाँ याद आती हैं :

क्यों खोजना पड़ता है
मिथकों में, वक्रोक्तियों में, श्लेषों में, रूपकों में
झूठ के उलटी तरफ़ क्यों इतना रास्ता चलना पड़ता है
एक साधारण सच्चाई तक पहुँच पाने के लिए

मलयज का साधारण मनुष्य एक तरह से ऐसी सचाई है, जो अति साधारण है, फिर भी इसे खोजने के लिए उन्होंने शास्त्र में लोक की दिशा में जो उल्टी यात्रा की वह आँख खोलने वाली है।

यह भी एक संयोग ही है कि शुक्ल जी की 'रस-मीमांसा' की तरह मलयज की यह 'संघर्ष-मीमांसा' भी अधूरी रह गयी। किन्तु अधूरी होने से ही वह अप्रासंगिक नहीं हो जाती। आलोचना के क्षेत्र में बहुत-से शास्त्रीय ग्रन्थ मुकम्मल होने के कारण ही अप्रासंगिक हो गये। इस अधूरेपन की भी अपनी सार्थकता है, अपनी सुन्दरता भी। इसलिए जैसा कि रवीन्द्रनाथ ने एक गीत में कहा है :

जीवने यतो पूजा हलो ना सारा
जानि हे जानि ताओ हयनि हारा।

(जीवन में जितनी पूजाएँ समाप्त नहीं हुईं जानता हूँ, जानता हूँ वे भी खो नहीं गयीं।)

(स्व. मलयज द्वारा लिखित पुस्तक 'रामचन्द्र शुक्ल' की भूमिका है।
साभार राजकमल प्रकाशन)

‘कस्मै देवाय...’ का ‘क’

अशीतिपर श्रीलाल शुक्ल के सम्मान में एक सांस्कृतिक आयोजन का ख़याल आया तो सहसा उन्हीं का लिखा वह लेख भी याद आ गया जिसका शीर्षक है : निराला के बहाने कुछ साहित्य चर्चा। ‘उस लेख का ‘हम्बग’ शब्द अभी तक हथौड़े की तरह मन पर बार-बार प्रहार कर रहा है :’ ‘गुरु हथौड़ा हाथ / करती बार-बार प्रहार’ वह तोड़ती पत्थर।

जन्मतिथि पर आयोजन कैसा हो? यही सवाल वहाँ भी हैं। “गोष्ठी, सेमिनार, भाषणमाला, पुरस्कार-योजना या ऐसा ही कोई हम्बग या ढकोसला? वे सब प्रकार के ‘हम्बग’ को, मक्कारी और ढकोसलेबाज़ी को दूर से ही सूँघ लेते हैं, और उसे बेमुरव्वती से एक किनारे छोड़ अपनी राह निकल जाते हैं।”

इसी क्रम में श्रीलाल आगे यह भी लिखते हैं : “प्रसिद्ध कलाकार और साहित्यकार के लिए ऐसे ‘हम्बग’ से कई तरह का ख़तरा है, सबसे बड़ा ख़तरा यह है कि निरन्तर आत्मान्वेषण करने के बजाय कहीं वह अपने प्रशंसकों, चापलूसों, सेमिनार-उत्सव-गोष्ठी के दलालों की मानसिकता को अनजाने ही न ढोने लगे।... इस तरह ‘हम्बग’ से जुड़कर शायद वह ख़ुद भी ‘हम्बग’ बन जायेगा।”

अन्ततः निष्कर्ष यही निकलता है कि “साहित्यकार सब तरह से ‘हम्बग’ से वैसे ही स्वतन्त्र रहे जैसे कि निराला ने रहना चाहा था।”

प्रसंगवश, यह लेख उस पुस्तक में शामिल है जो पिछले साल ही ‘जहालत के पचास साल’ नाम से प्रकाशित हुई है। इसे कोई चाहे तो देश की जहालत के पचास साल भी समझ सकता है, या फिर स्वयं ‘लेखक की जहालत के पचास साल’ का आत्मव्यंग भी।

इस आत्म-सजगता का प्रमाण हमें तत्काल ही मिल गया। तय हुआ था कि अस्सीपार का यह ऐतिहासिक जन्म दिवस ‘सहस्त्र चन्द्रोदय’ के नाम से मनाया जाय क्योंकि अस्सी वर्ष की उम्र तक पहुँचते-पहुँचते मनुष्य एक सहस्त्र पूर्णचन्द्र के दर्शन

कर लेता है। ज्योतिष की गणना भी यही कहती है और सम्भवतः दक्षिण भारत में प्रचलित ऐसी परम्परा भी है। कहना न होगा कि 'अमृत महोत्सव' जैसे घिसे-पिटे शब्द की जगह 'सहस्र चन्द्रोदय' शब्द हमें नया भी लगा और अधिक आकर्षक भी। श्रीलाल जी को किसी तरह संयोग से इसकी भनक लग गयी और उन्होंने इसे तत्काल ख़ारिज कर दिया। फ़ोन पर मुझे फिर वह 'हम्बग' की सी गूँज सुनाई पड़ी!

अनुमान यही है कि 'सहस्र चन्द्रोदय' के प्रभामण्डल ने उनकी ठेठ अवधी रुचि को भड़का दिया होगा या कौन जाने उनके अवचेतन में कहीं वह 'प्रबोध चन्द्रोदय' नाटक भी रहा हो!

जो हो, उनका सम्पूर्ण लेखन समाज और साहित्य दोनों में हर तरह 'हम्बग' के ख़िलाफ़ एक सर्जनात्मक अभियान है। प्रकारान्तर से यही बात श्रीलाल जी ने अपने समानधर्मा साहित्यकार हरिशंकर परसाई के हवाले से भी कही है। परसाई का एक लेख है–'साधना का फ़ौजदारी अन्त'। इस लेख पर शायद ही किसी की दृष्टि पड़ी हो। न इससे पहले, न इसके बाद!

दरअसल यह लेख एक अपर डिवीजन क्लर्क यानी एक यू.डी.सी. की कहानी है जो किसी आश्रमभोगी ठग अर्थात् गुरु के चक्कर में पड़कर सत्य की खोज का व्रत ले लेता है। अब परसाई और उस क्लर्क की बातचीत का एक टुकड़ा-पहले वह क्लर्क, फिर परसाई!

"मैं जानता हूँ कि आप भी सत्य की खोज करते हैं। आप जो लिखते हैं, उससे यही मालूम होता है।"

"यह तुम्हारा ख़याल ग़लत है। मैं तो हमेशा झूठ की तलाश में रहता हूँ कोने-कोने में झूठ को ढूँढ़ता हूँ। झूठ मिल जाता है तो बहुत ख़ुश होता हूँ।"

परसाई की टिप्पणी है : 'न वह समझा, न उसे विश्वास हुआ। वह मुझे अपनी ही तरह सत्यान्वेषी समझता रहा।'

अन्त में श्रीलाल जी की अपनी टिप्पणी : 'यहाँ परसाई ने व्यंग्य की एक विशिष्ट प्रवृत्ति का संकेत दिया है। स्पष्ट है कि वे जान-बूझ कर कोई सिद्धान्त निरूपण नहीं कर रहे हैं; पर उन्होंने जो कहा है वह प्रसंगतः व्यंग्य को एक विशेष अर्थ में परिभाषित करता है–व्यंग्य सत्य की खोज नहीं, झूठ की खोज है। यही उसका पेंचदार रास्ता की खोज के सहारे, या उसके बहाने ही यहाँ सत्य को पहचानने की प्रक्रिया चलती है।'

निष्कर्ष यह कि "व्यंग्य के टेढ़े-मेढ़े रास्ते से गुज़रकर हम उन मूल्यों तक पहुँचते हैं जो मूलतः उत्कृष्ट साहित्य का अन्तिम लक्ष्य रहे हैं।"

यह अन्तिम निष्कर्ष है और 'आधुनिक हिन्दी व्यंग्य : अज्ञेय के सन्दर्भ के साथ' शीर्षक भाषण का जो 'अज्ञेय : कुछ रंग, कुछ राग' शीर्षक पुस्तक में प्रकाशित है।

कहना न होगा कि 'राग दरबारी' से लेकर 'बिस्रामपुर का सन्त' तक श्रीलाल जी इसी झूठ की खोज करते हुए टेढ़े-मेढ़े रास्ते से सत्य को पहचानने की कोशिश करते रहे हैं और लोग इसे सिर्फ़ 'व्यंग' कहक़र हाशिए पर डालते रहे हैं।

याद करें तो रघुवीर सहाय ने भी श्रीलाल शुक्ल की छोटी-सी पुस्तक 'यहाँ' और 'वहाँ' के 'परिचय' में इसी बात को इन शब्दों में व्यक्त किया है कि "उनका व्यक्तित्व विकृति की सृष्टि नहीं, विकृति की खोज करता है।"

यह 'विकृति' कहीं-न-कहीं श्रीलाल जी के 'पेंचदार रास्तों' और 'टेढ़ा-मेढ़ा रास्ता' की ओर इशारा करती दिखाई पड़ती है। एक तरह से यह टेढ़ी अँगुली से घी निकालने वाली बात है क्योंकि अक्सर घी सीधी अँगुली से नहीं निकलता।

कभी आचार्य रामचन्द्र शुक्ल ने भी कहा था कि "प्रच्छन्नता का उद्‌घाटन कवि-कर्म का एक मुख्य अंग है" क्योंकि "ज्यों-ज्यों हमारी वृत्तियों पर सभ्यता के नये-नये आवरण चढ़ते जायेंगे त्यों-त्यों कवि-कर्म कठिन होता जायेगा।"

कहना न होगा कि सभ्यता के तथाकथित विकास के साथ-साथ छल-छद्‌म भी घना होता जा रहा है। उसे भेदना भी कठिन से कठिनतर हो रहा है। जिसे श्रीलाल जी ने 'टेढ़ा-मेढ़ा रास्ता' कहा है वह लेखक के लिए टेढ़ी-मेढ़ी 'भाषा' ही है और उसी का नाम व्यंग है। संस्कृत के प्राचीन काव्यशास्त्र में उसी को 'वक्रोक्ति' कहा जाता था। कुन्तक ने 'वक्रोक्ति' को 'वैदध्य-भंगी-भणिति' के नाम से परिभाषित किया है। जब लेखक विदग्ध होगा–उसका हृदय विशेष रूप से दग्ध होगा, अत्यन्त जला हुआ होगा तो उसकी ज़बान भी टेढ़े टेढ़े ही चलेगी और उसकी भाषा में विशेष प्रकार की भंगिमा होगी। यह आकस्मिक नहीं है कि श्रीलाल जी बार-बार ज़ोर देकर व्यंग को 'भंगिमा' कहते हैं। फिर भी श्रीलाल शुक्ल की भाषा की प्रशंसा करने वाले भूल जाते हैं उस अन्दर के कोठे को, जहाँ से स्वर निकलते हैं।

वे व्यंग के छिटपुट स्फुलिंग या फुलझड़ियाँ नहीं छोड़ते बल्कि उनकी आद्यन्त भंगिमा ही ऐसी है। ऐसी भंगिमा के बूते पर वे 'राग दरबारी' के लगभग पाँच सौ पृष्ठों तक व्यंगोक्ति को निभा ले जाते हैं जो किसी के लिए भी एक चुनौती है।

सच तो यह है कि जिस 'हम्बग', ढकोसला, छल-छद्‌म को वे तार-तार करके उघाड़ना चाहते हैं उसके लिए सबसे कारगर हथियार यह वक्र और बाँकी भाषा ही है। विकल्प में या तो आक्रोश की भाषा है या फिर गाली-गलौज। लेकिन

इस विकल्प के साथ दिक्कत यह है कि इससे क्रुद्ध लेखक कुछ देर के लिए अपने आप को भले ही हल्का कर ले, सामान्य पाठक खाली-का-खाली ही रहता है। इस स्थिति में निश्चित रूप से श्रीलाल की वक्रता कहीं अधिक हृदय है, जिसे पढ़ने में मज़ा आता है, बल्कि जिसे बार-बार पढ़ने को जी चाहता है और कहना न होगा कि किसी साहित्यिक कृति के अस्तित्व की यह पहली शर्त है, जो दिन-पर-दिन दुर्लभ होती जा रही है।

श्रीलाल जी की कथाकृतियों का रस बहुत कुछ उनकी भाषा की अनन्यता में है। वे अपनी वाक्य रचना को आराम से उसी तन्मयता के साथ रचते चलते हैं जैसे 'मकान' का नारायण बनर्जी अपने सितार पर किसी राग को घण्टों तबीयत से साधता है– मीड़ और मुरकियों के साथ पूरी बन्दिश को तरह-तरह से खेलते हुए, जैसे उसे द्रुत पर पहुँचने की कोई हड़बड़ी न हो। श्रीलाल की कथाकृतियों को पढ़कर बार-बार ऐसा लगता है कि वे किसी कवि से भी अधिक अपने गद्य की लय की बारीकियों में ज़्यादा रस लेते हैं।

इस दृष्टि से यदि श्रीलाल शुक्ल को अपने युग के सर्वश्रेष्ठ शैलीकारों में गिना जाय तो अतिशयोक्ति न होगी। वैसे भी, उस वरमाला में उनका स्थान स्वभावत: सुमेरु का ही रहेगा, इसमें मुझे तनिक भी सन्देह नहीं।

बारीकियों में जाने की वृत्ति का एक छोटा-सा उदाहरण लें तो 'राग दरबारी' का प्रस्तुत प्रसंग देखें :

> *"सब वर्गों की हँसी और ठहाके अलग-अलग होते हैं। कॉफ़ी हाउस में बैठे हुए साहित्यकारों का ठहाका कई जगहों से निकलता है, वह किसी के पेट की गहराई से निकलता है, किसी के गले से, किसी के मुँह से और उनमें से एकाध ऐसे भी रह जाते हैं जो सिर्फ़ सोचते हैं कि ठहाका लगाया क्यों गया है। डिनर के बाद कॉफ़ी पीते हुए, छके हुए अफ़सरों का ठहाका दूसरी किस्म का होता है। वह ज़्यादा पेट की बड़ी ही अन्दरूनी गहराई से निकलता है। उस ठहाके के घनत्व का उनकी साधारण हँसी के साथ वही अनुपात बैठता है जो उनकी आमदनी का उनकी तनख़्वाह से होता है। राजनीतिज्ञों का ठहाका सिर्फ़ मुँह के खोखल से निकलता है और उसके दो ही आयाम होते हैं, उसमें प्राय: गहराई नहीं होती। व्यापारियों का ठहाका होता ही नहीं है और अगर होता भी है तो ऐसे सूक्ष्म और सांकेतिक रूप में कि पता लग जाता है, ये इनकम टैक्स के डर से अपने ठहाके का स्टॉक बाहर नहीं निकालना चाहते। इन नौजवानों ने जो ठहाका लगाया था वह सब से अलग था। यह शोहदों का ठहाका था, जो आदमी के गले से निकलता है, पर जान पड़ता है, मुर्गों, गीदड़ों और घोड़ों के गले से निकलता है।"*

हँसी के इस विविक्तवर्णी विवरण के पीछे कहीं-न-कहीं स्वयं लेखक की भी हँसी है–छिपी हुई। फिर भी निराला के शब्दों में–"वह हँसी बहुत कुछ कहती है–फिर भी अपने में रहती है।"

यह निर्लिप्तता और निपट निर्वैयक्तिकता सर्जक श्रीलाल शुक्ल की अभिव्यक्ति है, व्यक्ति है और शक्ति भी।

श्रीलाल शुक्ल कहानी कहने में जिस 'युक्ति' का प्रयोग करते हैं उसका गुर, दरअसल, उनकी रहस्यपूर्ण अपराध कथा 'आदमी का ज़हर' में है। एक तरह से यह उपन्यास उनकी कथा-कृतियों में अत्यन्त तिरस्कृत है। किन्तु जानें क्यों मेरे मन में यह "अत्यन्त तिरस्कृत अर्थ सदृश ध्वनि कम्पित करता बार-बार!"

इस उपन्यास के तिरस्कार में कुछ हाथ स्वयं लेखक का भी है। एक साक्षात्कार में उन्होंने ही अपने श्रीमुख से कहा है कि "यह सिर्फ़ मनोरंजन के उद्देश्य से लिखी गयी थी। यह 'राग दरबारी' के पहले, एक अस्थायी आर्थिक कठिनाई के समाधान के लिए अलग-अलग दिनों में कुल सैंतीस घण्टों में लिखी गयी–लिखी भी नहीं, बोलकर लिखाई गयी थी। पर शिल्प की बातें जाने दें, ऐसी कृतियाँ कोई सर्जनात्मक चुनौती नहीं देतीं, इसलिए उस अनुभव को दोहराया नहीं।"

सवाल यह है कि शिल्प की बातें जाने क्यों दें? आपको कोई सर्जनात्मक चुनौती न देती हों तो न दें। लेकिन यह सरासर झूठ है कि श्रीलाल ने उस अनुभव को दोहराया नहीं। 'मकान' और बिस्रामपुर का सन्त अपराध कथा नहीं तो क्या है? क्या हत्या ही अपराध है? व्यभिचार अपराध नहीं है? ठेठ चोरी या चोरी-चोरी इश्क़ लड़ाने को अपराध में नहीं गिना जा सकता? वैसे तो नाजायज़ मुनाफ़ाखोरी भी एक तरह से अपराध ही है और चुपके-चुपके दलाली और रिश्वतखोरी भी अपराध के ही अन्दर आती है। यहाँ तक कि असहाय ग़रीबों का शोषण भी अपराध ही है और मज़दूरों की मेहनत की क़ीमत पर पूँजी की विशाल अट्टालिका खड़ी करना भी!

रहस्य इन सब में भी है और रोमांच भी कम नहीं, अगर इनकी तह में जाने की कोशिश करें–आजकल के तथाकथित 'स्टिंग ऑपरेशन' की हद तक और दोस्तोएव्सकी के प्रसिद्ध उपन्यास 'अपराध और दण्ड' को याद करें तो अपराध के उपन्यास गम्भीर ही नहीं कालजयी 'क्लासिक' भी हो सकते हैं।

फ़िलहाल तो हमारे सामने श्रीलाल ही का 'तिरस्कृत' आदमी का ज़हर ही है। संक्षेप में कथा इतनी ही है कि एक 'ब्लैकमेलर' की हत्या के लिए गोली दागी

गयी और अन्तत: उसकी मौत हो गयी, लेकिन 'पोस्टमार्टम' से पता चला कि मौत ज़हर से हुई, गोली लगने से नहीं। ज़हर किसने दिया, यह रहस्य है और उपन्यास के अन्त तक इसी के निश्चित ठोस सबूत की तलाश चलती है। इस क्रम में एक और हत्या की उपकथा भी निकल आती है और रोमांच घना हो जाता है। ख़ूबी यह है कि इस खोज में खुफ़िया पुलिस से ज़्यादा निर्णायक और सक्रिय भूमिका एक उमाकान्त नामक पत्रकार अदा करता है और इसमें साथ देता है बादशाह कहलाने वाला एक घोषित चार सौ बीस जो भूतपूर्व सज़ायाफ़्ता भी है। इन सबसे बढ़कर जो फलश्रुति है वह यह कि सारी भाग-दौड़ रूबी नाम की एक बेकसूर औरत की जान बचाने के लिए है, क्योंकि ज़हर देने वाले का ठीक-ठीक पता न चलने पर पुलिस की पड़ताल के मुताबिक़ उस औरत को फाँसी तयशुदा है। इस तरह कुल मिलाकर तलाश है ज़हर की।

सवाल यह है कि यह ज़हर क्या है? सिर्फ़ वही ज़हर जो शीशी में होता है या इसके अलावा कहीं और भी? और कहना न होगा कि इस उपन्यास में वह 'और' काफ़ी साफ़ है। हत्या हुई है उस आदमी की जो स्वयं पीली पत्रकारिता का धन्धा करके लोगों को ब्लैकमेल करता है। यही नहीं, वह बम्बई से इस धन्धे की दीक्षा लेकर एक छोटे से क़स्बे में उसे आज़माने आया है। गरज कि आज के खौफ़नाक बाज़ार तन्त्र और मीडिया के रंग-ढंग को देखें तो 'आदमी का ज़हर' एक आश्चर्यजनक पूर्वाभास है–पच्चीस-तीस साल पहले का लिखा हुआ।

ऐसा प्रतीत होता है कि स्वयं लेखक को भी 'आदमी का ज़हर' उपन्यास इस नुक्ते का एहसास था। आख़िर 'ब्लर्ब' पर अंकित इस वाक्य का और क्या अर्थ है कि 'यह पाठकों को कुछ सोचने के लिए भी मजबूर करेगा!' क्या सोचने का? क्या-क्या सोचने का? जवाब हमें देना पड़ेगा। स्वयं लेखक को जवाब देने की ज़रूरत नहीं है। वैसे भी, कहा तो यही गया है कि ख़ुद कहानी क्या कहती है यही सुनो, भरोसा लेखक के कहने का न करो।

प्रसंगवश याद आता है कि किसी ने कहानीकार को 'आत्मा का जासूस' कहा है। कहने वाला निश्चय ही परसाई की कहानी 'साधना का फ़ौजदारी' अन्त के नायक की तरह कोई 'सत्यान्वेषी' होगा! श्रीलाल जी तो अपने आपको ख़ुद ही 'असत्यान्वेषी' मानते से प्रतीत होते हैं। इसलिए उन्हें 'आत्मा का जासूस' कहने की गुस्ताखी तो मैं कर नहीं सकता! 'आदमी का ज़हर' लिखने वाले लेखक की दिलचस्पी साफ़ तौर से आदमी की सामाजिक स्थितियों और क्रिया-कलापों में ही ज़्यादा दिखाई पड़ती है। और 'जासूस' का इस्तेमाल भी एक प्रकार की

औपन्यासिक 'युक्ति' ही है। ज़रूरी नहीं कि इस युक्ति का साधन सदैव कोई जासूस ही हो। उदाहरण के लिए 'आदमी का ज़हर' में रहस्य का पता लगाने में कामयाबी उन्हें मिलती है जो पेशेवर जासूस नहीं है।

इसलिए मुख्य मुद्दा है किसी सामाजिक अपराधी की शिनाख़्त और शिनाख़्त करने वाला चरित्र ऐसा हो जो हर तरह के ख़तरे उठाकर जासूस की तरह प्रश्नांकित व्यक्ति का पीछा करे और पता न लगने दे कि वह पीछा कर रहा है। इस तरह इसी युक्ति के दायरे में 'राग दरबारी' का रंगनाथ भी आता है जो रिसर्च स्कॉलर है और अपने रिसर्च के काम के लिए गाँव जाता है।

कहना न होगा कि इस युक्ति के द्वारा श्रीलाल जी साहित्यकार की भूमिका को एक निष्पक्ष पर्यवेक्षक और वास्तुनिष्ठ जाँचकर्ता के रूप में प्रस्तुत करना चाहते हैं। यह उनके विशिष्ट सर्जनात्मक व्यक्तित्त्व की उल्लेखनीय विशेषता है।

यह ग्रन्थ एक प्रकार से अपने युग के वरिष्ठ और मूर्धन्य साहित्यकार के 'सहस्र चन्द्रोदय' के अवसर पर बन्धु-बान्धवों, सुहृदों-मित्रों तथा कुटम्बियों की ओर से शब्दों का एक स्तवक है। इसके साथ कुछ पंखड़ियाँ स्वयं लेखक की रचनाओं का भी प्रतिनिधित्व करती हैं। अधिकांश सामग्री अप्रकाशित है, फिर भी थोड़ी-सी पूर्वप्रकाशित सामग्री ग्रहण करने का लोभ संवरण न हो सका। सहयोग सौहार्द के लिए सम्पादन समिति सभी के प्रति कृतज्ञ है—विशेष रूप से कलापक्ष और साजसज्जा के लिए श्री नरेन्द्र श्रीवास्तव के प्रति भी आभार।

अन्त में श्रीलाल शुक्ल के पूर्व पुरुष 'कुल्ली भाट' और 'कुकुरमुत्ता' के सर्जक निराला के शब्दों में अत्यन्त विनम्रता के साथ—

लखो दिया है पहना
किसने यह हार बना
भारति-उर में अपना
देख दृग थके!

(श्रीलाल शुक्ल "जीवन ही जीवन" पुस्तक की सम्पादक की ओर से यह भूमिका हैं।
साभार प्रकाशक श्रीलाल शुक्ल महोत्सव समिति)

यह किताब

'दिल्ली जो एक शहर है'

दिल्ली सिर्फ़ एक शहर का नाम नहीं, बल्कि एक विशिष्ट सभ्यता और संस्कृति का भी नाम है। सभ्यता सैकड़ों ही नहीं बल्कि हज़ारों वर्षों से हमारी बहुमूल्य निधि रही है। नये युग के थपेड़ों और पश्चिमी सभ्यता की आँधी ने अब इसे प्राय: मिटा दिया है लेकिन किसी कोने-ख़ुदरे में वह ज्यों-की-त्यों मौजूद है। उस दिल्ली को देखने और समझने का माद्दा आज भी जिन थोड़े से लोगों में है, उनमें से एक हैं श्री महेश्वर दयाल। इसी अहसास और दर्द के साथ उन्होंने कुछ साल पहले उर्दू में एक किताब आलम में इन्तख़ाब–दिल्ली नाम से प्रकाशित की थी और अब उसी का हिन्दी अनुवाद प्रस्तुत किया जा रहा है। लगभग डेढ़-पौने दो सौ साल पहले उर्दू के ख़ुदा-ए-सुखन मीर तक़ी 'मीर' ने तड़पकर कहा था :

दिल्ली जो एक शहर था आलम में इन्तख़ाब
हम रहने वाले हैं उसी उजड़े दयार के।

यह किताब गोया उसी दर्द की याद दिलाती है लेकिन एक फ़र्क़ के साथ। दिल्ली जो एक शहर है पढ़कर यह महसूस होता है कि वह शहर 'था' नहीं बल्कि अभी भी 'है'। किसी शहर की सभ्यता और संस्कृति में अच्छी तरह रचे-बसे और उसकी आत्मा से एकाकार होने के बाद ही ऐसी किताब लिखी जाती है।

यह किताब दिल्ली शहर का इतिहास नहीं है और न सैलानियों के लिए पथ-प्रदर्शिका ही। दरअसल, यह 'शहर में घूमता हुआ वह आईना' है जिसमें रोज़मर्रा की ज़िन्दगी के हर एक पहलू की जीती-जागती तस्वीर क़ैद कर ली गयी है। शुरुआत दिल्ली के संक्षिप्त इतिहास से ज़रूर होती है क्योंकि वह ज़रूरी है। लेकिन किताब सचमुच शुरू होती है दिल्ली की एक हवेली से, क्योंकि "पुरानी दिल्ली में हवेली लोगों की रोज़मर्रा की ज़िन्दगी, सभ्यता और रहन-सहन का एक अभिन्न अंग थी

और इसके बिना उस समय के सामाजिक जीवन की कल्पना नहीं की जा सकती।" यह हवेली सिर्फ़ एक आलीशान इमारत नहीं थी बल्कि लेखक के शब्दों में "रात को जब सब सो जाते और हवेली में ख़ामोशी छा जाती तब ऐसा महसूस होता कि कुनबे की मुहब्बत और प्यार से गुँथी हुई ज़िन्दगी किसी छोटी-सी मुट्ठी में बन्द हो गयी जो सुबह होते ही फिर खुल जायेगी। दिल्ली की हवेली एक ऐसी ही मुट्ठी थी।"

यह हवेली ही इस किताब के केन्द्र में है और इसी के इर्द-गिर्द दिल्ली की समूची ज़िन्दगी का ताना-बाना बुना गया है। बनाव-सिंगार, खान-पान और दस्तरख़्वान, पान और हुक़्क़ा सब ब्योरे इस तफ़सील से दिये गये हैं कि किसी भी सामाजिक इतिहासकार की जानकारी में इज़ाफा हो सकता है। लेखक की नज़र हर इल्मो-हुनर और हर पेशे और धन्धे पर है। इस तेज़ नज़र से कोई चीज़ बचने नहीं पाई है। यहाँ हर चीज़ के लिए जगह है लेकिन हर चीज़ अपनी जगह पर है। फिर श्री महेश्वर दयाल का अपना अन्दाज़े-बयाँ है।

इस बयान में मुझे सबसे दिलचस्प लगी 'घण्टेवाला शाही हलवाई' की दास्तान और दिल्ली के बावर्चियों की कहानी। दिल्ली की अपनी ख़ास मिठाइयों का बयान तो इतना पुरलुत्फ है कि पढ़कर मुँह में पानी भर आता है। फिर 'एक नूर आदमी हज़ार नूर कपड़ा' में पोशाक की क़िस्में। ज़ेवरात का ज़िक्र ऐसा कि ख़रीद लेने को जी तरसे।

आम आदमी पर भी लेखक की नज़र है। इसकी मिसाल है 'दिल्ली के फेरीवालों का दिलचस्प वर्णन'। ये फेरीवाले किस तरह गा-गाकर अपने सौदे बेचते हैं, उसे आप मज़े से सुन और देख सकते हैं। ख़ास बात यह है कि "हर फेरीवाले के आने का वक़्त बँधा हुआ था और लोगों को पता होता था कि अमुक फेरीवाला अमुक समय आयेगा। हर फेरीवाला ग्राहक़ को और ग्राहक़ फेरीवाले को ख़ूब पहचानता और नाम से जानता था।" सच पूछिए तो इस किताब में फेरीवालों पर लिखे अध्याय को पढ़कर 'नज़ीर' अकबराबादी के 'आगरा बाज़ार' की याद ताज़ा हो जाती है।

'दिल्ली की नाइन' को लेकर तो पूरी एक कहानी ही रच दी गयी है। उसी बोली-बानी की चाशनी के साथ। इसी तरह का रोचक अध्याय है 'जन्नत की चिड़िया, शीर्षक, जिसमें समाज के अपेक्षित 'ख्वाज़ासरा' जमात की ज़िन्दगी के कुछ अनजाने पहलुओं पर रोशनी डाली गयी है। प्रसंगवश लगे हाथों हिजड़ों के एक चौधरी के भाषण का यह टुकड़ा भी जड़ दिया गया है : "राजनीतिक नेता बनने

योग्य सिर्फ़ हमारे तबके के लोग हो सकते हैं, क्योंकि हमारा न कोई बेटा होता है न दामाद।"

किताब के अन्दर इस तरह के दर्जनों लतीफ़े हैं और लोक प्रचलित चुटकुले भी। कहावतों और मुहावरों का तो जैसे ख़ज़ाना है और कोई चाहे तो सिर्फ़ टकसाली ज़बान सीखने के लिए ही पूरी किताब पढ़ सकता है। लेकिन इन हल्की-फुल्की बातों के बीच से जो बात उभरकर आती है, वह है दिल्ली की मिली-जुली संस्कृति और यही बात इस पुस्तक की सबसे बड़ी उपलब्धि है। मिले-जुले रीति-रिवाजों, सभ्यता और परम्परा, सुर और लय, स्वांग और नौटंकी, नृत्य और संगीत आदि संस्कृति के अनगिनत क्रिया-कलाप का सूक्ष्म वर्णन करने के बाद श्री महेश्वर दयाल यही दिखाना चाहते हैं कि "दिल्ली तो वह सरज़मीन है जिसकी खाक तले एक-दो नहीं ऐसी सैकड़ों हस्तियाँ थीं जो सो रही हैं। हर शख़्स अपने आप में यक्ता, एक नगीना, एक आबदार गौहर था। वे सब लोग एक मिली-जुली संस्कृति की पैदावार थे जिसकी बुनियाद प्रेम और निष्ठा पर थी।"

कहना न होगा कि यह बात वही कह सकता है जो दिल्ली की मिली-जुली संस्कृति की पैदावार ख़ुद हो। श्री महेश्वर दयाल बज़ाते-ख़ुद और उनकी यह किताब इस पैदावार की बेहतरीन मिसाल है।

मुझे यह किताब शायद इसलिए पसन्द आयी है कि मैं ख़ुद दिल्ली वाला नहीं हूँ। पिछले तीन दशकों से दिल्ली में रहते हुए भी मैं अपने आप को दिल्ली वाला नहीं कह सकता क्योंकि दिल्ली में रहने मात्र से कोई दिल्ली वाला नहीं हो जाता। हूँ बनारस का और इसका मुझे गर्व भी है लेकिन यह किताब पढ़ते समय सिर धुनता रहा कि अपने बनारस पर भी कोई ऐसी किताब क्यों नहीं लिखता।

चाहता तो यह था कि 'दिल्ली जो एक शहर है' किताब 1989 के साल ही हिन्दी में आये क्योंकि वह शाहजहानाबाद यानी पुरानी दिल्ली की तीन सौ पचासवीं साल गिरह का मौक़ा था। ख़ैर, देर आयद दुरुस्त आयद। इस किताब के लिए दो शब्द लिखकर इसके साथ अपना नाम जुड़ना मेरे लिए सम्मान की बात है। हिन्दी अकादमी ने यह किताब प्रकाशित करके हिन्दी और उर्दू के बीच ही नहीं बल्कि हमारी मिली-जुली गंगा-जमुनी संस्कृति के लिए पुल बनाने का काम किया है। ऐसे शुभ प्रयास का हार्दिक स्वागत और बधाइयाँ।

(यह श्री महेश्वर दयाल की पुस्तक 'दिल्ली जो एक शहर है' की पुस्तक की 15 फ़रवरी 1991 को लिखी गयी भूमिका है, साभार हिन्दी अकादमी, दिल्ली।)

बोधिसत्व : सिर्फ़ कवि नहीं

उजाड़ में मनसायन

बोधिसत्व के इस पहले कविता-संग्रह 'सिर्फ़ कवि नहीं' के प्रकाशन के अवसर पर–"इस आनन्द और उल्लास की घड़ी में मैं आशंका में हूँ।" जैसे कोई ख़ूबसूरत बच्चा, चाँद-सा प्यारा बच्चा घर में आता है तो प्यार करने वालों को तत्काल यह लगता है कि नज़र न लग जाये। लोग उसको एक टिमकना लगा देते हैं। दूधनाथ सिंह ने विस्तार से बताया कि संग्रह के लिए इन कविताओं का चयन भी मैंने किया और नामकरण भी मैंने ही किया। मेरे शत्रु बहुत हैं। वे सभी बोधिसत्व के भी न हो जायें यही आशंका मेरे मन में है। इसलिए वह टिमकना मैं लगाऊँगा।

ऐसा न समझा जाय कि बोधिसत्व उस सम्प्रदाय के कवि हैं, जो सम्प्रदाय गढ़ने का प्रयास मैं उन लोगों की नज़र में कर रहा हूँ। यह तो 'जनवादी लेखक संघ' की इलाहाबाद इकाई की ओर से आयोजित कार्यक्रम है। और बोधिसत्व उस संगठन के सदस्य हैं। लेकिन 'जनवादी लेखक संघ' के लोगों को, 'प्रगतिशील लेखक संघ' के लोगों को और भी संस्थानधर्मियों को मैं बता देना चाहता हूँ कि किसी के बाँध कोई बँधने वाला नहीं है। वह दुनिया बीत गयी, जब कहें कि यह कवि है तो वह कवि है, जब नामवर सिंह कहें कि 'वह कवि है', तभी वह कवि है। इस मुग़ालते में नहीं रहना चाहिए। अब लोग पहले से अधिक समझदार हैं। वह ज़माना और था जब वल्लभाचार्य ने कवियों का निर्माण किया और गोसाईं बिट्ठलनाथ ने तो 'अष्टछाप' बनाकर कवि बनाये थे। आधुनिक काल में भी यह हुआ है। किसी ज़माने में प्रगतिशील आन्दोलन के आलोचकों ने कवियों की एक 'सूची' बनायी थी। 'अष्टछाप' का ज़माना तो बहुत पहले चला गया और आज़ादी के बाद का ज़माना भी ख़त्म हुआ। 'परिमल' वाले जो करते थे, वह भी ख़त्म हुआ और अशोक वाजपेयी जो भोपाल में कर रहे थे, उसका भी अन्त हो गया। लोग अपनी दुकान

चलाने के लिए चाहे जो कहें, बोधिसत्व न मेरे कवि हैं और न किसी दल-विशेष के। वह अपने और सिर्फ़ अपने कवि हैं। नितान्त अपने और निजी। और इसी तर्क से सबके कवि हैं। अब उन चीज़ों का बोधिसत्व पर कोई असर नहीं है। बल्कि इसकी शुरुआत तो बोधिसत्व से एक पीढ़ी पहले ही हो चुकी है।

जहाँ तक पहचानने की बात है, तो इसी इलाहाबाद में 'जनवादी लेखक संघ' की एक गोष्ठी हुई थी कुछ वर्षों पहले। वहाँ कई नये कवियों ने काव्य-पाठ किया था। वहीं, सहसा मेरा ध्यान एक नये कवि ने आकृष्ट किया था। वह कवि देवी प्रसाद मिश्र थे। संयोग से वे भी आज यहाँ उपस्थित हैं। हो सकता है कि देर-सवेर उनको कोई और ही पहचान लेता, लेकिन यह संयोग ही है कि यह सौभाग्य मुझे मिला। इसी तरह बोधिसत्व की कविताओं के प्रति मेरा ध्यान दूधनाथ सिंह ने आकृष्ट किया। यह उनका बड़प्पन है कि सार्वजनिक रूप से बोधिसत्व को पहचानने का श्रेय वे मुझे देते हैं, क्योंकि मैंने उनकी कविताओं को पहली बार 'आलोचना' में प्रकाशित किया था।

कुछ सिरफिरे लोग होते हैं। खँडहरों में, पुराने भग्नावशेषों में, वीरानों में घूमने की उनकी आदत होती है। उन्हीं टूटी-फूटी जगहों में दो पत्थरों की सन्धि को भेदकर लहराती हुई, धूप के आलोक में चमचम करती चार-छह हरी-हरी पत्तियों को आपने भी देखा होगा। उस वीराने में अयाचित लहलहाते वे वासुदेव होते हैं। उजाड़ में मनसायन। बोधिसत्व की खोज मेरे लिए कुछ-कुछ ऐसी ही है। यह विस्मय का बोध भी है और साथ ही हर्ष का भी। आज हिन्दी कविता की दुनिया में ऐसे ही कभी-कभी, कोई-कोई कवि दिख जाते हैं। बोधिसत्व या उनकी पीढ़ी में इक्का-दुक्का दिख जाने वाले कवि, कुछ ऐसे ही हैं।...सूखे मौसम में...जब पतझर होता है। चारों ओर पत्तियाँ गिरनी शुरू होती हैं, जब दूर-दूर तक मैदानों और खेतों में सूखी हवा चलनी शुरू होती है। अक्सर दृष्टि नहीं जाती। लेकिन तभी अचानक ज़मीन पर, रास्ते के इधर-उधर, सूखी पत्तियों के आसपास, घरों के पिछवाड़े, कहीं भी एक छोटी-सी घास नज़र आती है और उसमें एक बहुत छोटा-सा फूल खिलता है, जिसको विष्णुकान्ता कहते हैं। मैं कहना यह चाहता हूँ कि आज जब कविता की दुनिया में, जिसमें त्रिलोचन लिख रहे हैं, नागार्जुन लिख रहे हैं, केदारनाथ अग्रवाल लिख रहे हैं और उसके बाद की पीढ़ी में केदाननाथ सिंह हैं। रघुवीर सहाय नहीं रहे, उनकी कविताएँ हमारे पास हैं। इन तमाम बड़े कवियों के बीच में बोधिसत्व जैसी प्रतिभाएँ विष्णुकान्ता के फूल की तरह प्रकट हो रही हैं। और लगता है कि इन

प्रतिष्ठित, वरिष्ठ कवियों के बीच में अपनी अलग पहचान लेकर, अलग ऊष्मा, अलग ऊर्जा लेकर पनप रही हैं। बोधिसत्व को मैंने ऐसे ही माहौल में देखा तो लगा कि कविता पढ़ना सार्थक हो रहा है और कविता की दुनिया में जाने और रहने का कोई अर्थ है।

बोधिसत्व की कविताएँ क्या हैं। उनकी शास्त्रीय व्याख्या में मैं नहीं जाऊँगा। किसी भी बदली हुई कविता की पहली पहचान क्या है? सारी कविता की परम्परा में हमारा ध्यान किसी कविता की ओर तब आकृष्ट होता है, जब कविता का मुहावरा बदलता है, अन्दाज़ बदलता है, भाषा बदलती है। पहली नज़र में तो भाषा ही हमें बाँधती है यानी भाषा का व्याकरण वही रहता है और फिर भी भाषा बदल जाती है। वह अनहोनापन घटित हो जाता है जिसकी चाहत हमें एक कविता से सचमुच होती है। बोधिसत्व की कविताएँ यही काम करती हैं। ऐसे ही किसी ज़माने में कबीर की भाषा जब सामने आयी तब लगा कि जैसे सारी परम्परा टूटकर चकनाचूर हो गयी। इस तरह जब नयी चीज़ और नयी भाषा आती है, तब हम कहते हैं कि युगान्तर हुआ। ऐसा आधुनिक काल में भी पहली बार नहीं हो रहा है। अगर हम 'नयी कविता' के थोड़ा पहले जायें तो देखेंगे कि हमें एक नयी चिन्ता धारा मिलेगी। जब 'नयी कविता' का नामकरण भी नहीं हुआ था और अज्ञेय का काव्य-संग्रह 'हरी घास पर क्षण भर' आया था। यह लगभग सन् 1949 के आसपास की बात है। तब स्वयं अज्ञेय की कविता के माध्यम से एक नयी भाषा सामने आयी।

लेकिन इस तरह के युगान्तर बार-बार एक रूढ़ि में बदल जाते हैं। तब वह अनहोनी मौलिकता लुप्त हो जाती है। तमाम कवि भाषा और मुहावरे को फेंटने लगते हैं। तमाम कवि एक ही भाषा में लिखने लगते हैं और कविता नहीं लिखते कवितात्मक भाषा लिखते हैं। कवितात्मक हिन्दी लिखते हैं। कविता बनी-बनायी भाषा में रचना को गढ़ देते हैं और कभी-कभी यह समय बहुत लम्बा चलता है—दो-दो, चार-चार सौ साल तक। ऐसा ही जब रीतिकाल में चलने लगा, सभी कवि समूहधर्मी हो गये तो 'ठाकुर' को कहना पड़ा था :

सीखि लीनो मीन मृग खंजन कमल नैन
सीखि लीनो जस औ प्रताप की कहानी है।
सीखि लीनो कल्पबृच्छ कामधेनु चिन्तामनि
सीखि लीनो मेरु औ कुबैर गिरि आनो है।

'ठाकुर' कहत याकी बड़ी है कठिन बात
याको नहिं भूलि कहूँ बाँधियत बानो है।
डेल लौं बनाय आय मेलत सभा के बीच
लोगन कबित्त कीबो खेल करि जानो है।

'नयी कविता' में भी कुछ ऐसा मुहावरा बना कि हर बार फेंटो तो वही दुक्की। "कोई कवि बन जाये" सहज सम्भाव्य है।" लेकिन इसको उसी के अन्दर के कवियों ने बाद में तोड़ा। रघुवीर सहाय ने तोड़ा, श्रीकान्त वर्मा ने तोड़ा। उन्होंने एक नयी भाषा का आविष्कार किया। यह वह भाषा नहीं थी, जो 'नयी कविता' की थी। रघुवीर सहाय ने 'आत्महत्या के विरुद्ध' में जिस चुन्नटदार भाषा का प्रयोग किया, वह भाषा कविता में तहें डालती हुई अजीबोग़रीब बारीकियाँ पैदा करती है। वह एक नयी भाषा, जिसे कुछ लोग अभी भी रेत रहे हैं। बाक़ायदे जबह कर रहे हैं। दिल्ली के ऐसे बहुत से पत्रकार-कवि हैं...मैं नाम नहीं लेना चाहता, जो अभी भी रघुवीर सहाय के सुर-में-सुर मिलाकर गा रहे हैं। कुछ तो लगातार 'होम सिकनेस' में ही जीवन बिता रहे हैं। लेकिन रघुवीर सहाय की भाषा में कोई दूसरा नहीं लिख सकता, कबीर की भाषा में कोई दूसरा नहीं लिख सकता, रैदास की भाषा में भी कोई और नहीं लिख सकता। परमानन्ददास की बात और है, लेकिन सूरदास की भाषा में नहीं लिख सकते लोग। बड़ा कवि अपनी भाषा पर ऐसी छाप लगा देता है कि दूसरा लें तो चोरी तुरन्त पकड़ी जायेगी। तो मैं यह कहना चाहता हूँ कि ये सारे परिवर्तन पहचान की पहली सीढ़ी हैं कि जब हम 'भाखा' को पहचान लेते हैं तो सब कुछ बदल डालते हैं यानी कवि के साथ, सचमुच के कवि के साथ एक पूरी बदली हुई दुनिया आती है। हम मास्टर लोग आलोचना की भाषा में जिसे भाव-बोध, संवेदना आदि कहते हैं, इस पूरे संग्रह में यह भाव-बोध, संवेदना-वंवेदना वाली चीज़ नहीं है। कविता एक 'परसेप्शन' के बदलने का ही रूप है। चीज़ वही है लेकिन ऐसी नज़र आती है कि जब देखते हैं, तब हम अपनी ही जानी-पहचानी दुनिया को नये सिरे से पहचानने लगते हैं। बोधिसत्व हैं, देवी प्रसाद मिश्र हैं, इलाहाबाद को गर्व होना चाहिए। लोग समझते हैं कि रहा होगा इलाहाबाद पचास के दशक में साहित्य का केन्द्र। अब तो वह 'बैंक-वोटर्स' में चला गया है, एक डिकेडेंस व्याप्त है यहाँ। लेकिन मैं तो कुछ और ही देख रहा हूँ। मैं यह देख रहा हूँ कि बोधिसत्व और उनकी पीढ़ी के कुछ नितान्त नये कवियों ने इलाहाबाद को फिर सर्जना के केन्द्र में रख दिया है। यहाँ की हवा में ही एक ख़ास तरह का साहित्यिक संस्कार है। इलाहाबाद, जो साहित्य के नक़्शे पर धूमिल हो रहा था, अब पुनः एक नयी पीढ़ी उभरकर सामने आ रही है।

लक्ष्मीकान्त वर्मा यहाँ बैठे हुए हैं। कहूँगा कि लघुमानव पर लिखकर एक ज़माने में अपने जीवन को कृतार्थ किया था। अब इन नये लड़कों पर लिखकर अपने बुढ़ापे को सार्थक करो। इसलिए कि 'परिमल' और 'प्रगतिवाद' सब बीत चुके हैं और यह नयी पीढ़ी उनमें अँट नहीं रही है।

खुली नज़र से देखें तो मुश्किल कविता की आलोचना लिखना बहुत आसान है। किन्तु जब कविता इतनी सरल हो, इतनी सरल हो जाये, जैसे कि बोधिसत्व की कविताएँ हैं, तो सिर्फ़ पेंसिल से निशान लगाते चलने को मन करता है कि इसे देखो और इसे देखो और इसे देखो। तुरन्त कोई टिप्पणी नहीं, क्योंकि इस तरह की कविता के लिए एक पूरा शास्त्र विकसित करना पड़ेगा। टी.एस. इलियट, जो स्वयं एक कवि था और एक बहुत अच्छा आलोचक भी था, उसने कहा था कि आलोचना में 'सेंस ऑफ़ फ़ैक्ट' होना चाहिए। और 'सेंस ऑफ़ फ़ैक्ट' यही है कि एक कविता पढ़कर ख़ूब अच्छी तरह पढ़कर यह पता लगाओ कि पूरी कविता की जान किस पंक्ति में या कभी-कभी किस शब्द में बसती है अर्थात् ये कविताएँ एक-दूसरे प्रकार की आलोचना की भाषा की माँग कर रही हैं। और वह भाषा मुझे अभी नहीं मिली है। जैसे मैंने 'कविता के नये प्रतिमान' में 'नयी कविता' की आलोचना में एक भाषा की तलाश की थी। उस भाषा में 'नयी कविता' की ही आलोचना हो सकती है। उस भाषा में मैं या कोई भी इन कविताओं की आलोचना अब नहीं लिख सकता। बोधिसत्व के साथ जब कवियों की एक नयी पीढ़ी सामने आ रही है, तो वह माँग करती है कि आलोचना में एक नयी भाषा और केवल भाषा ही नहीं, उसकी एक पूरी नयी पद्धति सामने लानी पड़ेगी। यह बात उन कवियों पर लागू नहीं होती जो पुरानी रटन लगाये हैं। लेकिन बोधिसत्व जैसे कवि आलोचना के लिए एक चुनौती हैं। इन कविताओं को पढ़ने का दूसरा तरीक़ा होगा। मुक्तिबोध की भाषा लेकर यदि मैं बोधिसत्व की व्याख्या करूँगा तो मैं एक अन्धेपन का शिकार होऊँगा। इसलिए यह, अब एक आलोचना-धर्म के निबाहने की बात है। यदि आलोचक सृजनशील बना रहना चाहता है तो उसके लिए एक नया शास्त्र खोजना ज़रूरी हो जायेगा। इसीलिए मैं बार-बार कहता हूँ कि जहाँ ये कविताएँ मेरे लिए एक पहचान का विषय हैं, वहीं मेरे लिए एक चुनौती भी है। मेरे ही लिए नहीं, दूसरे मान्य आलोचकों के लिए भी।

तो इन कविताओं का स्रोत क्या है? शिष्टों की कविता और शिष्टों की भाषा, दोनों परत-दर-परत तहें लगाती चली जाती हैं और तब उसमें कोई छवि नहीं दिखाई देती। कविता और कविता की भाषा तो एक ही साथ अन्नत छवियों का संसार प्रस्तुत करती है, जिसे ग़ालिब ने कहा है, "आईनाखाने में कोई लिए जाता है मुझे..."

तो जब शिष्टों की भाषा अति-विशिष्ट हो जाती है, तो लोक से उसका सम्बन्ध टूट जाता है। तब एक कवि अचानक प्रकट होकर लोक से अपने शब्द, मुहावरे, उक्तियाँ, बोलचाल के तौर-तरीक़े लेकर कविता में हस्तक्षेप करता है। पूरी शक्ति के साथ। बोधिसत्व की कविताएँ इसी हस्तक्षेप का प्रतिफल हैं और यह हस्तक्षेप कविता और कला की दुनिया में हमेशा घटित होता रहेगा। इसी को मेरे गुरु (आचार्य हजारीप्रसाद द्विवेदी) शास्त्र और लोकधर्म का द्वन्द्व कहा करते थे। यह द्वन्द्व ही महत्त्वपूर्ण है इन कविताओं में। आधुनिकतावादी संस्कृति इनका कुछ नहीं बिगाड़ सकती। बोधिसत्व बचे रहें, यही डिठौना मैं लगाना चाहता हूँ।

बोधिसत्व, एक कवि होने के अलावा, एक शिल्पी हैं, मूर्तिकार भी हैं यानी कई अर्थों में वे 'सिर्फ़' कवि ही नहीं हैं। लेकिन बोधिसत्व कविता के अतिरिक्त जो कुछ भी रच रहे हैं, वह, वह शिल्प नहीं है जो धनराज भगत का है या जो किसी भी मूर्तिकार का होता है। इधर-उधर बिखरे हुए पत्थरों को लेकर एक विशेष प्रकार के संयोजन में रख देना एक अलग कला है। इसे ठीक-ठीक मूर्तिकला यानी 'स्कल्पचर' का दर्जा नहीं दिया सकता। आपने शायद स्वर्गीय श्री डी.के. बेडेकर का नाम सुना हो। वे मराठी के एक बहुत बड़े प्रिय कवि थे और अपनी भाषा में लिखते भी थे। हिन्दी में सुमित्रानन्दन पन्त उनके बड़े प्रिय कवि थे और उनके ऊपर तथा कुछ दूसरे कवियों के ऊपर उन्होंने लिखा भी है। अद्‌भुत मेधा थी उनमें और बहुत चुप रहने वाले व्यक्ति थे। मुझसे पहली बार उनकी भेंट सन् 1666-67 में हुई थी। उनको सोवियत-लैंड नेहरू पुरस्कार से सम्मानित किया गया था और मास्को जाने के लिए वे दिल्ली आये थे और इरविन रोड पर अपने छोटे भाई के यहाँ ठहरे हुए थे। तो मैंने देखा कि वे एक पूरा ज़खीरा लिये हुए थे–कलाकृतियों के कच्चे माल का ज़खीरा और कलाकृतियाँ भी कैसी! मास्को प्रदर्शनी के लिए ले जा रहे थे, उनकी 'ट्रांसपरेंसीज़' नहीं। उन्होंने बताया कि मुझे इन्हीं के लिए पुरस्कार मिला है और इन्हीं को दिखाने मैं मास्को जा रहा हूँ। वे एक और काम करते थे जो शायद बोधिसत्व भी करते होंगे। वे पत्थरों के टुकड़ों को ही आकार और रूप नहीं देते थे। वे घास-फूँस, लकड़ी के टुकड़ों और अन्य प्राकृतिक चीज़ों को भी ज़रा-सा ठीक-ठाक करके विचित्र और अद्‌भुत आकारों में ढाल देते थे।

श्री बेडेकर चूँकि एक सिद्धान्तकार भी थे इसलिए अपनी इस कला की फ़िलासफ़ी भी बताते थे। वे कहते थे कि देखो, एरिस्टोटल ने कहा है और हमारे भरत मुनि भी कहते हैं कि एक चीज़ होती है 'नेचर' (प्रकृति) और दूसरी चीज़ होती

है 'आर्ट' (कला)। तो यह जो 'आर्ट' है यह 'नेचर' का 'इमीटेशन' (अनुकरण) है। इसीलिए हम 'नेचर' और 'नर्चर' की बात करते हैं। इसीलिए जीवन और कला में भेद भी माना जाता है और भेद है भी यानी जीवन अलग होता है और कला अलग चीज़ होती है। लेकिन बेडेकर का कहना था कि वह जो बनाते हैं या यों कहिए कि बोधिसत्व जो आज बनाते हैं, इसका एक अलग 'एस्थेटिक्स' है; सौन्दर्यशास्त्र है। वह यह कि प्रकृति का अनुकरण करने की अपेक्षा यदि मनुष्य अपने हाथों से उसे सँवार दे, छू भर दे तो प्रकृति अपने-आप कला में रूपान्तरित हो जाती है। इसकी अपेक्षा कि प्रकृति का अनुकरण करके एक कलाकृति को प्रकृति से अलग किया जाये, जीवन से पृथक् किया जाये। तो यह एक नया सौन्दर्यशास्त्र है। इसमें मानवीय 'क्रिएटिविटी' (रचनात्मकता) की अधिक सम्भावनाएँ हैं। क्योंकि मनुष्य प्रकृति को जीवन से अलगकर, उसका अनुकरण करके स्रष्टा नहीं हो सकता। मनुष्य का हाथ लग जाने से, छू भर देने से, एक अन्तर्दृष्टि से उसे सँवर भर देने से प्रकृति स्वयं कला बन जाती है। जैसा कि निराला कहते हैं :

पिय के हाथ लगाये जागी
ऐसी मैं सो गयी अभागी।

यह कला का एक अलग सौन्दर्यशास्त्र है। प्रकृति उस प्रिय के ज़रा-सा हाथ लगा देने से रोमांचित होकर कला का रूप धर लेती है।

मैं जो कहना चाहता हूँ कि बोधिसत्व की मूर्तियों का ही नहीं, उनकी जो कविताई है, उसका भी सौन्दर्यशास्त्र वही है। प्रकृति और जीवन के उपादानों को वे छू भर देते हैं। इसीलिए उनकी कविता में इतनी सहज सहजता है। इसीलिए चालू अर्थ में वे 'सिर्फ़ कवि नहीं' हैं, जिस अर्थ में और लोग कवि हैं! जिस अर्थ में असद ज़ैदी कवि हैं, राजेश जोशी हैं, उस अर्थ में बोधिसत्व कवि नहीं हैं। बोधिसत्व का काव्य-शास्त्र बिल्कुल दूसरा है। उसे खोजना और समझना पड़ेगा। यहाँ मैं उनकी दो कविताएँ प्रस्तुत कर रहा हूँ, उदाहरण के लिए। लेकिन यह न समझा जाये कि यही सर्वश्रेष्ठ है। यह तो केवल बानगी है–

नहीं मान सकता मैं
कि ठण्ड से इनका कुछ न बिगड़ेगा
कि आग इन्हें तपाकर
झुलसा तक नहीं पायेगी–

देखें कि सर्वनाम ही चल रहा है। 'इनका', 'इन्हें'–कौन है वह?

कि हवा
इनकी शाखों में झूलकर
रह जायेगी।

अभी भ्रम की गुंज़ाइश है कि पेड़ का ही ज़िक्र किया जा रहा है कि 'शाखों' का यहाँ पर कोई और रूपक है :

बरसात में भीग गयी है
इनकी देह।

यह देह बैल की भी हो सकती है, मनुष्य की भी हो सकती है और पेड़ की भी हो सकती है। इन सर्वनामों से प्रकृति और जीवन के कितने उपादानों को एक साथ कवि स्पर्श कर रहा है :

इनका खड़ा रह पाना
कुछ मुश्किल लग रहा है
बढ़इओं को चाहिए
कि उनके लिए गढ़ें
कमीज़
तैयार करें इनके लिए
जूते,
वैसे भी ये टोपी की माँग
अक्सर नहीं करते

यहाँ कविता वास्तव में 'टोपी' शब्द में है।

मैं सिर्फ़ कवि नहीं हूँ
समझ रहा हूँ
मौसम कुछ
ठीक-ठाक नहीं है।

दूसरी कविता है :

जब पानी चमार की तरह
उतारने लगता है
खाल मिट्टी की

मैं कहना चाहता हूँ कि हिन्दी में यह 'इम्प्रेशन', यह मुहावरा अभी तक नहीं आया। जिसे कहते हैं, "आया नहीं है लफ़्ज़ ये हिन्दी ज़ुबाँ के बीच।" कहें कि अभी-अभी आया है, पहली बार आया है :

पेड़ चुप
एक-दूसरे की
फटी बनियान से झाँकती
पीठ की चौड़ाई
ताक़ते हैं
और धूप लाचार होकर
चाय बनाने लगती है
बच्चे, नंगे बच्चे
परधान के चुनाव की
तैयारी करते हैं।

(साभार कथा पत्रिका)

एक मनस्वी मनीषी

'धर्म का मर्म' का आख़िरी निबन्ध 'एतनी लड़ाई मा सफ़ाई नाहीं वा' अभी तक दिमाग़ में घुमड़ रहा है और ख़ासतौर से वह आख़िरी वाक्य तो हथौड़े की चोट है: सफ़ाई तो होनी ही है। यही वह ज़िद है जिसने जनवरी 1997 से दिसम्बर 1998 तक पण्डित अखिलेश मिश्र को 86 निबन्ध लगातार लिखते जाने के लिए मजबूर किया। कहना न होगा कि विचारों की सफ़ाई लड़ाई के दौरान ही होती है। गीता धर्मक्षेत्र, कुरुक्षेत्र के बीच ही प्रस्फुटित हुई थी।

मौजूदा लड़ाई तो साफ़ है। निबन्ध में ही स्पष्ट उल्लेख है : "6 दिसम्बर अभी हाल ही में बीता है। उसी दिन बाबरी मस्जिद ध्वंस की छठी बरसी सरकारी दूरदर्शन की भाषा में वर्षगाँठ थी। भगवा बिरादरी ने शौर्य और विजय दिवस मनाये। दूसरों को विरोध दिवस मनाने में सांसत आ गयी। लेकिन इस सन्दर्भ में महाझूठ तो और भी भयानक था।"

इसी क्रम के आगे यह भी : "यूरोप में 60 वर्ष पूर्व जर्मनी के तानाशाह हिटलर के 'आर्यरक्तदम्भ' ने यहूदियों को तबाह किया।...साठ बरस में भी दिलों के घाव भरे नहीं हैं। इमारत ढहाना आसान होता है, उत्तेजना फैलाना भी मुश्किल नहीं होता। इस सीढ़ी पर चढ़कर हिटलर-मुसोलिनी जैसी सत्ता पाना और उसका अन्त पाना भी कठिन नहीं होता। लेकिन दिलों के घाव न आसानी से पूरते हैं, न जल्दी पूरते हैं। कौन जाने दिलों को तोड़ना ही अभिप्रेत हो।

साफ़ नहीं हैं तो लड़ाई के मुद्दे क्योंकि झूठ, कपट और छल-छद्म के सहारे उन्हें उलझाये रखने की कोशिश हो रही है। इस प्रक्रिया में धर्म, सम्प्रदाय, संस्कृति, संस्कार, इतिहास, पुराण, परम्परा, राष्ट्र जैसी अनेक अवधारणाएँ विवाद के घेरे में आ गयी हैं और इस तरह विचारों के स्तर पर भी युद्ध का एक बड़ा मोर्चा खुल गया है। 'धर्म का मर्म' के निबन्ध इस मोर्चे के लिए निर्मित अस्त्र-शस्त्र हैं और

यहाँ लेखक की विवेकशील वैज्ञानिक जीवन-दृष्टि को सक्रिय देखकर प्रीतिकर आश्चर्य होता है।

धर्म को वे सिरे से ख़ारिज नहीं करते, जैसा कि कुछ स्वघोषित 'सेकुलर' बुद्धिजीवी करते हैं। इस मामले में वे मार्क्स के निकट हैं। मार्क्स ने भी 'हेगेल के न्याय-दर्शन की समालोचना का प्रयास' की 'भूमिका' के आरम्भ में ही कहा था कि "धर्म की आलोचना समस्त आलोचना का आधार तथा आरम्भ बिन्दु होती है।"

उनके विचार से धर्म गुण है और हर वस्तु की तरह मनुष्य का गुण धर्म होता है जिसे मनुष्यता अथवा मानवता कहते हैं। इस दृष्टि से धर्म के पहले हिन्दू, मुस्लिम, ईसाई, यहूदी जैसे विशेषण अनावश्यक हैं। एक लेख में वे लिखते हैं : "ज़रा खोजिए आज मनुष्य कहाँ है? हिन्दू है, मुसलमान है, ईसाई है...पग-पग पर ग़रीब के मुँह से यह शिकायत सुनने को मिलती है-हमें मनुष्य नहीं माना जाता। पग-पग पर ऐसे साधु-सन्त हैं जो ख़ुद भगवान कहे जाते हैं। इतनी पूजा की कि भगवान बन गये लेकिन आदमी न बन पाये।" इस प्रसंग में 'आस्था की आढ़त' में 'बिचौलियों की दलाली' शीर्षक निबन्ध दिलचस्प है। इन 'बिचौलियों' के ही कारण धर्म में सारी गड़बड़ियाँ पैदा होती हैं।

धर्म की तरह ही 'सम्प्रदाय' शब्द के मूल अर्थ की ओर ध्यान आकृष्ट करते हुए लेखक ने 'लोहा छूकर पारस ख़ुद बन गया कोयला' शीर्षक निबन्ध में यह बताने की कोशिश की है कि आज के सम्प्रदायवाद के लिए पूर्व प्रचलित 'सम्प्रदाय' ज़िम्मेदार नहीं है।

इस क्रम में लेखक ने परम्परा, रीति, रूढ़ि और संस्कार जैसे शब्दों के सूक्ष्म अन्तर को स्पष्ट करते हुए इनसे उत्पन्न होनेवाली अनेक समस्याओं को भरसक सुलझाने का प्रयास किया है। ऐसे सभी प्रसंगों में महत्त्वपूर्ण है 'विवेचन पद्धति' जो ठेठ भारतीय चिन्तन-परम्परा की सुदृढ़ पीठिका पर आधारित है। निश्चय ही सामान्य पाठक को कभी-कभी यह 'गाढ़ी' प्रतीत होती है और उसे वह बाल की खाल निकालने की तरह लेता है। पाठकों की ऐसी शिकायत को ध्यान में रखते हुए कभी-कभी लोककथाओं और दृष्टान्त कथाओं का भी सहारा लिया गया है पर नीर-छोर विवेक को तिलांजलि दिये बिना।

धर्म का मर्म के लेखक का अपना मनचाहा प्रिय शब्द है संस्कृति और उसके सुविचारित मत में संस्कृति को न तो किसी राष्ट्र की सीमा में बाँधा जा सकता है, न किसी धर्म की चौहद्दी में। इस कसौटी पर न तो 'सांस्कृतिक राष्ट्रवाद' ठहरता

है और न हिन्दू संस्कृति। पुस्तक का पहला निबन्ध 'राष्ट्रीय या धार्मिक नहीं होती संस्कृति' लेखक के विश्ववादी और मानववादी दृष्टिकोण का घोषणा-पत्र है।

अन्ततः जो गुण धर्म का मर्म के लेखक के प्रति श्रद्धावनत होने को विवश करता है वह है उसकी निर्भयता। उसका प्रिय मन्त्र है–'एवा मे प्राण मा बिभेः'। यह निर्भयता ही लेखक के विचार-स्वातन्त्र्य का बीज भाव है।

पण्डित अखिलेश मिश्र से कभी मिलने का सौभाग्य मुझे प्राप्त न हो सका, फिर भी 'धर्म का मर्म' के निबन्धों से गुज़रते हुए मुझे बार-बार एक तेजस्वी मनुष्य के हाथों की ऊष्मा का अहसास होता रहा। पण्डितजी निश्चय ही हिन्दी के स्वतन्त्र चेता और विवेकशील विचारकों की ग़ौरवशाली परम्परा के अन्तिम रत्न थे। इस समय तो उस परम्परा को आगे बढ़ानेवाले 'हिन्दू होने का धर्म' के लेखक प्रभाष जोशी ही दिखाई पड़ते हैं।

स्वर्गीय मिश्रजी जैसे मनस्वी पुरुष का ध्यान आते ही मीर की वह रुबाई हठात् याद आ रही है :

मिलिए उस शख़्स से आदम होवे
नाज़ उसको कमाल पर बहुत कम होवे
हो गर्मे-सुखन तो गिर्द आवे इक ख़ल्क
ख़ामोश रहे तो एक आलम होवे।

(अखिलेश मिश्र की पुस्तक 'धर्म कामर्म' की भूमिका है, साभार राजकमल प्रकाशन)

चन्द्रशेखर : शाश्वत विद्रोही

चन्द्रशेखर जी की जेल डायरी का पहला संस्करण 1977 में सरस्वती विहार से छपा था। उस पर अख़बारों में चर्चा भी शुरू हुई, पर आत्मप्रचार से परहेज करने वाले चन्द्रशेखर ने उसे रोक दिया। दूसरे लोग उससे बहुत फ़ायदा उठा सकते थे, पर चन्द्रशेखर ने ऐसा नहीं किया। वह पुस्तक तत्काल बिक गयी। फिर सुलभ नहीं हुई। अब इतने वर्षों बाद पुस्तक का दूसरा संस्करण आया है।

आजकल साहित्यिक घटनाओं को भी राजनीतिक रूप दिया जाता है। मुझे लगता है कि इस पुस्तक का लोकार्पण ज़्यादा अनुकूल माहौल में हो रहा है। चार-पाँच दिन पहले यदि यह कार्यक्रम होता तो लोग और अर्थ लगाते। मेरे मन में बराबर यह दर्द रहा है कि भारत की अन्य भाषाओं के महान सेनानियों, नेताओं ने तो अपनी मातृभाषा में लिखकर भाषा को समृद्ध किया पर हिन्दी में नहीं। गांधी ने गुजराती में, तिलक ने मराठी में लिखा। निराला ने कहा था, काश! आत्मकथा हिन्दुस्तानी में लिखी जाती। हिन्दी में जेपी लिखते थे। हिन्दी के समर्थ गद्य लेखकों में लोहिया, आचार्य नरेन्द्र देव और राजेन्द्र प्रसाद प्रमुख ही नहीं हैं वरन् राष्ट्र की चेतना के प्रतीक बनकर उन्होंने हिन्दी को समृद्ध भी किया। मुझे ख़ुशी है कि इस दौर में हिन्दी की वह परम्परा जिन राष्ट्रनायकों द्वारा आगे बढ़ाई जा रही है, उनमें चन्द्रशेखर अन्यतम हैं। प्रधानमन्त्री पद पर वे गये तो उसे एक पड़ाव माना था। भाषा, संस्कृति और भारतीय समाज में चेतना के लिए वे समर्पित रहें, यही चाहूँगा। इस सन्दर्भ में उनका यह ग्रन्थ अनूठा है। 'जेल डायरी' राजेन्द्र प्रसाद ने भी लिखी, पर उन्हें शिवपूजन जैसे समर्थ सहयोगी मिले थे। चन्द्रशेखर को सहाय नहीं मिले, उन्हें इसकी ज़रूरत भी नहीं थी। इमर्जेंसी की सबसे बड़ी देन मैं चन्द्रशेखर की इस जेल डायरी को मानता हूँ।

मेरे और चन्द्रशेखर के क्षेत्र अलग-अलग हैं। मैं साहित्य का विद्यार्थी हूँ, वे राजनेता हैं। मेरी एक राजनीतिक विचारधारा है भी तो चन्द्रशेखर की विचारधारा से भिन्न, पर कोई तार है जो हमें अन्त तक जोड़ता है। पहले चन्द्रशेखर को जितना जानना चाहिए, नहीं जानता था, पर उस भूमि, उस भाषा और व्यक्तित्व के धनी चन्द्रशेखर को अब जानने में काफ़ी सहायता मिली है।

चन्द्रशेखर ने अपनी जेल डायरी में जो टिप्पणियाँ की हैं, काफ़ी महत्त्वपूर्ण हैं। हरिश्चन्द्र ने बलिया में जो ऐतिहासिक भाषण किया था कि देश में जो भी रहने वाले हैं, सब हिन्दू हैं, उस भारतीयता, राष्ट्रीयता पर चन्द्रशेखर ने टिप्पणी की है। दर्द और दमन की बात नेहरू को नहीं पता थी। हरिश्चन्द्र से चन्द्रशेखर ने प्रेरणा ली है। प्रेमचन्द पर भी उन्होंने टिप्पणी की है। भाषायी संस्कार से चन्द्रशेखर का लगाव हर जगह झलकता है। विश्व के कई उपन्यासों पर उन्होंने टिप्पणी की है। उपन्यासों से वे कहीं आतंकित नहीं क्योंकि उन्होंने ठेठ गँवई नज़र से उन्हें देखा-पढ़ा है। चन्द्रशेखर की जेल डायरी का एक पहलू अपनी भाषा से जोड़ता है, साहित्यिक परम्परा से जोड़ता है, अपनी जनता से जोड़ता है। दूसरा मानवीय पहलू भी है और उस मानवीयता में पारदर्शिता है, पाखण्ड कहीं नहीं है। साहित्य में झूठ नहीं चल सकता। पूरी डायरी में प्रामाणिकता और ईमानदारी ही चन्द्रशेखर की पूँजी है।

जेल डायरी में चन्द्रशेखर द्वारा लिखित विनोद के प्रसंग भी उल्लेखनीय हैं। चन्द्रशेखर का प्रकृति-प्रेम प्रेरक है। जो खेत-खलिहान से जुड़ा है, अपनी मिट्टी से जुड़ा है, उसका प्रकृति से प्रेम होगा ही। मनुष्य उसका अभिन्न अंग है। इसी से चन्द्रशेखर का पशुओं से भी गहरा लगाव है। कभी युवा तुर्क से विभूषित चन्द्रशेखर शाश्वत विद्रोही हैं।

(भोंडसी में 26 जून 1991 को भूतपूर्व प्रधानमन्त्री चन्द्रशेखर जी की 'मेरी जेल डायरी' के दूसरे संस्करण का विमोचन करते हुए दिया गया वक्तव्य।)

खण्ड-5

क्या आयेगा फिर वैसा स्वर्णकाल

पीछे मुड़कर देखता हूँ तो मुझे पचास का दशक बेहद विचारोत्तेजक लगता है। उस दशक को स्वाधीन भारत के आधार रूप में माना जा सकता है, जिसने विभाजन और दूसरे विश्व युद्ध की दुरूह परिस्थितियों में सामाजिक विकास को नयी गति और समाज को एक नया सपना दिया। यह दशक अंग्रेज़ी राज में लुट चुके और विभाजन में जर्जर हो चुके भारत के फिर खड़े होने का साक्षी है। मेरे अपने लिए यह दशक इसलिए भी बेहद महत्त्वपूर्ण है कि, इसी दशक ने मुझे मानसिक और साहित्यिक रूप से समृद्ध बनाया। मेरी तमाम यादें इससे जुड़ी हुई हैं, लेकिन मैं इतना आत्म-केन्द्रित नहीं हूँ कि इस दशक की चर्चा में आत्मकथा का एक अध्याय लिख डालूँ। हालाँकि मेरे लिए इस युग को अपने से अलग करके देखना थोड़ा मुश्किल है। पचास के दशक के शुरुआती दिनों में काशी हिन्दू विश्वविद्यालय से स्नातकोत्तर की परीक्षा पास करने के बाद मेरा लेखकीय जीवन प्रारम्भ हुआ। या यूँ कहें कि इसकी शुरुआत तो पहले ही हो गयी थी लेकिन इस दशक में यह परवान चढ़ी। मेरा पहला व्यक्ति व्यंजक संग्रह 'बक़लम ख़ुद' प्रकाशित हुआ। उसके बाद एम.ए. के समय लिखा शोध प्रबन्ध 'हिन्दी के विकास में अपभ्रंश का योग' फिर छायावाद, रहस्यवाद, प्रगतिवाद और प्रयोगवाद पर 'आधुनिक साहित्य की प्रवृत्तियाँ' लिखीं। बाद के वर्षों में छायावाद पर मेरी स्वतन्त्र पुस्तक भी आयी। इलाहाबाद से प्रकाशित होने वाली कहानी पत्रिका में समकालीन कहानी पर एक लेखमाला शुरू की जो आगे चल कर 'कहानी-नयी कहानी' पुस्तक के नाम से प्रकाशित हुई। इसके कुछ निबन्ध साठ के बाद के वर्षों तक आये और पैंसठ के क़रीब इसे पुस्तक रूप में छापा गया लेकिन इसके ज़्यादातर निबन्ध पचास के दशक के ही हैं। उस दौर की तमाम पुस्तकों में 'छायावाद' आज भी सृजनात्मक आलोचना के क्षेत्र में गम्भीर कृति मानी जाती है। ज़ाहिर है कि यह दौर मेरे लिए विशेष है। अध्यापन और लेखन के

साथ बनारस में प्रगतिशील लेखक संघ तथा नव संस्कृति संघ से सचिव के रूप में जुड़ा रहा। इसी दौर में साहित्य की महान विभूतियों से सान्निध्य का अवसर मिला, जिनसे बहुत कुछ सीखा और जाना। इसमें सबसे निकट के त्रिलोचन जी थे। उनके सुबह-शाम के दर्शन के बिना कोई दिन गुज़रा हो, याद नहीं। संयोग से उन्हीं दिनों चन्द्रबली सिंह काशी आ गये थे, सो उनके साथ भी ख़ूब बैठकी हुई। एक और बात जो याद आती है, वह इलाहाबाद में होने वाली साहित्यिक गोष्ठियों से जुड़ी है। बनारस से बेहद क़रीब होने के नाते वहाँ लगभग हर हफ़्ते ही जाना होता था। वास्तव में वह साहित्यिक राजधानी जैसी थी। एक ओर विजयदेव नारायण साही, धर्मवीर भारती, सर्वेश्वर दयाल सक्सेना और दूसरी ओर तनिक युवाओं की बात करें तो दुष्यन्त कुमार, कमलेश्वर, अमरकान्त, मार्कंडेय, शेखर जोशी और भी कई इस माला के मोती। यहाँ होने वाली परिमल की गोष्ठियाँ तो अविगत का आनन्द थी, जो होवे सोई पावे। इसी समय 'नयी कविता' और 'नयी कहानी' का आन्दोलन जन्म ले रहा था। नेमिचन्द्र जैन, भारत भूषण जैसों से भी अक्सर ही मिलना होता था। यह साहित्य की गहमा-गहमी के दिन थे। एक साथ तीन पीढ़ियाँ समाज को गढ़ने में जुटी थीं लेकिन कहीं कोई विरोधाभास नहीं। हाँ बहस ज़रूर होती थीं। प्रगतिशील लेखकों की बात करें तो उपेन्द्रनाथ अश्क, भैरों प्रसाद गुप्त के कहानी में लिखे सम्पादकीय अनूठे थे। अमृत राय भी वहीं थे। यहीं पर पहली बार राजेन्द्र यादव से मिलना हुआ। वे कलकत्ता से लेखक सम्मेलन में आये थे। अज्ञेय, मोहन राकेश, कुँवर नारायण से भी पहली मुलाक़ात यहीं हुई। इस समय नयी कविता और नयी कहानी की जो दो महत्त्वपूर्ण धाराएँ सामने आयी थीं उनके बीच वाद, विवाद और संवाद का बेहद उर्वर माहौल था। मुक्तिबोध, श्रीकान्त वर्मा, हरिशंकर परसाई, यशपाल, फणीश्वरनाथ रेणु, उपेन्द्रअश्क, सुमित्रानन्दन पन्त, अज्ञेय, नागार्जुन, शमशेर बहादुर सिंह जैसे लोगों का समय साहित्य का स्वर्णकाल था। इसी समय ललित कला अकादमी, संगीत नाटक अकादमी, और साहित्य अकादमी की नींव रखी गयी।

राजनीतिक दृष्टि से देखें तो यह निर्विवाद रूप से नेहरू युग था। आज जिसे विकास कहा जाता है उसकी नींव रखी जा रही थी। नया लोकतन्त्र, नयी राजनैतिक चेतना के साथ राष्ट्र करवट बदल रहा था। हर तरफ़ उत्साह का माहौल था। विभाजन की पीड़ा झेलने के बाद भी आपसी सद्भाव का तानाबाना कमोबेश सुरक्षित ही था। हिन्दूवादी ताक़तें बेहद कमज़ोर यूँ समझिये कि हाशिये पर थीं। जातिवाद, सम्प्रदायवाद जैसी चीज़ें न के बराबर थीं। सामुदायिक संगठन दबे हुए

थे। जातिवाद भी हेय हो चुका था। नागार्जुन की 'हरिजन गाथा' को अपवाद मान लें तो उस दौर की कविताओं, कहानियों, उपन्यासों में उस समाज की छवि देखी जा सकती है। वह दशक उपलब्धियों, सम्भावनाओं ओर चौमुखी विकास का दशक था। उस दौर को याद करके आज भी 'नास्टलेजिया' का अनुभव होता है। उस जादुई वातावरण ने एक पूरी पीढ़ी को सृजनात्मक क्षमता दी। इप्टा के नाटकों ने समाज के अन्तिम वर्ग को राजनीतिक समझ दी, समाज को झकझोरने का काम किया। मुझे नहीं याद आता कि इससे पहले नाटक जैसी विधा ने इस काम को इतने प्रभावी ढंग से किया हो।

कहते हैं कि गहरे संकट में अतीत सबक देने का काम करता है। आज समाज की दशा देखता हूँ तो इस बात का महत्त्व और महसूस होता है। वर्तमान में समाज जिस तरह से खाँचों में बँट रहा है। वह भेद जिस तरह से आकार ले रहा है वह भयावह है। समाज के लिए ही नहीं अपितु देश के लिए भी। चाहे उसे भूमण्डलीकरण कहें या बाज़ारवाद उसने देश के तन्त्र पर कुण्डली मार ली है। सब कुछ उसी पर निर्भर हो गया है। सम्पर्क मार्गों और परिवहन की दृष्टि से शहर से गाँवों की दूरी भले ही कम हुई हो, आर्थिक विषमता उसे दशकों पीछे ठेल दिया है। वही चलता है जो बिकता है की मानसिकता ने पूरी पीढ़ी को दिग्भ्रमित कर दिया है।

समाज के वर्गों के बीच बढ़ती खाइयों ने संवेदनाओं को भोथरा कर दिया है। आख़िर किस दिशा में जा रहा है यह विकास? राजनीतिकों का यह देश आज बिना किसी राजनीतिक नेतृत्व के है। प्रधानमन्त्री से लेकर गृहमन्त्री तक जनता के चुने प्रतिनिधि नहीं हैं। राज्यसभा के रास्ते से आने वाले देश के सर्वोच पदों पर आसीन है। एक पल के लिए ही सही हमें देखना होगा पीछे मुड़कर। अतीत से सबक लेने के लिए। कैसे आज़ादी के बाद हमने अपने हौसले के बल पर अपना मुकाम पाया था। क्या हम फिर वैसा कर सकते हैं? यह इस दशक का सबसे अहम सवाल है।

(सीतेश द्विवेदी से बातचीत पर आधारित।)

(साभार का 'आज-समाज' अखबार 8 सितम्बर 2000)

बीसवीं सदी : जैसी, मैंने देखी

यह बीसवीं सदी जिसका तीन-चौथाई मैं जी चुका हूँ, मेरी ज़िन्दगी के 73 साल इस बीसवीं सदी के ही हैं और आप सबकी तरह ही यह मेरी शताब्दी भी है, जिसकी चोटें हमने अपने शरीर पर सही हैं, जिसके दिये हुए ज़ख़्म हमारे दिलो-दिमाग़ पर हैं और जिसकी दी हुई ख़ुशियाँ भी फूलों की तरह हमारी मुट्ठी में हैं। वह सदी जो हमारे अन्दर से होकर गुज़री है, रगों में ख़ून की तरह बहते हुए गुज़री है। उस सदी के बारे में अलग से कहना उसी तरह है, जैसे अपनी चमड़ी से निकलकर हम उसके बारे में चीड़-फाड़ करें। लेकिन जितना पीड़ादायक हो, सिंहावलोकन करना ही पड़ता है। 'सिंहावलोकन' शब्द का प्रयोग इसलिए कर रहा हूँ कि अध्यक्ष महोदय कह रहे थे कि यह भारतीय संस्कृति और सभ्यता वाला आदमी होगा। धोती वग़ैरह पहनता है, इस नाते। अंग्रेज़ी में यह मुहावरा नहीं है। 'बर्ड्स आई-व्यू' होता है, जिसका हिन्दी में आप अनुवाद करते हैं–'विहंगावलोकन'। लेकिन यह सिंहों का देश रहा है। नरसिंहों का देश रहा है। तो हमने देखने का मुहावरा उस 'सिंह' से लिया है। जंगल में जब सिंह चलता है, तो जिस तरह से पीछे पलटकर वह पीछे के अपने जंगल को देखता है, उस देखने की एक शान होती है। ऊपर से उड़ जाने वाली चिड़िया जिस तरह देखती है, वह देखना कुछ और होता है। यूरोप के लोग उड़ती चिड़िया की तरह देखते रहे होंगे। हमारे यहाँ चाल पर बहुत ज़ोर दिया जाता था। चाल औरतों की कैसी होती है? कहते हैं, जैसे गजगामिनी। एक फ़िल्म भी इस नाम से बन चुकी है मक़बूल फ़िदा हुसैन की गज की चाल, हंस की चाल और सिंह की चाल। इसलिए दौड़ते हुए लोकल ट्रेन या बस पकड़नेवालों की चाल बदल चुकी है। वे भूल गये हैं। यहाँ हड़बड़ी में भी अपनी चाल बिगाड़ने वाले लोग नहीं रहे हैं। सिंह जिस तरह से जंगल को देखता है, चुनौती हमारे सामने है कि इस बीसवीं सदी के जंगल को उसी तरह से देख सकें। वैसे 'सरनेम' मेरा भी सिंह ही है। सवाल यह है, दोस्तो, कि आप

बीसवीं सदी को कहाँ से देख रहे हैं। ख़ुद अपने देश को भी। दिल्ली से जब देखें तो हिन्दुस्तान वही नहीं रहता, जो चेन्नई से देखें, तिरुअनन्तपुरम से देखें, अगरतला से देखें, शिलांग से देखें या श्रीनगर से देखें, तब जो दिखता है, बड़ा फ़र्क़ पड़ता है कि आप कहाँ से देख रहे हैं। मलाबार हिल से देख रहे हैं कि झोंपड़पट्टी से देख रहे हैं। वही मुम्बई नहीं है जो मलाबार हिल से दिखाई पड़ती है, जो उसके नीचे झोंपड़पट्टी से दिखाई पड़ती है। इसलिए आप कहाँ से देख रहे हैं। कैमरा वाले बेहतर जानते हैं कि कहाँ से देखते हैं। 'पर्सपेक्टिव' बहुत महत्त्वपूर्ण होता है। कैमरा वही होता है, पर हर आदमी अच्छा फ़ोटोग्राफ़र नहीं हुआ करता। इसलिए बहुत महत्त्वपूर्ण होता है कि आप कहाँ से देख रहे हैं। वह जगह क्या है, वह 'लोकेशन' क्या है। यह दुनिया वाशिंगटन से वही नहीं दिखाई पड़ेगी जो दिल्ली से पड़ेगी। एक गाँव से वही नहीं दिखाई पड़ेगी। इसलिए आप हैं कहाँ और कहाँ से खड़े होकर देखना चाहते हैं? गीता में जब कृष्ण रथ लेकर आये तो अर्जुन ने कृष्ण से कहा कि मुझे एक ऐसी जगह ले चलिए, जहाँ से मैं पूरी सेना को एक बार देख सकूँ। और देखने के बाद जहाँ से देखा उसने, उसके देखने के बाद की कथा आप जानते हैं। उसके हाथ-पाँव एकदम ठण्डे हो गये। 'विषाद योग' उसे शुरू हुआ। और फिर कृष्ण ने उसको उपदेश दिया। इसलिए मैं आपसे कहूँगा कि आप वह जगह चुनिए, जहाँ से आप देखते हों। बीसवीं सदी की झलकियाँ 'मिलेनियम' के सिलसिले में बहुत-सी दिखाई गयी हैं। इसलिए सवाल उठता है कि आप ख़ुद अपनी आँख से देखिए। कबीर ने कहा था कि 'तू कहता कागद की लेखी, मैं कहता हूँ आँखिन देखी'। इसलिए देखा देखी वाली बात नहीं होनी चाहिए। ख़ुद अपनी आँख से देखने की कोशिश करेंगे, तो 'एंगल' बहुत महत्त्वपूर्ण होगा। कितने कोण से आप देख रहे हैं?

देखते समय आज के ज़माने में बहुत ज़रूरी हो गया है, जिसे भूल नहीं सकते। आपने देखा होगा कि फ़ोटो खिंचाते समय बहुत से लोग 'कैमरा कांशस' होते हैं। तो देखते समय भी हम कभी-कभी देखनेवालों की नज़र देख रहे होते हैं। इस बीसवीं सदी को हम नहीं भूल सकते कि और लोग भी देख रहे हैं। वे क्या देख रहे हैं। और पिछले साल दो साल में तो बहुत से लोग बीसवीं सदी पर नज़रंसानी कर रहे हैं। तमाम लोग देख रहे हैं और दिखा रहे हैं कि बीसवीं सदी यह है। इसलिए इस बीसवीं सदी को जो दूसरे लोग देख रहे हैं, उससे हम बच नहीं सकते। बराबर हमारी नज़र में रहेगा कि दूसरे लोग इसे किस नज़र से देख रहे हैं। मसलन इस बीसवीं सदी को देखते हुए सबसे पहले ध्यान लोगों का 'टेक्नोलॉजिकल

रिवोल्यूशन' पर जाता है कि बीसवीं सदी में टेक्नोलॉजी में महान क्रान्तियाँ हुई हैं। परमाणु बम बना है, हाइड्रोजन बम बना है। 'न्यूक्लियर पावर' 19वीं शताब्दी में नहीं हुआ था, यद्यपि वैज्ञानिक टेक्नोलॉजी तब भी थी। परमाणु शक्ति। अन्तरिक्ष विजय। आदमी इसी शताब्दी में चाँद पर गया है। उपग्रह छोड़े हैं और इंटरनेट के ज़रिये सूचना क्रान्ति या 'इन्फॉर्मेशन रिवोल्यूशन' हुआ है। बहुत से लोग बीसवीं सदी को सिर्फ़ 'टेक्नोलॉजिकल रिवोल्यूशन' के लिए याद करना चाहते हैं और करते हैं। उनके लिए बीसवीं सदी यही है। वे भूल जाते हैं कि बीसवीं सदी में जितनी भी 'टेक्नोलॉजिकल रिवोल्यूशन' हुई, उसकी ज़मीन उन्नीसवीं सदी में तैयार हुई थी। उसी का अगला क़दम बीसवीं सदी में हुआ। इसमें कोई शक नहीं है कि 'टेक्नोलॉजिकल रिवोल्यूशन' हुआ है। जो लोग कह रहे हैं, सच कह रहे हैं। लेकिन यह आधा सच है, क्योंकि टेक्नोलॉजी बनानेवाला इनसान है, मनुष्य है। बीसवीं सदी में वह यह कहक़र कि टेक्नोलॉजी इसकी सबसे बड़ी उपलब्धि है, उस मनुष्य को पर्दे में डाल देते हैं, जैसेकि वह कुछ है ही नहीं। मनुष्य ने, स्वयं इन्सान ने और क्या किया है'? जिस इन्सान ने टेक्नोलॉजी की क्रान्ति की, वह इन्सान ख़ुद बीसवीं सदी में क्या करता रहा है, इससे हमारा ध्यान हटाकर क़रीब-क़रीब सारा श्रेय 'टेक्नोलॉजी' को दे दिया जाता है। मैं इसको एक तरह की ख़ास दृष्टि कहूँगा। हमारे यहाँ बौद्धों ने 'दिट्ठि' शब्द का प्रयोग किया था। 'दिट्ठि' शब्द जो है, वह अधूरी दृष्टि को कहते हैं। 'दिट्ठि' बौद्धों ने बराबर कहा है। 'दिट्ठि' शब्द का प्रयोग किया था, जिसको 'आइडियोलॉजी' कहते हैं। हमारे ही देश में एक ऐसे प्रधानमन्त्री थे, जिनकी देन माननी चाहिए। जिन्होंने इक्कीसवीं सदी में छलाँग लगाने का नारा दिया था। समझते थे कि हिन्दुस्तान टेक्नोलॉजी के ज़रिये जो हासिल कर लेगा, उससे इक्कीसवीं सदी में छलाँग लगा जायेगा। एक दृष्टि है यह, जिसके बारे में मैं बहुत कम जानता हूँ। ये लेकिन इतना ज़रूर जानता हूँ कि यह आधा सच है, यह पूरा सच नहीं है। बल्कि एक बहुत बड़े सच पर पर्दा डालता है। मनुष्य की ताक़त को कम करके आँकता है जबकि टेक्नोलॉजी मनुष्य की इन्द्रियों का ही विस्तार है। इसलिए उस मनुष्य की ओर भी ध्यान जाना चाहिए।

बहुत से लोग, आख़िरी विजय जिसकी होती है, उसी के गुण गाते हैं। हारे हुए की कहानी कहनेवाले केवल साहित्य में होते हैं। ट्रेजिडी वहीं लिखी जाती है। जैसेकि आप जानते हैं कि महाभारत के अन्त में युधिष्ठिर को यह देखकर भी आश्चर्य हुआ कि जिस दुर्योधन को गदा-युद्ध में भीम मारकर आये थे, सबसे पहले स्वर्ग में वही

गया था। यह व्यास कहते हैं। मैं नहीं कह रहा हूँ। महाभारत केवल जीते हुए लोगों की कहानी नहीं है, हारे हुए लोगों की भी कहानी है। इसलिए 'ट्रेजिडी' है। और शेक्सपियर बड़ा है। उसने हैमलेट की कहानी लिखी, जो 'ट्रेजिडी डेथ' हुई। मैकबेथ पर नाटक लिख, वह बड़ा माना जाता है। 'ओथेलो' को बड़ा माना जाता है, 'लियर' बड़ा माना जाता है। शेक्सपियर अपनी 'हिस्टॉरिकल कॉमेडीज' के लिए नहीं जाना जाता है। चूँकि मैं एक लेखक हूँ और 'शायद इस नाते मेरा पक्षपात हो'। जीतनेवालों का यशोगान करनेवाले, ख़ुशामद करनेवाले चाटुकारों की कमी नहीं है। गली-गली मिलेंगे। मुम्बई में भी हैं और दिल्ली में भी रहा करते हैं। उन पर हमारी नज़र रहती है और शायद इसलिए आप इसे भी एक 'दिट्ठि' कहेंगे।

मनुष्य की हार-जीत बीसवीं सदी में कैसे हुई, मेरी नज़र इस पर है और मेरी नज़र में बीसवीं क्रान्ति और क्रान्तिकारियों की शताब्दी है। इतिहास याद करेगा बीसवीं सदी को। उसमें बीसवीं सदी की सबसे बड़ी घटना, शताब्दी के आरम्भिक वर्षों में 1917 में रूस की बोल्शेविक क्रान्ति हुई। यह पहली क्रान्ति थी और दूसरे महायुद्ध के बाद उसी परम्परा में, दूसरी क्रान्ति हुई चीन की और फिर कुछ वर्षों के बाद शताब्दी के तीसरे चरण में 'क्यूबा' में एक क्रान्ति हुई थी। अमेरिका के वर्षों सीने पर, उसके ठीक सामने छोटा-सा मुल्क, लेकिन चाक़ू की तरह से धँसा था–पूरब से लेकर पश्चिम तक। पहली बोल्शेविक क्रान्ति, जिसका बीजारोपण 19वीं शताब्दी में हुआ था। लेकिन 19वीं शताब्दी में कोई क्रान्ति नहीं हुई थी। क्रान्ति तो हुई थी 18वीं सदी के अन्त में जिसे 'फ्रेंच रिवोल्यूशन' के रूप में जानते हैं। अजीब विडम्बना है कि इतनी बड़ी महान 19वीं शताब्दी पर क्रान्ति हुई, उसके विचारों से जड़ें पकड़ीं और अमल में ले आयी गयीं बीसवीं सदी में। वह बोल्शेविक क्रान्ति, जो रूस में हुई थी और दूसरी चीन में हुई, तीसरी क्यूबा में हुई। यह जिसे रूसी क्रान्ति मैं कहता हूँ, वह है बोल्शेविक क्रान्ति, समाजवादी क्रान्ति।

इस समाजवादी क्रान्ति का दूसरा पहलू है, जिसे मैं 'राष्ट्रीय मुक्ति' कहता हूँ–'नेशनल लिबरेशन'। ठीक रूसी क्रान्ति के 7 साल बाद, 1917 में वह क्रान्ति हुई थी और लगभग वही वर्ष, उसके साल भर पहले दक्षिण अफ्रीका में सत्याग्रह करते हुए गांधी जी भारत आये लौटे और असहयोग आन्दोलन किया। जिसे उन्होंने 'सत्याग्रह' नाम दिया। यह बहुत महत्त्वपूर्ण शब्द है। गांधी जी के उस आन्दोलन को अंग्रेज़ी किताबों में पहले दक्षिण अफ्रीका में 'पैसिव रेजिस्टेंस' कहते थे। 'इंडियन ओपिनियन' में उन्होंने विज्ञापन छपवाया था कि हमारे इस आन्दोलन के लिए एक

भारतीय नाम चाहिए। उन्होंने कहा कि मैं इसको, अपने आन्दोलन को अगर यह भारतीयों का है, काले लोगों का आन्दोलन है, गोरों के ख़िलाफ़, तो अंग्रेज़ी शब्द से मैं इसे व्यक्त नहीं करना चाहूँगा। हमको वह शब्द, वह भाषा चाहिए जो हमारी आवाज़ को, हमारे सच को हमारी भाषा मिले। 'इंडियन ओपिनियन' के दफ़्तर में मदन लाल गांधी काम करते थे। कई लोगों ने नाम भेजे। उन्होंने 'सदाग्रह' शब्द भेजा। गांधी बोले कि अच्छा है। पुरस्कार तो देना चाहिए इसको। लेकिन सोचते रहे रात भर और सुबह उठकर बोले कि 'सदाग्रह' नहीं, 'सत्याग्रह'। यह 'सत् आग्रह' नहीं है, बल्कि सत्य का आग्रह है। और वह 'सत्याग्रह' शब्द अपनी भाषा का शब्द था। 'पैसिव रेजिस्टेंस' शब्द से बड़ा था। वह 'सत्याग्रह' जो दक्षिण अफ्रीका में शुरू किया था गांधी जी ने।

बोल्शेविक क्रान्ति के बाद उपनिवेशों ने, यूरोप के लोगों ने जो तमाम उपनिवेश क़ायम किये हुए थे, उसमें पहला महान सत्याग्रह भारत में शुरू हुआ था और इस सत्याग्रह का गहरा सम्बन्ध 'बोल्शेविक क्रान्ति' से है। लेनिन के समाजवादी एजेंडा में यह अनिवार्य था कि जब तक उपनिवेशों में राष्ट्रीय मुक्ति नहीं मिलती, जब तक कि उपनिवेशवाद ख़त्म नहीं हो जाता, समाजवाद 'सर्वाइव' नहीं कर सकता। इसलिए समाजवाद और उपनिवेशों की राष्ट्रीय मुक्ति, दोनों का चोली-दामन का सम्बन्ध है। यही वजह है कि हिन्दुस्तान में गांधी जी के सत्याग्रह के साथ वे लोग हैं, जो बोल्शेविक क्रान्ति से प्रेरित हैं। मैं हिन्दी में 1930 के आसपास की जो पत्र-पत्रिकाएँ पढ़ता हूँ, बोल्शेविक जादूगर, बोल्शेविक क्रान्ति, लेनिन जैसी दर्जनों किताबें लिखी गयी हैं। तमाम भाषाओं में–मलयालम में, तमिल में, मराठी में, बांग्ला में आप देखें कि जिस तरह से, जबकि सेंसर के कारण किताबें आती नहीं थीं, उसमें बोल्शेविक क्रान्ति का स्वागत इस देश में लोगों ने किया था। हर भाषा में किताबें लिखी गयी थीं और उन्हीं लोगों में से अनेक ने आगे चलकर स्वाधीनता संग्राम में गांधी जी के साथ, समाजवादियों ने, कम्युनिस्टों ने, आगे बढ़कर हिस्सा लिया था। उसमें केरल के ई. एम. एस. नम्बूदरीपाद उसी दौर के हैं। तमिलनाडु के अनेक लोग उसी दौर में गांधी जी के साथ आये, जिसमें कई मार्क्सवादी और कम्युनिस्ट थे।

इससे एक बड़ी बात यह हुई कि 19वीं शताब्दी के अन्त में साम्राज्यवाद या पश्चिमी यूरोप के देशों ने 'ग्लोबल रूप' मनाया था। आज 'ग्लोबलाइजेशन' का बहुत नाम सुना जा रहा है। पहला 'ग्लोबलाइजेशन' पूँजीवाद का, कैपिटलिज़्म का साम्राज्यवादियों ने किया था और 19वीं शताब्दी में कर लिया था। हिन्दुस्तान के

हम लोग बचपन में सुना करते थे कि अंग्रेज़ी राज में सूरज नहीं डूबता है। इसका मतलब यह है कि पूरे भूमण्डल पर वह लाल रंग कहीं-न-कहीं छिपका-सा दिखाई पड़ेगा। ग्लोबल था। लेनिन ने कहा था कि बोल्शेविक क्रान्ति को भी ग्लोबल होना पड़ेगा और ग्लोबल समाजवाद के रूप में अगर नहीं होती है, तो नेशनल लिबरेशन के रूप में 'ग्लोबल' होगी। एक अन्तरराष्ट्रीय भाईचारा होगा। मुम्बई में तिलक की गिरफ़्तारी पर जो मज़दूरों ने हड़ताल की थी, लेनिन ने उसका स्वागत करते हुए एक लेख लिखा था कि भारत का मज़दूर जाग गया है। भारत के राष्ट्रीय मुक्ति आन्दोलन की शुरुआत में आम जनता हिस्सा ले रही है। इसका स्वागत करते हुए लेनिन ने वह लेख लिखा था। इसलिए मैंने कहा था कि बीसवीं शताब्दी क्रान्तियों की शताब्दी है। वह तो बोल्शेविक क्रान्ति है, लेकिन दूसरी 'सत्याग्रह' वाली भी क्रान्ति है, अहिंसात्मक क्रान्ति है, इसलिए बीसवीं शताब्दी को लोग अलग-अलग नामों से 'शॉर्टहैंड' में नाम देने की कोशिश कर रहे हैं। बीसवीं शताब्दी गांधी की। लेनिन ने बहुत पहले कहा था कि जिस दिन ये तीनों मुक्त होंगे और समाजवाद क़ायम करेंगे, उस दिन दुनिया का नक़्शा बदल जायेगा। रूस और चीन में तो समाजवाद आया। कभी गहराई से विचार करना चाहिए कि 1947 में, भारत में केवल सत्ता हस्तान्तरित नहीं हुई होती, बल्कि 'नेवी विद्रोह' के कारण और उसके साथ प्रेरणा लेकर कहीं अगर क्रान्ति हुई होती, तो बीसवीं शताब्दी का अन्त जैसा आज हुआ है, वैसा न हुआ होता। इसलिए बीसवीं शताब्दी की केन्द्रीय घटना है समाजवादी क्रान्ति और राष्ट्रीय मुक्ति! दोनों का गठजोड़!

और दूसरी सबसे बड़ी महत्त्वपूर्ण भूमिका हैं, विश्व का इतिहास जब लिखा जायेगा, तो यह कि यूरोप सेंटर नहीं रहा है। बीसवीं सदी में सेंटर 'डी सेंटर' हुआ है, और क्रान्तियों का केन्द्र हटकर पूरब में आया है। रूस यूरोप नहीं माना जाता है, पूरब है। चीन पूरब है, भारत पूरब है। सेंट्रल एशिया को भी शामिल करें तो साक्षात् पूरब है। बीसवीं शताब्दी में सूरज पूरब में उदय हुआ था। इससे पहले 19वीं शताब्दी में पश्चिम में हुआ था। क्योंकि 19वीं शताब्दी का इतिहास 'यूरोसेंट्रिक' है। 'यूरोपो केन्द्रित' इतिहास है। बीसवीं शताब्दी में विश्व का इतिहास पूर्व केन्द्रित होता है और इसका सेंटर पूरब में आता है। लेनिन का चेहरा देखें। फ़ोटो देखकर आप अन्दाज़ा लगाएँगे कि यह यूरोपियन नहीं है। शक्ल बताती है। मंगोलियाई चेहरा है उनका। माओ तो मंगोलियाई हैं ही और हिन्दुस्तान के गांधी का चेहरा तो ठेठ हिन्दुस्तानी है। उनके कान उस तरह के। उनकी नाक, उनके चीक, बोन्स गुजराती मालूम होते

हैं। गिजुभाई। इसलिए बीसवीं सदी के केन्द्र में, पूरब में सूर्य का, नयी चेतना का उदय हुआ है। और उसकी दो धुरी हैं–समाजवाद और राष्ट्रीय मुक्ति! लेकिन फिर कहूँगा कि यह शताब्दी का आधा सच है। यह पूर्व शती है। उत्तर शती की कहानी यही नहीं है।

दूसरे महायुद्ध के बाद की बीसवीं शताब्दी मोटे तौर से 'कोल्ड वार' की शताब्दी कही जाती है। शीत युद्ध। अंग्रेज़ी में जिसको 'यूफ़ेमिज़्म' कहते हैं। मुझे 'कोल्ड वार' शब्द 'यूफ़ेमिज़्म' मालूम होता है। यह अमेरिका और रूस के बीच केवल 'कोल्ड वार' नहीं था। उत्तर शती का पिछले पैंतालीस-पचास वर्षों का इतिहास देखें, तो 200 सिविल वार हुए हैं। वियतनाम की लड़ाई आप नहीं भूले होंगे। चिली में आयंदे की सरकार का तख्ता 1973 में पलटा गया था और समाजवादी सरकार ध्वस्त की गयी थी। अफ्रीका में इतनी लड़ाइयाँ हुईं। इसलिए 'कोल्ड वार' को मैंने कहा कि एक तरह का 'यूफ़ेमिज़्म' था। उसके बाद पिछले 45 वर्ष दुनिया में तीसरा युद्ध तो नहीं हुआ लेकिन छोटे-छोटे 'लोकल सिविल वार' होते रहे। इन लड़ाइयों में 'नेशनल लिबरेशन' जारी रहा। उपनिवेशवाद के विरुद्ध, साम्राज्यवाद के विरुद्ध दुनिया के अनेक राष्ट्र एक-एक करके आज़ाद होते गए–जान देकर, जान गँवाकर, बड़ी क़ीमत देकर और इन तमाम लड़ाइयों के बीच पहले की आधी शताब्दी में रूस की भूमिका थी। सारे नेशनल लिबरेशन में रूस ने आगे बढ़कर मदद की थी। स्वयं हिन्दुस्तान के निर्माण में विकास का पूरा का पूरा मॉडल जो नेहरू ने तैयार किया था, वहीं का था। रूस पहला था, जिसने आगे बढ़कर भिलाई का स्टील प्लांट भारत को दिया था। समाजवाद ने भारत में और भारत के बाहर, चाहे वह चीन हो, अफ्रीका के देश हों, उन तमाम देशों को, अंगोला को, मोजाम्बिक को, ख़ुद दक्षिण अफ्रीका को, नेल्सन मंडेला को इन तमाम मुक्ति की ताक़तों को, दुनिया में जो अपनी आज़ादी के लिए लड़ रही थीं, रूस ने मदद दी। अगर रूस न होता, उनमें बहुतों को यह कामयाबी हासिल नहीं हुई होती–न अपने विकास में, न अपनी आज़ादी हासिल करने में। इस पूरी प्रक्रिया में शीतयुद्ध के दौरान मेरी समझ में निर्णायक घटना थी वियतनाम वार नहीं, बल्कि 1973 में चिली में आयंदे की सरकार का तख्ता पलटना।

वहाँ से जो समाजवाद, जो राष्ट्रीय मुक्ति का ज्वार था, वह पलटता है। भाटा में बदलता है। जिसकी परिणति 1989-90 में सोवियत संघ के टूटकर बिखर जाने से समाजवाद के ध्वस्त हो जाने के साथ होती है। 20वीं शताब्दी का आख़िरी दशक

शेक्सपियर की 'ट्रेजिडी' के समान इन क्रान्तियों के ध्वस्त होने का रहा। लेकिन एक ओर साम्राज्यवाद, उपनिवेशवाद और दूसरी ओर नयी समाजवादी शक्तियाँ, पिछड़ी हुई, जो आमतौर से विकसित औद्योगिक समाज नहीं थे, सारी 'अग्रेरियन सोसाइटियाँ' थीं, खेतिहरों के देश थे–चाहे वह रूस हो, चाहे वह चीन हो, चाहे वह भारत हो। मार्क्स ने तो कहा था कि जहाँ विकसित पूँजीवाद होगा, समाजवाद क़ायदे से वहाँ आना चाहिए–उसके अन्तर्विरोधों से। खेतीवाले देशों में आया और आने के बाद जिस स्पर्धा ने और जिसको मैं कहूँ, 'कॉन्फ्लिक्ट-युद्ध' था दोनों ताक़तों के बीच में एक ओर साम्राज्यवाद और उपनिवेशवाद, तो दूसरी ओर समाजवाद और मुक्त राष्ट्रवाद। इस लड़ाई में रूस को सारी ताक़त जो हासिल हुई थी क्रान्ति से, समाजवाद और राष्ट्रीय मुक्ति से, उसे बचाने में सारी ताक़त, सारी पूँजी, सत्ता ख़त्म हो गयी। आख़िर तक आते-आते मुक़ाबला नहीं कर सकी और ध्वस्त हो गयी।

मित्रो, अमेरिका का वर्चस्व विश्व में एक दिन में नहीं क़ायम हुआ। बीसवीं शताब्दी का अन्त 'यूनाइटेड स्टेट्स ऑफ़ अमेरिका' के वर्चस्व के साथ हुआ। लेकिन आप ध्यान दें तो वर्चस्व एक दिन में नहीं हुआ। अपना इतिहास पढ़नेवाले हम लोग जानते हैं कि इस देश में एक स्लेव डाइनेस्टी का रूल हुआ करता था। दिल्ली सल्तनत जिसे कहते हैं। कुतुबुद्दीन ऐबक स्लेव था। ग़ुलाम वंश का राज बहुत दिनों तक दिल्ली सल्तनत पर रहा है और ग़ुलाम जब राजा होता है, तो बलवान होता है। अमेरिका भी एक ग़ुलाम था। वह भी कॉलोनी थी हमारी तरह और एक ग़ुलाम आज दुनिया का सबसे बड़ा मालिक जिस तरह बना है, वह इतिहास में अध्ययन की वस्तु है, ध्यान से देखना चाहिए।

पहले महायुद्ध तक अमेरिका ऐसा हो चुका था। 1919 में वार्सा की सन्धि का सुपरविजन प्रेसिडेंट विल्सन ने किया था। वहाँ मौजूद थे। आप कौन थे भाई? आप कौन होते हैं ? लड़ने तो आये नहीं। यूरोप लड़ा और जिसने सन्धि कराई, वह अमेरिकन प्रेसिडेंट विल्सन थे। वार्सा की सन्धि पर उनके भी हस्ताक्षर हैं। उससे मालूम हो गया, यह नया उभरनेवाला, जो कल का ग़ुलाम अंग्रेज़ों का, आज अब इस हालत में आ गया है कि अंग्रेज़ों के साथ बराबरी कर रहा है। दूसरे महायुद्ध में योगदान करते रहे, लेकिन क़ायदे से दूसरे महायुद्ध की कहानी पढ़ें तो अमेरिका ने कितना खोया, कितना पाया, वह अलग कहानी है। जितना इंग्लैंड तबाह हुआ, अमेरिका पर क्या बीती? दूसरे महायुद्ध में अमेरिका ने क्या खोया? फ्रांस तबाह हुआ। फ्रांस तो ग़ुलाम हुआ था, नाज़ियों के पंजों में था, दूसरे विश्वयुद्ध के बाद

निश्चित रूप से ब्रिटिश साम्राज्य की राख से जो नया 'कैपिटलिज़्म फिनिक्स' की तरह पैदा हुआ था, उसका नाम है–यूनाइटेड स्टेट्स ऑफ़ अमेरिका और तब से लेकर 'अमेरिकन वे ऑफ़ लाइफ' और 'सी.आई.ए.' वग़ैरह चीज़ें उभरी हैं। अगर आप बीसवीं शताब्दी की दुनिया का इतिहास पढ़ें तो 1947 से पहले सी.आई.ए. वग़ैरह का नाम नहीं मिलता। अमेरिका एक सिस्टिमैटिक तरीक़े से जिस तरह से इन तमाम चीज़ों के बीच पहुँचा कि आज यूरोपियन यूनियन बनाने के बावजूद अमेरिकी मॉडल 'यूरोपियन यूनियन' का मॉडल है। पूँजीवाद पहले एक राष्ट्र का हुआ करता था, बीसवीं शताब्दी के अन्त में 'बहुराष्ट्रीय कम्पनियों वाला पूँजीवाद' चला–'मल्टीनेशनल कैपिटलिज़्म' और फील्ड्स कैपिटलिज़्म। विश्व में तिजारत पहले भी हुआ करती थी, लेकिन डब्ल्यू.टी.ओ. जितनी बड़ी ताक़तवर संस्था है, जिसका नाम पहले इतना नहीं सुना जाता था, अब घर-घर में इसका नाम पहुँच गया है–'वर्ल्ड ट्रेड ऑर्गेनाइजेशन' और इतनी बड़ी ताक़त के रूप में! इसलिए एक नया तन्त्र जिसमें विकास का अमेरिकी मॉडल, वाणिज्य का अमेरिकी मॉडल और साथ ही कल्चर। सारी की सारी चीज़ें पूरे यूरोप में लगभग जब नाम लेना पड़ा तो अपनी करंसी तक के नाम में यूरोप अपनी भाषाओं के ईमान को भूल गया। उसका नाम है यूरो डॉलर! कहाँ गए 'ड्यूश मार्केट', फ्रेंक? पाउंड पर अंग्रेज़ों को बड़ा गुमान रहा है। वह पाउंड कहाँ गये? वहाँ पर डॉलर, यूरो डॉलर और इसे मैं प्रतीकात्मक मानता हूँ, साहित्यकार के नाते। हम लोग कहते हैं न कि सिक्का चल गया! सिक्का जमा दिया! और यू.टी.आई. के लोग सिक्के के महत्त्व को हमसे ज़्यादा जानते हैं। इसीलिए यह जो सिक्का अमेरिका का चला, जमा, बीसवीं शताब्दी की महत्त्वपूर्ण घटना मानी जायेगी। दुनिया में जिस तरह से, मैंने कहा और यह हुआ है कि समाजवाद और राष्ट्रीय मुक्ति आन्दोलन को ख़त्म करके वर्चस्व स्थापित किया हैं। इसे नहीं भूलना चाहिए।

कहानी थोड़ी-सी और बाकी है और वह यह कि इसी बीसवीं शताब्दी में एक और घटना हुई, जिसका सम्बन्ध इस शताब्दी के अन्त से जुड़ा हुआ है। क्योंकि बीसवीं शताब्दी जिस धुरी पर घूमती रही, वह समाजवाद और राष्ट्रीय आन्दोलन है। उसका विरोध करके आप आगे बढ़ें या उसको स्वीकार करके आगे बढ़ें, मुद्दा वह था। यूरोप में एक ज़माने में 'सोशल डेमोक्रेटिक पार्टी' बहुत मज़बूत थी। आज भी यूरोपियन यूनियन में अधिकांश 'सोशल डेमोक्रेटिक पार्टियाँ' हैं–चाहे वह इंग्लैंड में 'लेबर' हों, फ्रांस में हैं, जर्मनी में 'सोशल डेमोक्रेट्स' पार्टी है। जहाँ-तहाँ सोशल

डेमोक्रेट्स थे और समाजवाद को हराने के लिए, इसी के बीच से और 'राष्ट्रीय मुक्ति आन्दोलन' के कारण, इन्हीं में से चार जगहों पर फ़ासिज़्म क़ायम हुआ था। मशहूर हैं जर्मनी और इटली। एक में हिटलर आया, दूसरे में मुसोलिनी। लेकिन फ्रैंको की तानाशाही स्पेन में आयी थी और आस्ट्रिया में भी फ़ासिज़्म क़ायम हुआ था। चार देश थे। जहाँ साम्राज्यवाद प्रबल था, वहीं फ़ासिज़्म आया। फ़ासिज़्म केवल यहूदियों का विरोधी नहीं था। यहूदी के नाम पर फ़ासिज़्म के कट्टर दुश्मन कम्युनिस्ट थे, क्योंकि कार्ल मार्क्स यहूदी था, क्योंकि मार्क्स का साथी एंगल्स यहूदी था। उनका ख़याल था कि जितने यहूदी थे, उनमें और कम्युनिस्टों में साँठ-गाँठ है। फ़ासिज़्म समाजवाद के विरोध में आया था। राष्ट्रवाद का नाम लेकर आया था। राष्ट्रीय आन्दोलन के दौरान एक राष्ट्रवाद क्रान्तिकारी था, जो समाजवाद विरोधी था, और दूसरा राष्ट्रवाद था, जो अपने को नेशनल सोशलिज़्म कहता था। नाल्सी पार्टी का नाम ही है जर्मनी में। नाल्सी जिसे कहते हैं। नेश्यो और सोशलिज़्म ! फ़ासिज़्म वही चीज़ है। राष्ट्र की भावना जो हर सताई जाति के अन्दर रहा करती है। जिसे कहते हैं न कि हीरा हीरे से ही कटता है। राष्ट्रवाद राष्ट्रवाद से ही काटा जा सकता है। दूसरी चीज़ से नहीं काटा जा सकता। पूँजीवाद से नहीं काटा जा सकता। शीतयुद्ध के दौरान अमेरिका ने जितने सिविल वार किये, उसके साथ-साथ एक और काम किया–पहले अफ्रीका में रेसियल या नस्ल के नाम पर उसने फ़ासिज़्म क़ायम करने की कोशिश की और बाद में चलकर पूरब के देशों में चूँकि धर्म का महत्त्व बहुत अधिक है, मज़हब का बहुत महत्त्व है, इसलिए आप देखेंगे कि एक बहुत बड़े पैमाने पर जहाँ-जहाँ राष्ट्रीय मुक्ति आन्दोलन चले हैं, उन्हीं देशों में एक ऐसे अन्ध राष्ट्रवाद, जिसको शोविनिज़्म हम अंग्रेज़ी में कहते हैं, यह शोविनिज़्म धर्म के नाम पर, मज़हब के नाम पर उभारकर स्वाधीन देशों को एक और दिशा देने की कोशिश की गई है। इन सबको हम आतंकवादियों के रूप में जानते हैं, जो टेररिस्ट मूवमेंट हैं। हर देश में हैं। जिसका ज़हर ख़ुद रूस में भी आख़िरी दिनों में सेंट्रल रूस के देशों में फैलाने की कोशिश की–उजबेकिस्तान में, तजाकिस्तान में, और जहाँ क्षेत्रीय और कभी-कभी एथनिक लड़ाइयाँ हुईं। इसलिए बीसवीं शताब्दी अगर क्रान्तियों की शताब्दी है, तो बीसवीं शताब्दी प्रतिक्रान्तियों की भी शताब्दी है। काउंटर रिवोल्यूशन जिसे कहते हैं। यह मिली-जुली एक कहानी है, जैसा मैंने कहा कि मेरी देखी हुई बीसवीं सदी, जैसी मैंने देखी। इन तमाम चीज़ों का असर हमारे ख़ून पर है। आज भी हम महसूस कर सकते हैं वह ऊर्जा, जो 1934-36 के दिनों में साहित्य में हमने

देखी। राष्ट्रीयता की मुक्ति का संघर्ष सुब्रह्मण्यम भारती की राष्ट्र की आवाज़ जैसी सुनाई पड़ी। मलयालम के बल्लतोल से सुनाई पड़ी। वह आवाज़ धीरे-धीरे वैसे ही आगे चलकर समाजवादी आवाज़ में, आन्ध्र प्रदेश में तेलगू के प्रसिद्ध कवि श्रीश्री की कविता में दिखी, उसी तरह से मराठी में इस समय आप देखें, तो जो दलितों के रूप में और वैसे भी नारायण सुर्वे में सुनाई पड़ती है।

हिन्दी में निराला हैं। नागार्जुन में सुनाई पड़ती है। प्रेमचन्द के उपन्यासों में झलकती है। तकषी शिवशंकर पिल्लै के उपन्यासों में दिखाई पड़ती है। वैकम मोहम्मद बशीर में दिखाई पड़ती है। उर्दू के साहित्यकारों में एक ज़माने में जो हमारा तराना लिखा था, 'सारे जहाँ से अच्छा हिन्दोस्तां हमारा' इक़बाल ने और उसके बाद के शायरों की दूसरी परम्परा में दिखाई पड़ती है। यह वह चेतना थी एक ऐसे भविष्य की, जो समाजवादी सपना था और साथ ही एक मुक्त राष्ट्र जो विकसित हो और ताक़तवर हो, उन सन्देशों को लेकर बना था। बीसवीं सदी इन तमाम चीज़ों की मिली-जुली सदी रही, लेकिन कहानी ज़्यादा दिलचस्प हुई। जैसे वह फ़िल्म ही क्या, जिसमें खलनायक न हो! बीसवीं सदी केवल नायकों की कहानी नहीं है। बीसवीं सदी खलनायकों के साथ जुड़ी हुई कहानी है। वह उपन्यास, वह नाटक, वह कविता तभी जानदार होती है। रामायण में क्या ताक़त होती, अगर उसमें रावण नहीं होता? महाभारत में अगर शकुनि न होते और दुर्योधन उसमें नहीं होता, केवल कृष्ण गीता सुनाते रहते अर्जुन को, तो नींद आने लगती। बीसवीं शताब्दी के एक लेखक के नाते मुझे एक ऐसी दिलचस्प कहानी लगती है, जिसमें नायक और खलनायक है, द्वन्द्व है, संघर्ष है। और बिना कॉन्फ्लिक्ट के तो नाटक होता ही नहीं है। इसलिए यह सिनेरिओ है एक ऐसी फ़िल्म का। चार्ली चैप्लिन के शब्दों में, यह मॉडर्न टाइम्स की फ़िल्म है।

यह बीसवीं शताब्दी है। इस बीसवीं शताब्दी के अन्त में जहाँ हम पहुँचे हैं, जिसे मिलेनियम के रूप में मनाया गया है। यह एक काउंटर मिलेनियम है। इस रूप में मिलेनियम क्रिश्चियन टर्म है। न्यू टेस्टामेंट बाइबल के अन्त में, जहाँ रिवोल्यूशन ऑफ़ जानू है, उसमें प्राफिसिज आती है और अगर याद करें हम, तो उसमें कहा गया है कि उस प्राफिसी में मिलेनियम के अन्त में क्राइस्ट वापस आयेंगे। वापस आयेंगे। एक हज़ार वर्ष तक न्याय का राज्य स्थापित करेंगे और उन सताए हुए लोगों के, पीड़ितों के आँसू पोछेंगे। और यह कहते समय जो बाइबल उस समय लिखी जा रही होगी तो रोमन साम्राज्यवाद में जो ईसाइयों को सताया गया था, उनके संपेन्सेशन का सपना मिलेनियम में देखा गया—न्यू टेस्टामेंट में।

मित्रो, यह केवल ईसाई मज़हब का नहीं है, बल्कि इतिहास तो यही कहता है। यह नहीं कि मैं भारतीय हूँ, इसलिए कहता हूँ। इसके बहुत पहले गौतम बुद्ध ने कहा था कि बुद्ध फिर से आयेंगे। बोधिसत्व के रूप में! मैत्रेयी बुद्ध आयेंगे और आकर इसी तरह से दुखियों के आँसू पोंछेंगे, और न्याय का राज्य स्थापित करेंगे। आगे चलकर 1000 ई. जब पूरी हो गयी और तमिलनाडु के लोग जानते हैं वैष्णवों के अवतार के आन्दोलन को कि भगवद् नारायण आयेंगे। अवतार लेंगे। ज़मीन पर उतरेंगे और तमाम लोगों को ये जात-पाँत, छूत-अछूत मिटाकर एक बराबरी का समझेंगे। दुखियों के आँसू पोंछेगे।

यह यहाँ रहा है। सच्चाई तो यह है कि एक ज़माने में यह भारत की परिकल्पना रही है, आज डब्ल्यू.टी.ओ. का बहुत नाम लिया जा रहा है। एक ज़माने में भारत का मिडिल ईस्ट और सेंट्रल एशिया से और समुद्री किनारों से आवागमन रहा है। जिन लोगों ने चोल राजाओं का, पांड्य का इतिहास पढ़ा है, वे लोग जानते हैं कि नेविगेशन के ज़रिये बंगाल की खाड़ी और अब अरब समुद्र के ज़रिये दूर-दूर तक हम लोग व्यापार करते थे और उस व्यापार में केवल अपना माल ही वहाँ नहीं ले जाते थे बल्कि अपना सन्देश भी हम लोग ले गये थे।

उनमें से मिलेनियम की परिकल्पना एक है कि सृष्टि में प्रलय के बाद एक ऐसी स्थिति होगी कि भगवान अवतार लेंगे और अवतार लेकर दुखियों का दु:ख दूर करेंगे। ज़िक्र इसका आज इसलिए कर रहा हूँ कि यह मिलेनियम जो आ रहा है, क्या यह मिलेनियम उसी तरह से है या पूँजीपति व हिन्दुस्तान के सेठों की तिजोरी भरने के लिए आया है? यह पैरोडी है मिलेनियम की! और ईसाई धर्म को माननेवाले वेस्ट के लोग जो दावा करते हैं, वे मज़ाक़ उड़ा रहे हैं मिलेनियम का। नया वर्ल्ड, न्यू वर्ल्ड जिसे कहते हैं, यह न्यू वर्ल्ड ऑर्डर क्या विश्व से ग़रीबी और असमानता हटाने के लिए आया है? या यह व्यवस्था ग़लत सूचनाओं की वारिस है, जो पूरी सूचना को उस तन्त्र के द्वारा या कम्प्यूटर के द्वारा कंट्रोल किए हुए है? सच पूछिए तो ये क्राइस्ट आज के ज़माने में कम्प्यूटर की शक्ल में आये हैं और सारी दुनिया को सूचनाओं से लेकर उसके अर्थ तन्त्र तक को, फिनिश्ड कैपिटल को कंट्रोल करने की ताक़त लिये हुए आये हैं। मुझे वह शेर याद आता है :

हरसू दिखाई देते हैं, वह जलवागर मुझे,
आँखें हैं, और कुछ नहीं आता नज़र मुझे।

यह जो 'नया जलवा' न्यू वर्ल्ड ऑर्डर का है, ये समझते हैं कि कम्प्यूटर जादूगर है और सारी दुनिया को एक दिन स्वर्ग में बदल देगा।

इसलिए इसकी चकाचौंध के आगे और ख़ास तौर से मुम्बई में आकर तो मुझे अब वह अपनी बूढ़ी, पुरानी, बीतती हुई बीसवीं सदी दिखाई भी नहीं पड़ रही है। दिखाई पड़े तो आपको कुछ सुनाऊँगा।

धन्यवाद!

(राजभाषा स्वर्ण जयन्ती वर्ष के उपलक्ष्य में आयोजित व्याख्यान के अन्तर्गत 18 फ़रवरी को 'बीसवीं सदी : जैसी मैंने देखी' विषय पर दिया गया व्याख्यान, मुम्बई, 2002)

मेरा कमरा मेरा शरण्य है

बहुत पहले वर्जीनिया वुल्फ की किताब मैंने पढ़ी थी–'अ रूम ऑफ़ वन्स ओन'। अपना कमरा सुनकर मुझे उसी किताब की याद आ रही है। मुझे वह किताब बहुत अच्छी लगी थी, इसलिए भी कि एक महिला, वह भी शादीशुदा–अपना कमरा यानी निजी कमरा चाहती है। आज मुझे पहली बार संयोगवश इधर ध्यान गया।

मैं जब छात्रावास में रहता था, उदय प्रताप कॉलेज बनारस में पढ़ता था, तो जो कमरा मुझे मिला, उसमें तीन लोग रहते थे। उसके बाद जब मैं बीए में वहाँ पढ़ने आया तब भी छात्रावास में रहता था, और उस छात्रावास में अकेला–वहाँ मेरा सिंगल बेडरूम था। फिर लोलार्क कुण्ड पर अपना मकान लिया। पढ़ाई पूरी की। जब नौकरी करने लगा तो पूरे परिवार के साथ था–मेरे भाई थे, माँ थीं और मेरी पत्नी थी। मकान तो बहुत बड़ा नहीं था, लेकिन कुल मिलाकर मेरे लिए अकेला एक कमरा था। उसमें मैं ही अकेले पढ़ने-लिखने का सारा काम करता था। इस तरह मुझे एकान्तवास की लगभग आदत पड़ गयी। अगर उस कमरे में कोई दूसरा आदमी आ जाये तो मुझे बड़ी असुविधा होती। वह क्रम आज तक चल रहा है। लेकिन यह तो नहीं कहूँगा कि एकान्तवासी हूँ। 'एकान्तवासी योगी' श्रीधर पाठक की कविता है। पढ़ने-लिखने वाले आदमी के लिए जो ज़रूरी के एकान्त हैं, वह आप यहाँ देख रहे हैं।

मेरे कमरे में ज़रूरत की सारी चीज़ें होती हैं। जिन किताबों को पढ़ना होता है, वे किताबें और जो थोड़ा-बहुत लिखने का काम करता हूँ, उसी कमरे में। मेज़-कुर्सी पर बैठकर लिखने की आदत छूट गयी और अब बेड पर ही पालथी मारकर बैठकर लिखता हूँ। जब मिलने-जुलने वाले लोग न आयें, किसी तरह का व्यवधान न हो तो आम तरह से खाना खाकर रात को लिखता हूँ। मेरा ज़्यादा लिखने का काम रात को ही हुआ।

मुझे अच्छी तरह याद है कि लोलार्क कुण्ड वाले मकान के कमरे में निर्विघ्न रूप से मेरा सारा आरम्भिक लेखन हुआ। 'आधुनिक साहित्य की प्रवृत्तियाँ' और 'छायावाद' भी मैंने वहीं लिखा। 'इतिहास और आलोचना' पुस्तक भी वहीं लिखी। 'कविता के नये प्रतिमान' मैंने दिल्ली में मॉडल टाउन में रहते हुए शुरू की। आरम्भ की सारी पुस्तकें–कहानी नयी कहानी के लेख वहीं बनारस में लिखे। विचित्र बात थी कि उस समय उम्र भी थी, जागने की क्षमता भी थी। शाम को गोदौलिया से थोड़ा घूमकर आते थे, फिर खाना खाया और फिर आधे घण्टे थोड़ा लेटकर उठकर बैठ जाते थे। उसके बाद रात को दस बजे लिखना शुरू करता था और सुबह चार-पाँच बजे तक उसी कुर्सी पर बैठे हुए काम करता था। सबेरे थोड़ी देर के लिए उठा और फिर गंगा नहाने जाता था। नहाकर नाश्ता करके यूनिवर्सिटी में पढ़ाने जाता था। पढ़ाकर शाम को लौटता था। यही मेरी दिनचर्या थी। मेरी अधिकांश किताबें नैश जागरण की लिखी हुई हैं।

मुझे जनवरी 1953 के अन्तिम दिनों की एक घटना याद आती है–नौकरी मिल गयी थी, पर मुस्तकिल नहीं थी। गुरुदेव थे हमारे आचार्य हज़ारीप्रसाद द्विवेदी। उन्होंने कहा, "तमाम लोग काम कर रहे हैं। अपनी थीसिस जमा कर रहे हैं और लोग शिकायत करते हैं कि नामवर सिंह ने थीसिस तो पूरी हीं नहीं की। और शायद इसलिए कि उन्हें नौकरी मिल गयी है। अब उन्हें थीसिस की क्या ज़रूरत? लोगों की शिकायत से मुझे शर्म मालूम पड़ती है।" पण्डित जी से यह सुनना था कि मैंने कहा–"पण्डित जी, अन्तिम तिथि तो इक्कीस मार्च है। मैं छुट्टी नहीं लूँगा, पढ़ाने का काम भी करता रहूँगा। बिना छुट्टी लिए इक्कीस मार्च से पहले 'पृथ्वीराज रासो की भाषा' पूरी करके आपको दे दूँगा।" फिर मैंने रात-रात भर जागकर उसे पूरा किया। जितना लिखता था, उसे मुद्रित करा लेता था। प्रूफ़ भी पढ़ता था और इस तरह समय पर मुद्रित शोध प्रबन्ध मैंने पण्डित जी को दे दिया।

जब मैं तिमारपुर में था, वे बेहद संघर्ष के दिन थे। यह बात 1967 की है। वहाँ एक भरा-पूरा परिवार था, उन्होंने एक कमरा किराये पर मुझे दिया था। काम के नाम पर राजकमल प्रकाशन में 'आलोचना' का सम्पादन करना शुरू कर दिया था। तो पैसा इतना मिल जाता था कि दिल्ली में रह सकें और खाना खा सकें। लेकिन उन संघर्षों में लिखने का काम चलता रहा। 'कविता के नये प्रतिमान' भी मैंने तिमारपुर में रहते हुए पूरी की। वह लगभग दो साल में पूरी हुई। उसके लिए सामग्री जुटाना, पढ़ना, तो तिमारपुर इसलिए मेरे ज़ेहन में याद रहेगा। शाम को घूमते हुए कनॉट प्लेस

आ जाते थे टी हाउस में। लौटकर रात को लिखने का काम होता था। कभी-कभी सुबह हो जाती थी। 1968 में एक किताब पूरी करके प्रेस में दे चुका था। फिर मैं जोधपुर चला गया। जोधपुर में अकेला था। 'आलोचना' का काम चल ही रहा था, इसलिए दिल्ली आना पड़ता था। सम्पादकीय लिखना। 'आलोचना' के हर अंक में एक परिसंवाद होता था। कई लोगों से लिखवाता था एक विषय पर और स्वयं उस पर टिप्पणी करता था। चूँकि वहाँ प्रोफ़ेसर की नौकरी थी, नया विभाग चलाना था, इसलिए नयी चुनौती थी। नया पाठ्यक्रम बनाना और उस पाठ्यक्रम की पुस्तकें तैयार करना-करवाना। मेरे वे तीन-चार वर्ष (1970 से शुरू के 1974 तक) बहुत कठिन थे। एक महीने के लिए अक्टूबर 1974 में मैं आगरा गया था–कन्हैयालाल माणिकलाल मुंशी इंस्टीट्यूट में प्रोफ़ेसर बनकर। मैं यहाँ से अपडाउन करता रहता था।

नवम्बर, 1974 में जवाहरलाल नेहरू विश्वविद्यालय आया। तब विश्वविद्यालय का भवन बन रहा था। पुराना परिसर जो सरकार के बनाये हुए भवन थे मुख्यत: छात्रावास, वाइस चांसलर के लिए ऑफ़िस था, बैंक खुला हुआ था, जो अब भी है, कई छात्रावास थे, उसी में कक्षाएँ लगती थीं। संयोग से हमारा विभाग ग्राउंड फ्लोर पर था नीचे। कमरे से जैसे ही घुसते थे, बायीं तरफ़ मेरा ही कमरा था। मैंने पूरा हिन्दी विभाग नीचे लिया हुआ था। विश्वविद्यालय के अनुसार नया पाठ्यक्रम बनाना था, उर्दू और हिन्दी साथ थीं। हमारे बहुत अच्छे साथी थे। सभी के लिए अलग एक-एक कमरा था। फिर धीरे-धीरे ऊपर वाले आवास में रहने की व्यवस्था हुई। हमारा क्वार्टर बन गया था। इत्तेफ़ाक से वह लम्बी सड़क के पास था, उसे मैंने ही चुना। वही जो घेरा हुआ चारों ओर से न हो, अलग हो। सड़क थी, बाकी बियावान था। दिन भर के बाद हम लोग शाम को लौटते थे। असलम परवेज़ के कमरे में हम लोग दोपहर को खाना खाते थे। कुछ खाने का पुरानी दिल्ली से भी आ जाता था। वहाँ हम तीन लोग–असलम भाई, किदवई और बाद में केदारनाथ सिंह भी आ गये। तब बहुत अच्छी हमारी ज़िन्दगी थी। चूँकि नये ढंग का विभाग बनाना था, जो दिल्ली विश्वविद्यालय से अलग हो, जामिया मिल्लिया से अलग हो। हमारे यहाँ सेमिस्टर प्रणाली थी। छात्र कुल नौ थे। अध्यापक छह थे। नौ छात्र हिन्दी के थे और पाँच-छह उर्दू के आये थे।

मैं फिर कहता हूँ– खाना तो असलम भाई के यहाँ खाते थे, बाकी मीटिंग कमरे में होती थी। वहाँ एक नया अनुभव मिला–हिन्दी, उर्दू के लोगों का साथ। तय था हमारे यहाँ कि आपको एमए की डिग्री तब तक नहीं मिल सकती जब तक आप उर्दू

के दो कोर्स–उर्दू रस्मुखत पूरे नहीं करते। एक सेमिस्टर कोर्स ज़बान का होता था, एक में हमने कुछ ग़ज़ल, नज़्म और अफसाने रखे थे। जब तक हिन्दी का छात्र उर्दू क्लीयर न कर ले, तब तक उसे डिग्री नहीं मिल सकती थी और उर्दू का छात्र भी हिन्दी क्लीयर करे। लेकिन उर्दू के छात्र जो बिहार, उत्तर प्रदेश से आते थे उनके यहाँ तो हिन्दी अनिवार्य ही थी, वे तो हिन्दी पढ़कर ही आये थे। हिन्दी-उर्दू के दोनों कॉमन कोर्स हम लोग चलाते थे। उसमें एक था गंगा-जमुनी कल्चर का इतिहास। उसे उर्दू वाले भी पढ़ाते थे और हिन्दी वाले भी पढ़ाते थे। दो प्रोफ़ेसर उसे पढ़ाते थे–आधा कोर्स हिन्दी वाला मैं पढ़ाता था, आधा कोर्स उर्दू वाला प्रो. मोहम्मद हसन पढ़ाते थे, तो एक नया तज़रबा था जेएनयू में और इन चीज़ों का पूरा सपना देखने वाले हमारे रेक्टर प्रो. मुनिस रज़ा थे।

यूनिवर्सिटी पण्डित जवाहरलाल नेहरू के नाम पर बनी थी। वहाँ सारे भारत से छात्र आते थे। दक्खिन से ज़्यादातर–उड़ीसा से, बंगाल से, तमिलनाडु से, केरल से। नये ढंग की वहाँ चुनौती थी, नये पाठ्यक्रम थे। अध्यापक भी सारे भारत से थे। शुरू-शुरू में वहाँ अंग्रेज़ी बोली जाती थी। जैसे ही हमारा सेंटर बना, तो वहाँ मुशायरे होने लगे, कविता पाठ होने लगा, तो हिन्दी प्रदेश के छात्रों की जुबान खुली। जो साहित्यिक-सांस्कृतिक कार्यक्रम होते, बहस होती, उसमें हिन्दी सुनाई पड़ने लगी, तो यह हुआ कि जो पहले हिन्दी बोलने से डरते थे, वे हिन्दी बोलने लगे। हमारे आने से माहौल बदला। छात्र यूनियन का जो चुनाव लड़ा जाता था उसमें जो पोस्टर बनते थे, वे बड़े दिलचस्प थे। शायरी से भरे हुए। बहसें भी रात को हिन्दी में होने लगीं। पहली होली मुनिस रज़ा के कम्पाउंड में हुई। गड्ढा ख़ुदवाकर जो उन्होंने टेसू के फूल लगाये थे, उन्हें पानी में डाल दिया और कहा कि कोई रंग नहीं खेलेगा, इसी से खेलेगा। होली, ईद, दीपाली त्योहार हम लोग मनाते थे। हम लोगों ने जेएनयू में एक एकेडमिक कल्चर बनायी। कुछ समय बाद पोलिटिकल इमरजेंसी का दौर हुआ। तब रात को पुलिस का हमला हुआ। और कुछ छात्र पकड़े गये। फिर इन्दिरा गांधी वहाँ आयीं, छात्रों ने विरोध में नारे लगाये। उन्हें बोलने नहीं दिया। वह चली गयीं। फिर कभी नहीं आयीं। एक राजनीतिक माहौल भी था। इस माहौल में मेरा जो कमरा था चार बेडरूम थे। बड़ा भारी डायनिंग, ड्राइंग रूम था। उसमें मेरा परिवार भी आ गया था। परिवार ऊपर रहता, मैं नीचे रहता था। यहाँ मैं 'आलोचना' के लिए लिखता था। तैयारी करता रहता, करता रहता था। जैसा मैंने कहा कि किताबें लिखने का काम अधिकतम एक महीना, ज़्यादातर शुरू की किताबें तो एक हफ़्ते, दस

दिन में ही लिखी गयीं। चूँकि दिन भी व्यस्त रहता था, इसलिए रात को ही लिखता था–सुबह होने तक। 'दूसरी परम्परा की खोज' में तो जितने अध्याय हैं, उसे पूरा करने में उतने दिन 8 लगे। सिर्फ़ 'कविता के नये प्रतिमान' ने ज़्यादा समय लिया।

जेएनयू में दिन में पढ़ाना और कभी क्लास मिस नहीं किया। लेक्चर की तैयारी। फिर रात को लिखना। सुबह सैर पर जाना। लिखने के लिए कोई बाधा नहीं थी। मेरे साथ पहले मेरा बेटा विजय रहता था बाद में मेरी बेटी समीक्षा रहती थी। वह दिल्ली यूनिवर्सिटी में पढ़ रही थी। उसके लिए भी थोड़ी तैयारी करानी पड़ती थी। पत्नी ऊपर कमरे में रहती थी और बेटी मेरी बगल के कमरे में रहती थी। मेरा कमरा अलग था। कुल मिलाकर लिखने के सिवा न कभी एकान्त मिलता था और न मैं एकान्त पसन्द करता था। अपना कमरा सिर्फ़ लिखने-पढ़ने के लिए था। यहाँ मुझे जितना सामाजिक वातावरण मिला, उतना ही एकान्त भी मिला। मेरे एकान्त में किसी ने कभी दख़ल नहीं दिया। मैं भी लोगों के एकान्त में दख़ल नहीं देता। मेरा कमरा मेरा शरण्य है।

(आभार माज़िद अहमद द्वारा सम्पादित पुस्तक 'मेरा कमरा'
प्रकाशन व मार्जिन्लाइज्ड पब्लिकेशन, दिल्ली 2017)